BIBLIOTHÈQUE D'ÉTUDES CONTEMPORAINES

LES DÉBUTS DE
L'ADMINISTRATION FRANÇAISE
EN ALSACE ET EN LORRAINE

DOCUMENTS RECUEILLIS ET PUBLIÉS
AVEC UN AVANT-PROPOS PAR
GEORGES DELAHACHE

LIBRAIRIE HACHETTE

DÉPÔT LÉGAL
Seine-et-Marne
N° 178
1921

LES DÉBUTS DE
L'ADMINISTRATION FRANÇAISE
EN ALSACE ET
EN LORRAINE

8° Lk²
7015

OUVRAGES DE M. GEORGES DELAHACHE
SUR L'HISTOIRE D'ALSACE

A LA LIBRAIRIE HACHETTE

LA CARTE AU LISÉRÉ VERT (*Alsace-Lorraine*). — Un peu d'histoire.
— La volonté de l'Allemagne. — Le fait de 1871. — Les Alsaciens-Lorrains, « rançon » de la France. — Depuis. — (Sixième
édition). — Un volume in-16, broché.

Ouvrage couronné par l'Académie française.

L'EXODE. — De Bischwiller à Elbeuf. — Phalsbourg. — Mulhouse-
Belfort. — Metz. — Alsaciens d'Algérie. — Wissembourg. — Vic.
— Le « Rayon des Vosges ». — (Deuxième édition). — Un volume
in-16, broché.

Ouvrage couronné par l'Académie des Sciences morales et politiques.

PLAIDOYER POUR LES ANNEXÉS. Une brochure in-8°. (*Épuisée.*)

LA CATHÉDRALE DE STRASBOURG. Étude historique et
archéologique. — Un volume in-16, avec 30 planches hors texte
en phototypie, plusieurs illustrations dans le texte et un plan.
(Collection des Grands Monuments.) — D.-A. Longuet, éditeur.

UN ENNEMI DU CARDINAL « COLLIER » : *François-Léopold de
Mayerhoffen, maire de Saverne.* (Contribution à l'histoire de la
Révolution en Alsace.) — Un volume in-16. — Dorlioz aîné, éditeur.

L'INSURRECTION DE STRASBOURG (*30 octobre 1836*). — Un
volume in-4°, avec de nombreuses illustrations (tirage à part de la
Revue Alsacienne illustrée). — Librairies Dorbon aîné et Floury.

PETITE HISTOIRE DE L'ALSACE-LORRAINE, avec une préface
de M. Paul Deschanel, de l'Académie française. — Une brochure
in-16. — Librairie Grasset.

JEAN DOLLFUS (*1800-1887*). — En collaboration avec M. Arsène
Zeller. — Un volume in-8°. (Publication de la *Société Industrielle de
Mulhouse.*)

STRASBOURG *1918-1920*. Une brochure in-16 (tirage à part de
la *Revue de Paris* du 1er août 1920).

BIBLIOTHÈQUE D'ÉTUDES CONTEMPORAINES

LES DÉBUTS DE
L'ADMINISTRATION FRANÇAISE
EN ALSACE ET
EN LORRAINE

DOCUMENTS RECUEILLIS ET PUBLIÉS
AVEC UN AVANT-PROPOS PAR
GEORGES. DELAHACHE

LIBRAIRIE HACHETTE

Tous droits de traduction, de reproduction
et d'adaptation réservés pour tous pays.
Copyright par Librairie Hachette, 1921.

AVANT-PROPOS

—

Les soldats avaient « bien taillé ». Aux administrateurs de « recoudre ». La tâche serait délicate. L'Allemagne ne nous rendait pas l'Alsace et la Lorraine telles qu'elle nous les avait prises.

Les « territoires cédés » par la France en 1871, c'étaient, totalement ou en partie, quatre départements français : le Bas-Rhin, le Haut-Rhin, la Meurthe, la Moselle. Les « territoires réintégrés dans la souveraineté française » par le traité de 1919, c'est : l'Alsace-Lorraine. En France, quand survint le désastre de 1870, le système départemental avait, depuis quatre-vingts ans, « confondu les provinces », — pour employer les termes mêmes des Constituants qui l'établirent, — « tous les Français, abjurant tous les préjugés de l'esprit de corporation particulière et locale », s'étaient « réunis en une seule famille, n'ayant qu'une seule loi et un seul mode de gouvernement » ; Tout à coup, à la suite de la conquête allemande, quatre départements, dissociés de la Nation, se trouvent, malgré les différences essentielles qui les séparent, constitués par un lien factice en une manière d'État, l'Alsace-Lorraine, « Terre de l'Empire »

(Reichsland), *État-sujet* (Unterthanenland des Reiches), *tenu en tutelle, suspect, surveillé, mais qui avait pourtant une haute Excellence à sa tête — le représentant de l'empereur, — une administration propre, décorée du titre de Ministère, même une Diète régionale, des lois et ordonnances, enfin, qu'on faisait pour lui et, au besoin, contre lui.*

Une transformation de cette importance ne pouvait rester de simple surface. Aussi bien les Allemands ne l'avaient-ils pas entreprise dans le seul dessein d'effacer peu à peu la figure française du pays et de lui donner un air d'État confédéré. C'était un· moyen commode pour le gouvernement d'assurer son autorité en centralisant la direction des services, non point à Berlin, qui est bien loin, mais sur place, à Strasbourg, d'étendre sur tout le Reichsland, sans flottement dans l'interprétation ni l'application, le réseau de la réglementation nouvelle, de le soumettre, en un mot, plus exactement à l'emprise allemande, emprise administrative, d'abord, puis, par là, qui sait? politique et sociale. Cette évolution lente, imperceptible au jour le jour, n'était rien sans la durée. Si une crise plus proche nous avait ramenés en Alsace, celle de 1875, par exemple, nous aurions retrouvé la maison presque intacte, tout rentrait sans efforts dans l'ordre accoutumé. L'occupation allemande n'aurait pas eu le temps de devenir un régime allemand. Après quarante-huit ans, la situation est différente. Un titre traduit n'implique pas l'identité des fonctions. Le Kreis-director examine et décide, dans beaucoup de cas où le sous-préfet n'aurait qu'à transmettre. L'Amtsrichter est un magistrat de carrière et sa juridiction participe de la première instance : le confondre avec le juge de paix, serait une de ces traductions simplistes, qui trahissent. Les avocats sont des avocats-avoués. Un notaire est un fonctionnaire : son étude n'est pas une charge. Au

contraire, une pharmacie en est une, et un diplôme ne
confère pas à lui seul le droit de s'établir pharmacien.
Mais point n'est besoin de diplôme pour ouvrir un cabinet
de dentiste. A la Faculté de Médecine, les assistants
sont choisis par le professeur, à son gré : le concours
de l'internat est inconnu. Le même grade universitaire
désigne, ici, un certificat de bonnes études supérieures,
là, un chef-d'œuvre de maîtrise. On poursuivrait aisément l'énumération de ces réalités qui diffèrent, par l'effet
de la séparation, sous l'analogie des apparences.

La France revient, s'établit à nouveau sur ce sol d'où
elle était administrativement absente depuis près d'un
demi-siècle. Les cœurs fidèles avaient maintenu la tradition sentimentale. L'esprit de la France n'avait cessé
de « planer sur les eaux ». Beaucoup d'anciens restaient, dont toute la sensibilité s'était formée du temps
français. Ceux-ci, plus jeunes, avaient franchi souvent
les Vosges, continué de regarder la France comme la
patrie vivante dont on suit jour par jour les destinées.
Ceux-là, pour ne l'avoir apprise que par les propos du
foyer, pour ne la connaître que d'une connaissance idéale
et mystique, ne l'aimaient pas d'une moins vive tendresse :
à eux s'appliquerait cette pensée d'Alfred de Vigny sur
« les récits de famille qui allongent notre vie » jusqu'au
delà de notre naissance, et combien pouvaient emprunter,
presque sans y rien changer, le mot même du poète-philo-
sophe : « Les yeux qui avaient vu la France mirent son
image dans les miens!... » Mais, pour une réadaptation,
si on la voulait intime, complète, et grosse d'un avenir
heureux, la survivance de ces impondérables, quelque
touchante qu'elle fût en d'autres temps, ne suffisait plus.
Dans les relations avec les autorités, dans les considérations qui influent sur le choix d'une carrière, dans les
usages professionnels, dans la façon de pratiquer les
affaires, en un mot, de par les mille exigences de la vie

pratique et leur répétition quotidienne, beaucoup de braves gens avaient perdu, sans s'en douter, non point le souvenir et le regret, mais l'habitude de la France. D'où apparaissait aux bonnes volontés en présence le but commun de l'effort nécessaire : pour les administrés, reprendre cette habitude, pour les administrateurs, en faciliter la reprise.

Or, tandis qu'au cours de l'autre guerre l'entrée des Allemands en Alsace n'avait soulevé que la haine, la France, au contraire, avait été passionnément désirée pendant sa longue absence. 1871, 1918, s'étaient faits, l'un, contre, l'autre, selon l'histoire et l'âme de la population. Le grand silence douloureux qui s'appesantit tout à coup sur la ville, après sept semaines de bombardement, lorsqu'à la fin d'une après-midi de septembre, les Strasbourgeois aperçurent, lugubre, aux tourelles de la cathédrale, le drapeau blanc de la capitulation; le délire sacré qui s'empara de tout un peuple, quarante-huit ans plus tard, le matin de novembre où apparurent, par la route de Lingolsheim et le Faubourg National, clairons sonnants, les Français : magnifique contraste dont le sens profond nous obligeait. N'ayant pas connu la joie de ces fraternités triomphantes, l'occupant d'hier n'avait pas les mêmes raisons de ménagement que nous.... Certains, par tout le pays, — et ils étaient nombreux, — eussent applaudi peut-être à des mesures radicales qui, réintroduisant d'un coup la loi française, auraient supprimé tout le récent passé allemand. Pour les autres, pour la masse des autres, et parce que, dans la pratique, un complet bouleversement aurait désemparé tout le monde, on aima mieux limiter autant qu'il parut possible les changements immédiats et absolus. Au demeurant, tout n'était pas à rejeter, par principe et sans discrimination, des institutions et des usages qui avaient pris pied en Alsace après 1870.

La Chambre de Métiers, les Sociétés à responsabilité limitée, le Livre Foncier, les Offices d'assurance sociale : autant de nouveautés pour le reste de la France, mais familières en Alsace, dignes d'être conservées et, sans doute, généralisées. On pourrait profiter des expériences faites, prendre d'utiles exemples, tenter des amalgames. Le danger était que l'un ou l'autre, dans le public, s'attachât à tels organismes ou à tels errements pour la seule raison qu'il y était accoutumé et les prônât à l'excès parce qu'il appréhendait la fatigue d'en changer. D'autre part, l'intention qui inspira ces amalgames et ces superpositions fut parfois meilleure que leur succès ne fut heureux. Peut-être aurait-il mieux valu, pour certaines questions, apporter en arrivant des solutions toutes faites, non brutales, mais nettes, qu'aurait acceptées de fort bon cœur, dans l'enthousiasme de l'heure, une population qui n'aime rien tant que l'ordre, la régularité, les directions fermes et précises. Mais qui oserait reprocher à la France d'avoir voulu recueillir des avis, solliciter l'opinion, éviter jusqu'aux apparences de la brusquerie?

Le cadre dans lequel allait s'élaborer cette réorganisation, nous le trouvions tout constitué, et il parut expédient de s'en servir pour faciliter le passage d'un régime à l'autre. Non point, certes, dès les premiers jours : parmi tant de questions également graves, qui réclamaient toutes des solutions également urgentes, il y eut quelques hésitations inévitables, sans doute les pouvoirs du Haut-Commissaire — c'était le titre du premier représentant de la République en Alsace et en Lorraine[1] *— n'étaient-ils pas définis avec une suffisante netteté, ni la manière dont on utiliserait ou n'utiliserait pas l'ex-Ministerium. Pour les inspecteurs,*

---

1. M. Maringer, Haut-Commissaire de la République, jusqu'au 21 mars 1919; M. Millerand, Commissaire général, jusqu'au 20 janvier 1920; M. Alapetite, depuis le 11 février 1920.

généraux nommés par l'arrêté du 26 novembre 1918, il s'agissait moins de direction que de coordination et de contrôle, de liaison et de préparation. Vint M. Millerand, avec le titre de Commissaire général et les pouvoirs d'un Ministre. Il fixa la formule pour tout l'avenir de la période de transition. Il organisa les départements ministériels de Strasbourg en Directions générales, et les directeurs dirigèrent en effet, dirigés eux-mêmes et solidement appuyés par l'autorité du Commissaire général. On ne dira jamais assez avec quelle hauteur de vues, quelle précision dans la volonté, quelle puissance de labeur le grand ouvrier donna à la délicate machine, à ses multiples rouages, une impulsion décisive.

Quant à l'objet de ces énergies et de ces activités, il devait être, on le conçoit, d'une extrême diversité. Une grande partie des mesures prises était commandée, au lendemain de l'armistice, par les nécessités pressantes du moment : ainsi le ravitaillement en vivres, en combustibles, en matières premières, la valorisation. D'autres s'imposaient comme la conséquence normale de la réintégration dans la souveraineté française : on ne pouvait conserver du régime précédent ce qui était proprement Allemagne : ni les hauts fonctionnaires, ni les lois essentielles. D'autres étaient destinées à seconder le changement d'orientation économique, qui était lui-même une conséquence de la réintégration : les projets de percées des Vosges, par exemple, ou telle réalisation immédiate, comme la mise au gabarit normal du canal du Rhône au Rhin sur les 32 kilomètres du parcours alsacien. D'autres avaient pour but la reprise de travaux interrompus, une sorte de mise à jour souvent difficile, à cause des conditions nouvelles de la vie alsacienne, française, allemande, rhénane, universelle : ainsi le Port du Rhin et l'« Organisme Strasbourg-Kehl » institué par le traité de Versailles. D'autres, enfin, tendaient à remédier, dans l'intérêt de l'Alsace, aux imperfections et aux lacunes de l'administration allemande. Car, malgré son prestige, souvent légitime, certes, mais habilement entretenu (la nôtre, au contraire, n'a-t-elle pas affecté quelque dédain à l'égard des notes officieuses et des rectifications?), malgré cette réputation, aussi solidement établie hors de l'Alsace qu'en Alsace même, qui prédisposait à l'admiration sans réserve la plupart des administrateurs nouveaux, ceux-ci firent parfois des découvertes singulières. Sous les somptueux dehors de l'Université, l'éclairage de certaines salles, l'installation de certains laboratoires, et non des moindres, dataient trop visiblement de l'époque de l'inauguration, sans que le progrès y eût aucunement pénétré, et parurent bien rudimentaires. Il n'y avait pas, dans l'organisation administrative de l'Alsace-Lorraine, un département spécial concentrant, avec l'harmonie et l'autorité nécessaires, les matières de notre Direction du Travail, de la Législation ouvrière et des Assurances sociales. La réglementation concernant l'hygiène et la sécurité des travailleurs était à la fois moins simple, moins ordonnée et moins efficace pour la protection des ouvriers et des employés, en même temps qu'elle offrait moins de garanties aux industriels. La législation du classement ne donnait ni à l'administration des Beaux-Arts les pouvoirs suffisants pour provoquer les mesures conservatoires, ni au propriétaire les avantages compensateurs auxquels il est en droit de prétendre. L'enseignement commercial et industriel ne s'élevait pas, en Alsace et en Lorraine, au-dessus du secondaire, tandis qu'ailleurs à Stuttgart, à Carlsruhe, à Leipzig, à Mannheim, à Cologne, les Allemands y avaient ajouté le couronnement du supérieur. Si l'exploitation du réseau ferré paraissait rémunératrice, c'est qu'on ne tenait pas compte des charges du capital : revisées selon les méthodes en

usage dans les réseaux français, les statistiques décou-
vrirent des résultats sensiblement différents. Les initiatives de Strasbourg en vue de la création, puis du développement de son port, n'avaient jamais été secondées
par l'État : avec le fisc militaire allemand l'usage n'existait point des arrangements amiables par commissions
mixtes, 2 500 000 marks à lui payer pour une levée de
servitudes avaient alourdi singulièrement la marche de
l'entreprise naissante, et ce n'est là qu'un fait parmi
d'autres, qui allaient également ajouter aux embarras
de la succession. Sacrifiant le capital à la satisfaction
des rendements immédiats, les Allemands, pendant
plusieurs années au lendemain de l' « annexion », avaient
considérablement diminué le capital forestier de l'Alsace,
et, même depuis, leurs méthodes de reboisement artificiel,
substituées à la régénération naturelle en usage de l'autre
côté des Vosges, avaient été néfastes pour l'avenir de la
forêt....

La reprise de possession administrative de l'Alsace et
de la Lorraine — je l'ai dit ailleurs[1], qu'on me per-
mette de le rappeler — ne s'est pas effectuée sans tâtonnements ni même sans erreurs. Mais l'édifice à reconstruire
était immense, tantôt de gros œuvre, tantôt de détails à
l'infini. Puissent les pages qui suivent faire apparaître,
en même temps que les difficultés, l'incontestable grandeur de la tâche accomplie! Elles comprennent toute la
période d'organisation et de mise en marche dont il a
été question tout à l'heure, puis, au delà même de
l'action personnelle de M. Millerand, lorsqu'il eut
abandonné le Commissariat général pour la Présidence
du Conseil, les conséquences des principes auxquels il
s'était arrêté, l'aboutissement de ses projets et de ses
directives, enfin, l'œuvre poursuivie fermement, avec une

1. *Revue de Paris*, n° du 1er août 1920.

parfaite et tranquille sûreté de méthode, par son successeur. Il est impossible, certes, d'arrêter à un point fixe, comme des coureurs par un cordeau, une série d'exposés aussi divers que ceux-là, auxquels chaque jour apporte, dans le mouvement de la vie, un complément ou une modification. Toutefois, on peut dire qu'ils représentent le plus exactement possible l'effort de l'administration française en Alsace depuis l'armistice, jusque dans les premiers mois de l'année 1921 : on a mis à profit la durée même de ce long travail de revision, de coordination, d'impression, de correction, pour conduire la plupart de ces chapitres jusqu'à cette date. Aucune littérature : seuls, les faits parleront. Ces Débuts de l'Administration française en Alsace et en Lorraine sont une réunion de rapports dus à ceux-là mêmes qui, de tout leur cœur, de toute leur souplesse d'adaptation, de la meilleure volonté mise au service de la meilleure cause, dirigèrent ou dirigent encore la tâche. Si j'ai pu intervenir, tantôt pour provoquer des éclaircissements dans des matières auxquelles le public n'est pas toujours initié, tantôt pour éviter des redites inutiles (plusieurs services s'étant rencontrés parfois sur le même terrain), tantôt pour relier, par quelque rappel d'histoire, le présent au passé, j'ai tenu à laisser à chacun de ces rapports sa physionomie propre. Et c'est aujourd'hui pour moi un agréable devoir de remercier tous ceux qui ont bien voulu concourir à cet ouvrage : MM. Andrieux (Intérieur), Schweisguth, Borduge, J. Hatt et Moreau-Néret (Finances), Fleys (Justice), Coste, Langrogne, le Colonel Cordier, le Commandant Hausser, E. Berninger, Georges Lévi, le Commandant L. Schaller, le Colonel Winckler, le Colonel Fromheim, Klecker de Balazuc, Courbouleix (Commerce, Industrie et Mines), le Recteur Charléty, Schlienger, Aubin, Roux, les Doyens Pfister, Beudant et Weiss, Ch. Schmidt, Eckel, le Docteur

Wickersheimer, Patrice Bonnet (Instruction Publique), Danis (Architecture et Beaux-Arts), J.-A. Jaeger et le Docteur F. Dollinger (Propagande et Presse [1]), Bourgeois, Montigny, Cottin, Detœuf, Haelling (Travaux publics), Lebert, Peychez, Jac (Chemins de fer), Lafosse, P. Schlumberger, Jauffret, Doux (Eaux et forêts), Grosjean et Hommell (Agriculture), F. Simiand et L. Guyot (Travail), Roques (Postes et Télégraphes), le Colonel Bourgine, (Affaires Militaires). Sans eux n'aurait pas été possible la publication de ce vaste et complexe compte rendu, qui prouvera, je l'espère, que ne s'est point perdue la tradition des grands commis. Allant d'un pas intrépide où le bien public les déterminait, selon les fortes expressions de Bossuet, — ceux d'autrefois avaient contribué pour leur belle part à faire la France. De leurs lointains disciples, plus d'un, non indigne d'un si haut enseignement, aura bien travaillé à refaire l'Alsace française.

G. D.

1921.

---

1. Le nom du Docteur Pierre Bucher devait se trouver à cette place. Un cruel destin a voulu que cet hommage ne pût être déposé que sur une tombe. Si ce n'est point ici le lieu de rappeler sa vie, son action, les grands services qu'il a rendus, ni de déplorer le sort qui prive brusquement de ceux qu'il lui aurait rendus encore, la cause désormais confondue de l'Alsace et de la France, on ne s'étonnera point que je ne puisse écrire son nom aujourd'hui sans une émotion aussi douloureuse qu'étaient profondes ma gratitude et mon affection.

LES DÉBUTS DE
L'ADMINISTRATION FRANÇAISE
EN ALSACE ET EN LORRAINE

CHAPITRE I

INTÉRIEUR ET ADMINISTRATION GÉNÉRALE

*I. Intérieur. — II. Cultes. — III. Hygiène. — IV. Services péni-
tentiaires. — V. Assistance publique.*

La Direction de l'Intérieur n'a été constituée, à proprement parler, qu'au mois d'avril 1919.

Auparavant, les trois commissaires de la République
correspondaient directement avec le Sous-Secrétariat
d'État à la Présidence du Conseil pour les affaires nécessitant l'intervention de la Direction centrale, et un inspecteur des services de l'Intérieur en résidence à Paris
recevait leurs propositions. D'autre part, simultanément,
les anciens bureaux du Ministère de l'Intérieur d'Alsace-
Lorraine continuaient à fonctionner, sous la direction
d'un Allemand et sous le contrôle du Haut-Commissariat,
mais ils ne faisaient qu'expédier les affaires courantes.
Au cours de cette période, les services du Haut-Commissariat à Strasbourg provoquèrent, entre autres mesures,
un arrêté reprenant les dispositions de la loi locale sur

les dommages de guerre, à la suite duquel étaient reconstituées les commissions d'évaluation dissoutes du fait du départ des Allemands; une décision du sous-secrétaire d'État permettant de rembourser les secours de chômage aux communes, comme avant l'armistice; une décision admettant le principe de pensions d'attente à accorder aux mutilés de l'armée allemande.

La Direction de l'Intérieur groupa sous son autorité : les services d'Hygiène, qui avaient été dirigés d'abord par un inspecteur général envoyé de Paris, auquel succéda un fonctionnaire alsacien, les services des Cultes, à la tête desquels resta le directeur qui en était chargé avant l'armistice, et le Service pénitentiaire, qui, à cette époque, était, comme on le verra plus loin, à peu près uniquement composé d'Allemands, même parmi les fonctionnaires subalternes. D'autre part, l'importance que prenaient les questions d'assistance et les études que nécessitait l'application ultérieure des lois françaises en cette matière, entraînèrent comme conséquence la création d'un service spécial, sous la direction d'un inspecteur départemental hors classe de l'Assistance publique française.

I. — INTÉRIEUR

Dès sa création, la Direction de l'Intérieur dut se préoccuper de résoudre les *questions de personnel et d'usage administratif* (remplacement du chef de service allemand qui cessa toutes fonctions au début de juin 1919; au fur et à mesure de la démobilisation des administrateurs militaires d'arrondissements — *Kreise* : cercles ou districts —, constitution d'un cadre de sous-préfets adaptés aux circonstances locales; introduction progressive de la langue française dans la correspondance administrative, au fur et à mesure de l'adaptation du personnel alsacien de la Direction). En même temps s'imposaient à son attention certaines affaires urgentes, que l'incertitude des principes à adopter avait fait laisser en souffrance depuis plusieurs mois.

Parmi les *affaires politiques d'ordre général*, en dehors des stipulations que l'administration d'Alsace et de Lorraine tentait de faire introduire dans le traité de paix, se présenta immédiatement la question du régime sous lequel l'Alsace et la Lorraine se trouveraient placées à la suite de la ratification. Dès la fin d'avril 1919 était soumis à la Présidence du Conseil un projet de loi tendant à régler le régime transitoire, en vue d'éviter la conséquence normale de cette ratification, qui aurait été d'introduire en bloc et sans distinctions les lois d'ordre public françaises. Après plusieurs remaniements, il fut consacré par la loi du 17 octobre 1919. Cette loi décida la suppression, à partir du 8 mars 1920, du Conseil supérieur d'Alsace et de Lorraine, et un projet de loi fut soumis au gouvernement le 24 décembre 1919, ayant pour objet d'organiser un Conseil régional, qui serait constitué par voie d'élections et qu'on peut considérer comme un essai de vie régionale, susceptible d'être tenté également ailleurs. Enfin, un projet, qui aboutit au décret du 11 janvier 1920, réglementa la procédure d'application des règles posées, en ce qui concerne la nationalité, par le traité de paix.

La ratification, que l'on pouvait croire prochaine, nécessitait également la préparation immédiate des *élections* qui devaient avoir lieu aussitôt la paix ratifiée. Le projet de loi sur le régime transitoire ayant compris une disposition d'après laquelle les lois françaises étaient applicables à toutes élections, un arrêté du 6 mai 1919 organisa l'établissement des listes électorales en prenant comme base les dispositions françaises adaptées aux nécessités de fait résultant de l'inexistence de tous éléments antérieurs utilisables (les Allemands n'étant plus électeurs, les conditions d'âge et de domicile n'étant pas les mêmes sous la loi électorale française et sous la loi électorale allemande, etc.). Les listes électorales furent closes le 18 juillet 1919, et comprirent les catégories que l'on savait dès lors devoir être réintégrées dans la qualité de Français. Une période d'inscriptions supplémentaires fut ensuite, comme dans le reste de la France, ouverte par un nouvel arrêté, en date du 14 octobre. Une instruction détaillée sur l'application des lois françaises en matière électorale, et, en outre, des imprimés en français et en allemand, distribués à toutes les mairies, permirent de procéder sans difficultés aux consultations électorales successives qui aboutirent à reconstituer tous les organes de la vie publique.

En *matière départementale,* les anciens conseils de district étaient convoqués au mois d'avril 1919 pour examiner les projets de budget établis par les commissaires de la République, et des arrêtés du Commissaire général en autorisaient la mise à exécution. Le service des Archives départementales fut reconstitué sous l'impulsion d'un Directeur central dont la Direction de l'Intérieur avait provoqué la nomination, et confié à deux archivistes-paléographes et à un archiviste du cadre alsacien [1].

En *matière municipale,* l'élimination des éléments allemands était déjà effectuée lors de la constitution de la Direction de l'Intérieur. Mais les circonstances locales ayant parfois abouti à empêcher le fonctionnement des conseils municipaux, la Direction eut encore à procéder à la dissolution de quelques conseils, qui furent remplacés par des commissions municipales. Des emprunts importants furent autorisés pour Strasbourg et Mulhouse, avec le visa du Ministère des Finances, nécessaire pour per-

1. Voir p. 143.

mettre leur réalisation par voie d'émission publique, même en dehors de la région. Les sommes dues aux communes par l'Allemagne pour le cantonnement de ses troupes n'ayant pas été réglées, parfois pendant plusieurs années, un arrêté du 29 juin 1919 autorisa des avances de quotité variable aux municipalités, avances atteignant les trois quarts des sommes dues pour les communes atteintes par la guerre. En même temps que ces avances étaient accordées, l'établissement des décomptes des sommes dues par l'Allemagne a été poursuivi, en vue de leur recouvrement par l'intermédiaire des offices de compensation. Un arrêté du 14 septembre modifia la réglementation des octrois municipaux, pour leur permettre d'augmenter les ressources de leur budget. En vue de la reconstitution des offices municipaux de conciliation en matière locative, qui avaient rendu de grands services dans la pénurie des logements, il était décidé, au début d'août 1919, de remettre en vigueur le système des secours de loyers, et, d'autre part, par décret du 3 décembre 1919, était introduite la réglementation française relative à la spéculation illicite sur les loyers et à la déclaration obligatoire des logements vacants. Les corps des sapeurs-pompiers communaux étaient reconstitués suivant la loi française (arrêté du 21 juillet 1919), appelés à être représentés au Conseil supérieur de France (décret du 14 novembre 1919), et une commission de répartition des subventions inscrites pour ces corps au budget d'Alsace et de Lorraine, était constituée par arrêté du 29 octobre 1920. Enfin, la loi française du 16 avril 1914, qui donne, par rapport à la loi locale, des garanties importantes aux victimes des dégâts causés par les attroupements en cas de troubles, tout en réduisant les charges des communes à cet égard, a été rendue applicable aux trois départements par décret du 28 octobre 1920.

En ce qui concerne le *régime des fonctionnaires*, il fut

jugé immédiatement nécessaire de leur maintenir au point de vue disciplinaire les garanties du statut local, et de reconstituer à cet effet les chambres de discipline que le départ des magistrats et fonctionnaires allemands avait rendu inopérantes : ce fut l'objet des arrêtés du 7 mai et du 5 août 1919. Un arrêté du 26 août, complété, au mois de décembre 1919, par un tableau d'emplois réservés, fut pris pour garantir aux mutilés des emplois dans les administrations publiques et privées, dans quelque armée qu'ils aient servi. Le 3 juillet fut établi un statut commun du personnel des préfectures, améliorant les traitements et garantissant les situations acquises et les règles disciplinaires, suivi, en janvier 1920, d'une nouvelle amélioration des traitements. La situation des fonctionnaires municipaux, d'autre part, a été modifiée par un décret du 18 février 1920, qui a combiné les avantages résultant de la loi municipale locale, au point de vue de leur indépendance, avec les garanties instituées par la loi française du 23 octobre 1919.

En matière de *police*, en dehors de l'application des libertés de circulation admises pour le reste de la France, et des dispositions facilitant les relations avec les régions allemandes, un arrêté du 10 mai 1919 eut pour but d'assurer avec plus de discernement et de garanties pour les intéressés le triage des éléments allemands, par la constitution de commissions d'examen composées de représentants des chambres de commerce, des municipalités et des associations ouvrières. Le fonctionnement des commissions de triage à l'égard de la population alsacienne fut suspendu au mois de juin, la proximité de la conclusion de la paix étant considérée comme ne permettant plus aucune mesure spéciale à l'égard de citoyens français. Diverses dispositions des lois françaises furent introduites, soit pour donner à tel commerce les mêmes garanties que dans le reste de la France (arrêté du 2 septembre 1919 sur le commerce des armes), soit dans l'intérêt public (arrêté du 12 août 1919 sur le contrôle des films cinématographiques, arrêté du 2 septembre 1919 sur l'ivresse et la police des débits, qui maintient toutefois dans ce qu'elles ont d'essentiel les règles locales, arrêté du 11 août 1920 étendant aux trois départements la réglementation française relative à la navigation aérienne).

En matière de *juridiction administrative*, un projet, qui avait été approuvé par le Conseil supérieur d'Alsace et de Lorraine, aboutit au décret du 26 novembre 1919, à la constitution d'un tribunal administratif remplaçant les anciens conseils de district et à l'introduction du recours pour excès de pouvoir contre les actes des autorités administratives, qui faisait défaut dans le droit local.

Il y a lieu de noter, enfin, les dispositions qui furent prises pour l'exercice de la *pêche* (arrêté du 12 mai 1919 sur la pêche dans le Rhin) et de la *chasse*, pour laquelle un arrêté du 26 août 1919 et des instructions de la même date maintinrent le régime local de location par les communes et permirent à celles-ci, par la conclusion de baux de neuf ans dans les conditions normales, de retrouver les ressources importantes qui leur avaient fait défaut pendant la guerre.

Jusqu'à présent, les lois administratives françaises n'avaient pu encore faire l'objet d'un plan d'introduction d'ensemble. A cet effet, un arrêté du 25 janvier 1920 constitue une commission spéciale auprès de la Direction de l'Intérieur. Cette commission a établi un projet d'introduction dans les trois départements de la loi française du 10 août 1871 sur les Conseils généraux, et des textes qui l'ont complétée, projet qui a été adopté par le Conseil consultatif d'Alsace et de Lorraine, pour entrer en vigueur au début de l'année 1921.

II. — CULTES

Le fonctionnement de la Direction des Cultes s'est poursuivi de façon complètement normale. A part l'adaptation des améliorations de traitement à la situation des ministres des cultes, ce service n'a eu qu'à appliquer les règles résultant de la situation locale à la date de l'armistice.

Il obtint la restitution de celles des cloches réquisitionnées par les Allemands au cours de la guerre, qui n'avaient pas encore été fondues, et les fit rendre aux paroisses intéressées.

Il eut à se préoccuper de la question particulièrement délicate des Facultés de Théologie, lesquelles ont été maintenues.

La Direction des Cultes fut chargée de l'administration des églises affectées par l'autorité allemande au service des garnisons et eut à en assurer l'affectation aux divers cultes intéressés. Après la nomination des évêques de Strasbourg et de Metz et le renouvellement des Consistoires israélites et des Consistoires protestants, la reconstitution du Directoire des Églises de la confession d'Augsbourg, dont l'administration avait été assurée depuis l'armistice par une commission provisoire, a été effectuée par arrêtés du 20 mai et du 9 juin 1920.

III. — HYGIÈNE

La Direction de l'Hygiène, reconstituée par des arrêtés du 16 mai 1919, qui nommèrent le Directeur et les médecins départementaux, assura la reconstitution des asiles d'aliénés et des laboratoires de bactériologie de Strasbourg et de Metz, et remplaça dans chaque arrondissement les médecins de cercle. Le laboratoire de bactériologie de Strasbourg, placé sous la direction d'un professeur de l'Université, fut étendu de façon à lui permettre de reprendre d'une façon complète ses recherches sur la prophylaxie des maladies et sur l'étude des eaux. Tel qu'il est aujourd'hui organisé, ce laboratoire est certainement un établissement unique en France.

Cette Direction eut à prêter son concours aux organisations qui se constituèrent pour la lutte contre la tuberculose, auxquelles fut obtenue une subvention importante du Ministère de l'Intérieur, les subventions admises par la loi française en faveur des dispensaires antituberculeux et des sanatoria leur ayant, d'autre part, été garanties par les décrets du 12 juin et du 31 juillet 1920, et leur ayant été attribuées sur l'exercice 1920. La Direction prit part également à la constitution d'une association pour la lutte contre les maladies vénériennes et à l'organisation des services qui furent institués à cet effet.

Le régime des *pharmacies*, qui repose sur les lois locales de 1877 et de 1903, fit l'objet d'une étude présentée au Conseil supérieur. La solution du rachat de ces établissements, qui avait été préconisée, n'ayant pas été admise, la question est restée à l'étude en vue d'obtenir le rapprochement de la législation française et des lois locales, sans préjudice des indemnisations justifiées. — Les tarifs officiels des médicaments ont été remaniés par une commission spéciale et tenus à jour (arrêtés des 17 août et 22 décembre 1910, 2 février 1920, etc.).

Le régime des *dentistes* a donné lieu à un arrêté du 24 septembre 1919 ayant pour but d'arrêter l'installation de praticiens non qualifiés, qui pouvaient s'abriter derrière les dispositions de la loi locale. L'arrêté, pris d'accord avec les syndicats locaux, n'admet plus l'installation que des dentistes munis de diplômes reconnus par la loi locale et par la loi française, tout en réservant les droits acquis à la date de l'armistice. En régularisant la situation transitoire, il a permis d'envisager des dispositions qui permettraient aux praticiens dont il reconnaît les titres, d'exercer leur art sur tout le territoire français.

Des propositions ont été faites au ministre de l'Hygiène, appuyées sur une étude complète des législations locales et de la valeur des titres que les intéressés alsaciens et lorrains peuvent faire valoir, pour provoquer une mesure autorisant les *médecins, pharmaciens et dentistes* à exercer leurs professions sur tout le territoire français. Ces propositions ont été suivies du dépôt d'un projet de loi, adopté par la Chambre des députés en juillet 1920.

De même, le dépôt d'un projet de loi a été provoqué pour permettre aux *sages-femmes* alsaciennes et lorraines de s'établir dans les autres départements. En même temps, un projet a été établi, et il est accepté par le Conseil consultatif d'Alsace et de Lorraine, afin d'introduire le régime d'études français pour les sages-femmes, tout en maintenant certaines dispositions du régime local de nature à sauvegarder le recrutement des communes rurales.

IV. — SERVICES PÉNITENTIAIRES

La Direction des Services pénitentiaires, rattachée à la Direction de l'Intérieur, comprend le service des prisons préventives et pour peines, et le service des pupilles soumis à l'éducation correctionnelle.

Elle fut constituée fin avril 1919. A cette date, sur dix directeurs d'établissements, neuf étaient Allemands, ainsi que les fonctionnaires de l'administration centrale à Strasbourg. Dès juillet 1919, tout le personnel supérieur était renouvelé; il fut sensiblement réduit, et assuré, partie avec des fonctionnaires venant des autres départements, partie avec des fonctionnaires pris dans les cadres alsaciens et lorrains. Dans le personnel subalterne, on dut remplacer, en quelques semaines, 150 gardiens allemands par des surveillants recrutés en Alsace et en Lorraine.

Malgré les perturbations apportées dans les services par de telles modifications, les décisions de justice d'avant et d'après jugements furent, sans incidents sérieux, assurées dans toutes les prisons.

Ce personnel appliqua, jusqu'en décembre 1919, les lois pénales allemandes et les règlements s'y rapportant. Les fonctionnaires venus de l'intérieur les adaptèrent aux services avec discernement et, actuellement, les fonctionnaires alsaciens et lorrains doivent également se mettre au courant des dispositions du Code pénal et de la législation criminelle française introduite par le décret du 25 novembre 1919.

Les dispositions du statut local applicables aux fonctionnaires des services pénitentiaires, ont été coordonnées avec celles du régime français, pour donner à ce personnel les mêmes avantages que ceux dont bénéficie le personnel du service général, par le décret du 10 juin 1920 et par les arrêtés du 29 août et du 25 octobre 1920.

Un certain nombre de dispositions de l'ancienne réglementation locale ont été, après consultation des services de la Justice, maintenues en vigueur. C'est ainsi que des prescriptions se rapportant au droit allemand, relatives aux prisons de bailliage, à l'exécution des peines, aux accidents de travail dans les prisons, à la répartition du produit du travail, à l'incarcération des mendiants, vagabonds, souteneurs et prostituées, à l'hospitalisation temporaire des libérés sans ressources, etc., ont été conservées et adaptées aux services des prisons d'Alsace et de Lorraine. Les règles principales de la comptabilité pénitentiaire française ont été introduites par les arrêtés des 19 et 25 mars 1920.

L'application de la loi française du 14 août 1885 relative à la libération conditionnelle, a été assurée par un arrêté du 14 juin 1920, instituant un comité de libération conditionnelle compétent pour proposer les détenus jugés dignes de bénéficier de cette faveur.

Pendant les hostilités, le service de l'éducation correctionnelle avait pris une extension plus grande par suite de l'abandon matériel et moral de nombreux enfants : il y eut 2000 enfants à sa charge. Toutefois, les difficultés qui en résultèrent pour l'administration française furent relativement atténuées de ce fait que les maisons d'éducation et de correction d'Alsace et de Lorraine sont, sauf une, des établissements privés, subventionnés par l'État, mais qui s'administrent par leurs propres moyens. Les lois et règlements sur l'éducation correctionnelle ne peuvent être modifiés, aux termes du décret du 25 novembre 1919, avant un an, et il sera ultérieurement nécessaire, à tous points de vue, de ne modifier cette législation, qui se réfère à plusieurs textes du Code civil allemand, qu'avec la plus grande attention.

V. — ASSISTANCE PUBLIQUE

L'Assistance publique en Alsace-Lorraine avant l'armistice, n'était pas, à proprement parler, une administration d'État. Elle procédait, avant tout, des organisations locales. La loi d'Empire de 1908 sur le domicile de secours, en rendant obligatoire l'assistance aux indigents sous toutes ses formes, a donné aux bureaux de bienfaisance communaux une importance théorique très grande, et, en leur abandonnant sans contrôle la charge presque totale de l'assistance, a décentralisé à l'extrême l'administration du service. L'intention du Commissaire général, en créant une Direction de l'Assistance publique en Alsace et en Lorraine, a été tout d'abord de relier les organisations locales et régionales, dans un dessein d'unité, au pouvoir central, — par suite, tout en laissant aux organisations existantes leur liberté d'action, de leur donner des directives générales et de renforcer l'assistance locale déjà très perfectionnée d'Alsace et de Lorraine par l'effet des lois d'assistance générale en vigueur dans le reste de la France, qui comportent un rayon d'action sociale plus étendu.

Les services d'assistance ont été organisés dans chaque département alsacien comme dans les autres, en plaçant à leur tête, sous l'autorité du préfet, un inspecteur de l'Assistance publique.

Le premier soin de l'administration a été de régler rapidement les questions offrant un intérêt immédiat : allocations aux victimes civiles de la guerre, secours aux nécessiteux, logement des réfugiés, secours d'attente aux mutilés de l'armée allemande, allocations militaires, allocations aux petits retraités, etc.

Il lui est apparu, d'autre part, qu'un lien devait être créé au plus tôt entre elle et les établissements de bienfaisance privés aussi nombreux qu'intéressants et qui remplissent en Alsace et en Lorraine quantité d'offices dévolus dans les autres départements à des établissements publics, principalement en ce qui concerne l'enfance. Une inspection des œuvres et établissements de protection de l'enfance a été instituée, qui prend connaissance des besoins de ces établissements et propose les subventions convenables.

L'application du traité de paix ayant rendu incompatibles avec la situation des trois départements un certain nombre des dispositions de la loi locale en ce qui concerne l'application des règles du domicile de secours, les modifications rendues nécessaires ont été précisées par un arrêté du 16 février 1920.

Le service des *enfants assistés*, socialement si important, est resté régi par les lois françaises d'avant 1870. La
loi du 27 juin 1904, qui y a apporté des perfectionnements
importants en France, a été introduite par décret du
11 avril 1920. Auparavant, une série de mesures avaient
préparé l'application de cette loi (admission plus large,
secours temporaires plus élevés pour prévenir l'abandon
et aider les mères pauvres).

L'*Assistance aux familles nombreuses*, aux *vieillards
privés de ressources*, aux *tuberculeux*, aux *femmes en
couches*, est envisagée dans les conditions prévues par les
lois françaises des 14 juillet 1913, 14 juillet 1905, 7 septembre 1919, 17 juin et 20 juillet 1919. Les Conseils
généraux seront appelés, conformément à ces lois, à en
délibérer.

En ce qui concerne les *femmes en couches*, une disposition spéciale à la demande de l'administration d'Alsace
et de Lorraine a, par un décret du 12 janvier 1920, dont
l'application a fait l'objet d'un arrêté du 21 mars 1920,
étendu à celles qui allaitent leurs enfants le bénéfice de
la loi du 24 octobre 1919, leur accordant ainsi, pendant
un an, une prime de quinze francs par mois.

CHAPITRE II

FINANCES

*I. Problèmes monétaires. — II. Problèmes fiscaux.
III. Manufactures de l'État.*

I. — PROBLÈMES MONÉTAIRES

**La *situation au 11 novembre 1918*. — Le rattachement
de l'Alsace et de la Lorraine à la France a posé un
problème monétaire que n'avait pas soulevé l'annexion
de 1871. A cette date, en effet, le rapport du franc au
mark s'était maintenu très voisin du pair. En novembre 1918, au contraire, l'état du change allemand avait
pour conséquence d'abaisser à 0 fr. 70 environ la valeur
du mark, qui constituait auparavant l'unité monétaire du
pays, mais allait cesser d'avoir cours légal. Il était donc
nécessaire de reprendre aux Alsaciens et aux Lorrains les
monnaies allemandes qu'ils avaient en leur possession, —
et de les reprendre à la parité du franc, — sous peine de
créer en Alsace et en Lorraine une crise économique
aiguë, puisque la population n'aurait eu sans cela qu'une
monnaie dépréciée pour régler les actions de toutes sortes
passées désormais sous le régime économique français.**

L'arrêté du président du Conseil, ministre de la Guerre,

en date du 26 novembre 1918, qui retirait au mark cours légal à partir du 15 décembre 1918, eut, en outre, pour objet d'adapter le régime monétaire de l'Alsace et de la Lorraine à la situation économique nouvelle qui résultait pour elles de leur rattachement à la France. Il contenait trois ordres principaux de dispositions :

1° Les monnaies allemandes en circulation (en raison de la pénurie de monnaie de billon en France, le pfennig fut laissé en circulation à la parité du centime) devaient être échangées contre des monnaies françaises, au taux de 1 fr. 25 pour 1 mark aux Alsaciens, aux Lorrains et aux ressortissants alliés ou neutres domiciliés en Alsace ou en Lorraine avant le 1er août 1914 (art. 3).

2° Les dépôts en banque à vue et à court terme, considérés comme constituant le prolongement de la circulation monétaire, devaient être remboursés aux titulaires français (c'est-à-dire Alsaciens, Lorrains ou Français de l'intérieur) et alliés ou neutres, domiciliés en Alsace ou en Lorraine avant le 1er août 1914, au taux de 1 fr. 25 pour 1 mark (art. 9).

3° Les valeurs exprimées dans tous les contrats passés en marks entre Alsaciens ou Lorrains et Français de l'intérieur devaient être converties en francs à partir du 1er décembre 1918 (art. 11). Les cas spéciaux créés par l'application de cette disposition seraient soumis à l'examen du ministre des Finances, qui statuerait sur la suite à donner aux réclamations présentées (art. 12).

Cette conversion au taux de 1 fr. 25 pour 1 mark des valeurs exprimées en marks dans les contrats en cours, donna lieu, par la suite, à d'assez vives critiques. Elle se justifiait toutefois par cette considération que l'ensemble de la fortune alsacienne et lorraine se trouvait, en effet, convertie en francs sur la base du nouvel étalon monétaire. Quant aux créances sur l'Allemagne, on escomptait que le traité de paix imposerait aux débiteurs l'obligation de s'acquitter au taux de 1 fr. 25 pour 1 mark. Mais il y a lieu d'observer qu'il n'en fut pas ainsi en réalité et que le recouvrement des créances alsaciennes et lorraines sur l'Allemagne ne doit être opéré qu'au taux de 0 fr. 8134 pour 1 mark (cours moyen du mark à Genève pendant le mois qui a précédé le 11 novembre 1918). De là, une cause certaine de déséquilibre dans l'ensemble des bilans alsaciens et lorrains, qui est de nature à étendre assez sensiblement le champ des réclamations soumises au Trésor, en application de l'article 12 ci-dessus rappelé.

Opérations consécutives à l'arrêté du 26 novembre 1918. — 1° Au moment où M. Millerand prit possession des fonctions de Commissaire général de la République (mars 1919), les échanges matériels de monnaies allemandes, bien qu'ayant porté déjà en décembre sur une somme de 900 millions de marks, n'étaient pas encore terminés. Il restait à donner suite aux déclarations retenues pour examen ultérieur soit en raison de l'importance des sommes déclarées, soit en raison des difficultés juridiques — pour des questions de nationalité, notamment —, qu'elles pouvaient présenter. Près de 15 000 dossiers donnèrent ainsi lieu à enquête, et une commission spéciale fut appelée à donner son avis sur les cas particulièrement délicats. Les échanges auxquels il fut procédé portèrent sur une somme globale de 70 millions de marks environ.

2° Les banques alsaciennes et lorraines étaient tenues, comme on vient de le voir, aux termes de l'article 9 de l'arrêté du 26 novembre 1919, de rembourser au taux de 1 fr. 25 pour 1 mark les dépôts à vue et à préavis figurant dans leurs écritures à la date du 30 novembre 1918 et dont les titulaires étaient Français ou ressortissants alliés ou neutres domiciliés en Alsace ou en Lorraine avant le 1er août 1914. Mais les établissements de crédit faisaient valoir que leur bilan, établi en marks, allait se trouver gravement déséquilibré et que la reprise par le Trésor d'une partie de leur actif marks, contre remise de francs, leur permettrait seule de faire face à leurs obligations. Or, aucune mesure n'avait encore été prise pour leur en faciliter l'accomplissement. Sans doute, les banques avaient reçu l'assurance qu'il serait procédé par le Trésor à la reprise de l'actif marks en question. Mais elles n'avaient pas cru pouvoir, sur cette simple assurance, reprendre le fonctionnement normal de leurs comptes de dépôts; elles consentaient seulement aux déposants des avances à 6 p. 100, et cet état de choses pesait lourdement sur la vie économique des provinces libérées.

Dès son arrivée, M. Millerand réunit les représentants du syndicat des banques et banquiers, et, en échange de la promesse de débloquage immédiat des comptes de dépôts, il fit mettre à la disposition des établissements intéressés une avance de 60 p. 100 sur les sommes que le Trésor aurait à leur verser ultérieurement à titre de valorisation des éléments d'actif à reprendre par lui, lorsque la mise en vigueur du traité de paix en permettrait la réalisation sur l'Allemagne.

3° Aucune disposition de l'arrêté du 26 novembre ne concernait le règlement de dettes contractées envers des Alsaciens, des Lorrains (ou autres Français d'Alsace et Lorraine) par les ressortissants des pays ennemis ou par les ressortissants des pays neutres et alliés domiciliés en Alsace et en Lorraine. Un arrêté complémentaire signé du Commissaire général et portant la date du 4 avril 1919 a fixé les bases sur lesquelles devaient être liquidées les créances de l'espèce. Les ressortissants des pays alliés ou neutres domiciliés en Alsace et en Lorraine avant le 1er août 1914 sont traités dans leurs relations réciproques avec les Alsaciens, les Lorrains et les Français de l'intérieur comme ces derniers eux-mêmes. Les Allemands sont tenus au taux de 1 fr. 25 pour 1 mark de leurs obligations envers les Alsaciens, les Lorrains et les Français, sans réciprocité.

L'arrêté du 26 novembre transformait obligatoirement en francs, aux termes de son article 11, les contrats passés entre Alsaciens ou Lorrains et Français de l'intérieur. Il en pouvait résulter des répercussions fâcheuses sur la situation des caisses populaires, du Crédit foncier d'Alsace et de Lorraine et de certaines sociétés ou de certains particuliers dont l'actif presque exclusivement composé de valeurs ou de créances allemandes n'équilibrait plus le passif converti en francs.

Conformément aux instructions du Commissaire général, qui avait déclaré que la clientèle des caisses populaires n'aurait pas à souffrir des conséquences de la réforme monétaire, les études nécessaires ont été poursuivies en vue d'examiner les conditions dans lesquelles une intervention du Trésor trouverait le plus utilement à se manifester en faveur des institutions et des particuliers lésés. Ces études ont abouti à l'établissement d'un projet de loi actuellement soumis au Parlement.

La loi de régularisation du 23 avril 1919. — Les moyens financiers nécessaires à la réalisation de la réforme monétaire en Alsace et en Lorraine n'avaient pu être demandés au Parlement avant qu'il fût procédé à l'échange matériel des monnaies. Cette opération exigeait, en effet, si l'on voulait éviter les fraudes, la plus grande rapidité possible.

Une loi de régularisation intervint par la suite et fut votée le 23 avril 1919. Elle autorisait l'ouverture, dans les écritures du Trésor, d'un compte spécial auquel devaient être imputées les dépenses entraînées par l'échange des monnaies et par la reprise au taux de 1 fr. 25 de certains éléments de l'actif marks des banques, les francs mis à la disposition des banques devant leur faciliter, ainsi qu'il a été dit plus haut, l'exécution de l'obligation qui leur était imposée de rembourser au taux de 1 fr. 25 les dépôts à vue et à préavis des Alsaciens et assimilés. Les sommes à porter au débit du compte spécial ne doivent pas excéder 2 milliards 250 millions. Sur ce même crédit doit en outre être imputé l'échange des marks aux militaires français rapatriés.

La loi du 23 avril 1919 n'ouvrait donc aucun crédit pour les dépenses à engager au titre de l'article 12 de l'arrêté du 26 novembre 1918. Cette lacune est comblée par une des dispositions inscrites dans le nouveau projet de loi auquel il a été ci-dessus fait allusion.

II. — PROBLÈMES FISCAUX

L'Alsace et la Lorraine, on le sait, constituaient jusqu'à l'armistice la « Terre d'Empire » (*Reichsland*), une sorte d'État, soumis à des lois fiscales formant un tout cohérent, bien qu'elles émanassent de deux autorités différentes et souvent opposées, la Diète régionale (*Landtag*) et le Parlement d'Empire (*Reichstag*). Cet ensemble pouvait-il subsister après le rattachement à la France des deux provinces; quelles étaient les parties de ce tout qu'il fallait modifier sans retard; dans quel esprit serait effectuée cette assimilation : c'est ce qu'on se propose d'indiquer sommairement ici.

Dans un Empire fédéral où chaque État est libre d'établir des taxes nouvelles et de les modifier suivant son organisation économique et son caractère social, on peut admettre que les contribuables supportent des charges différentes suivant le pays où ils ont leur résidence. Mais, du moment que l'Alsace et la Lorraine sont de nouveau rattachées à la France, on ne peut concevoir, d'un point de vue théorique, que les habitants des provinces libérées aient des obligations fiscales autres que celles auxquelles ils seraient soumis par les lois françaises. En pratique, il est d'ailleurs difficile de conserver, à côté de la réglementation admise en France et sous le contrôle des mêmes administrations centrales, un ensemble de dispositions qui leur seraient étrangères et dont l'application donnerait lieu à des complications qu'il convient d'éviter. Si, d'autre part, la situation financière de la France commandait d'élever certains impôts ou permettait de renoncer à certaines sources de revenus, on ne conçoit pas comment les pouvoirs publics pourraient maintenir l'égalité entre l'Alsace et la Lorraine et les autres départements français, si la même législation fiscale ne les concernait au préalable.

Les impôts mis en recouvrement dans l'ancien Territoire d'Empire doivent donc être supprimés tôt ou tard. Mais les difficultés de personnel — près de la moitié des emplois de l'administration des Finances étant à pourvoir au début de 1919 — ont commandé d'espacer ces réformes et de ne réaliser que celles dont l'urgence se faisait particulièrement sentir. En chaque cas, d'ailleurs, on a cherché moins à introduire le détail de la réglementation française qu'à en appliquer les principes. Chaque fois qu'une disposition des lois locales ne leur était pas opposée, si, du moins, un intérêt public s'attachait à sa conservation, elle a été maintenue en vigueur. Il en est résulté pour l'ensemble de la législation un régime transitoire dont l'objet est de faciliter l'assimilation à la mère-patrie des provinces recouvrées.

Régime douanier. — L'introduction des lois françaises ne pouvait être différée en la matière, l'Alsace et la Lorraine devant, en tout état de cause, être en union douanière avec le reste de la France. On a donc transféré sur le Rhin la surveillance précédemment exercée sur les Vosges, en même temps que l'arrêté du 30 janvier 1919 a mis en vigueur les tarifs douaniers français. Il en est résulté pour le pays des changements notables : les droits sont actuellement liquidés d'après la nature des produits importés et non d'après leur valeur, et les formalités prévues par la réglementation nouvelle (déclarations, soumission, etc.), ne sont pas identiques à celles qui étaient exigées par l'ancienne administration. On s'est d'ailleurs efforcé d'atténuer les inconvénients de cette assimilation; en particulier, on a conservé le régime spécial du trafic dit de perfectionnement, c'est-à-dire la faculté pour le commerce et l'industrie d'Alsace et de Lorraine d'exporter ou d'importer temporairement des produits manufacturés destinés à recevoir un complément de main-d'œuvre à l'étranger ou en Alsace et Lorraine, tels, notamment, que les soies moulinées et les tissus de coton. A cet effet, des mesures spéciales ont été prises pour que les opérations y relatives puissent s'effectuer normalement, bien que la pénurie du personnel n'ait pas permis d'ouvrir certains bureaux de douane où elles avaient lieu précédemment.

Contributions indirectes. — Il existait en Alsace et Lorraine deux impôts particulièrement impopulaires, le droit *ad valorem* de 20 p. 100 sur les vins et la taxe sur le papier à cigarettes, qui frappaient, l'un et l'autre, des habitudes régionales, sans atteindre dans les mêmes proportions les immigrants, de nationalité allemande, dont les habitudes d'existence étaient différentes. La taxe sur le papier à cigarettes a été supprimée le 7 avril 1919, comme n'ayant pas d'équivalent dans la législation française. Le droit sur les vins a été abrogé par l'arrêté du 22 janvier 1919, qui introduisait en même temps les principales dispositions des lois françaises sur les boissons et les alcools.

La réforme générale des contributions indirectes a été

réalisée par les arrêtés du 18 juin 1919 qui ont abrogé en
là matière la plus grande partie de la législation allemande, introduit, par contre, les lois françaises concernant les boissons, sucres, sels, vinaigres et denrées colo-
niales, les licences, les moyens de transport publics, les
vélocipèdes, les briquets, bougies et cartes à jouer, et
mis en vigueur les taxes sur les spécialités pharmaceutiques, sur les spectacles, ainsi que le droit de garantie
sur les matières d'or et d'argent.

Ces importantes modifications, applicables à compter
du 1ᵉʳ août 1919, ont eu pour effet de permettre aux produits originaires d'Alsace et de Lorraine de circuler dans
le reste de la France. Elles ont été dans leur ensemble
facilement acceptées par le public.

Toutefois, on a tenu, sur un point de détail, à donner
satisfaction aux desiderata des viticulteurs qui sollici-
taient le maintien des dispositions de la législation allemande autorisant le sucrage des vins en première cuvée.
Cette faveur, nécessitée par la nature même des crûs
d'Alsace, a été accordée pour la récolte de 1919 par
l'arrêté du 23 septembre 1919, qui précisait d'ailleurs que
les vins édulcorés ne pourraient être introduits dans les
autres départements (en raison de la législation en vigueur
dans l'ensemble de la France) et seraient réservés à la
consommation locale et à l'exportation.

Quant aux produits du monopole, on s'est borné à
étendre aux provinces recouvrées les taxes françaises sur
les poudres et les explosifs, en laissant en vigueur les
impôts existants sur les tabacs et les allumettes.

*Réformes successives des droits d'enregistrement et de
timbre.* — Les relations commerciales de part et d'autre
de l'ex-frontière des Vosges, qui sont devenues actives
dès le rétablissement des voies ferrées, comportaient des
mouvements de fonds qu'on a facilités en substituant par

l'arrêté du 7 avril 1919 les dispositions fiscales françaises concernant le papier de commerce, les chèques et autres modes de paiement aux textes correspondants qui se trouvaient alors en vigueur en Alsace et en Lorraine; mais cette modification n'était que le début de la réforme générale des impôts d'enregistrement et de timbre qui, dès le mois de juin, apparaissait comme inévitable, dans un délai relativement proche.

Au reste, une semblable réforme posait des problèmes juridiques délicats et ne pouvait être réalisée qu'après des études qui ont nécessité certains délais; ces études ont été poursuivies d'accord par l'administration des Finances et la section permanente du Conseil supérieur d'Alsace et de Lorraine. Elles ont abouti au décret du 22 mars 1920, qui, d'une manière générale, introduit en Alsace et en Lorraine les règles françaises en matière d'enregistrement (abstraction faite de celles qui sont relatives aux frais de justice et aux droits de donations ou de successions) et qui fixe en même temps dans ses détails le régime fiscal des valeurs mobilières. Ce texte est entré en application le 1er avril 1920, date d'ouverture de l'année financière en Alsace.

La réforme des droits de timbre suivra à bref délai; elle n'a été ajournée, en effet, que pour des raisons d'opportunité administrative tenant à la complexité des instructions à donner aux agents, et à la nécessité de répartir sur une période de quelques mois l'effort que nécessitera la mise en application d'une législation différente de la législation française.

La loi locale sur les frais de justice a été maintenue en vigueur, parce qu'elle se rattache étroitement à l'organisation judiciaire locale, et qu'il serait difficile de concilier avec les règles de la procédure suivie en Alsace et en Lorraine les dispositions correspondantes de la loi fiscale française.

Droits de succession et impôts directs. — Jusqu'à ce jour, les dispositions du droit local ont été maintenues. Il a paru opportun de ne pas modifier prématurément, dans une matière délicate, les habitudes des provinces recouvrées et d'attendre le moment où les représentants élus de leurs populations siégeraient au Parlement français et où aura été précisée l'orientation de la politique fiscale de la France. Il semble pourtant possible d'indiquer dès maintenant que l'introduction du régime français en cette matière pourra être envisagée dans les conditions suivantes :

1° *Droits de succession et droits de mutation à titre gratuit.* — La législation locale en la matière comporte, outre deux lois successorales (3 juin 1906-29 juin 1907), une loi sur l'accroissement de la fortune (*Besitzsteuergesetz*, 3 juillet 1913), qui atteint à la fois les enrichissements proprement dits et les accroissements de patrimoine résultant de mutations à titre gratuit. L'introduction des lois françaises est donc ici liée au sort qui sera fait par le Parlement à la taxe sur l'enrichissement dont le projet a été déposé devant lui, et dont le fondement diffère essentiellement de celui de la taxe locale ; mais il apparaît dès maintenant qu'on pourra, très prochainement, mettre en vigueur les droits successoraux français, abroger la législation locale y compris la *Besitzsteuer*, et introduire, s'il y a lieu et selon ses modalités propres qu'on adapterait à l'Alsace et à la Lorraine, la taxe d'enrichissement qui serait admise par le Parlement.

2° *Impôts cédulaires.* — D'une manière générale, la perception des impôts sur la propriété foncière et sur les professions s'est faite dans la forme habituelle pour l'exercice 1920-1921. L'administration a pensé, en effet, devoir déférer aux vœux de certaines commissions parlementaires, tendant à suspendre la réforme de ces contributions jusqu'au moment où siégeraient au Parlement français les représentants élus par l'Alsace et par la Lorraine. Comme, d'autre part, les opérations d'assiette doivent, pour les contributions directes, être entreprises plusieurs mois avant le début de l'année fiscale, on n'a pu, pour 1920, réaliser l'introduction des impôts cédulaires français correspondants, qui se trouve reportée au 1er avril 1921.

Toutefois, des dispositions transitoires ont été prévues aux fins de supprimer, ou d'atténuer, certaines inégalités fiscales inadmissibles. Par exemple, on a cherché à éviter que les impôts directs français et les impôts directs du régime local puissent se superposer, et peser ainsi par une double taxation sur les contribuables ayant un établissement de part et d'autre de l'ex-frontière des Vosges.

Par ailleurs, afin de tenir compte du relèvement des impôts cédulaires voté par le Parlement pour le reste de la France, on a, dans les départements du Bas-Rhin, du Haut-Rhin et de la Moselle, majoré de 50 p. 100 le principal des impôts de même nature pour l'année fiscale 1920.

Cependant, à partir du 1er avril 1920 (loi du 25 juin 1920), l'impôt cédulaire français sur les traitements a été introduit en Alsace et en Lorraine; il en résulte un notable changement en faveur des petits traitements, l'impôt local ne comportant pas les abattements et les modérations qui sont édictés par les textes français.

On notera, pour terminer, que l'impôt local sur le revenu des capitaux mobiliers a été supprimé en tant qu'impôt d'État à compter du 1er avril 1920, comme faisant double emploi avec la taxe sur le revenu des valeurs mobilières, introduite par le décret du 22 mars. L'ancienne *Kapitalsteuer* ne subsistera donc plus qu'à titre d'imposition départementale et communale.

3° *Impôt général sur le revenu.* — Cet impôt n'existait pas dans les provinces recouvrées. La Chambre des députés, sur l'initiative des députés de l'Alsace et de la Lorraine, en a voté l'introduction pour l'exercice 1920 sur la base des revenus de toute nature réalisés en 1919. Les travaux nécessaires pour l'application de cette taxe de superposition dans les territoires désannexés ont été poursuivis par l'administration, mais sans effet possible avant le début de l'année 1921.

4° *Contribution exceptionnelle de guerre.* — L'enrichissement résultant de la guerre a été, conformément aux dispositions des lois d'Empire, taxé en Alsace et en Lorraine d'une manière beaucoup plus générale que ne l'ont été, en France, les bénéfices réalisés au cours des hostilités. Les lois d'Empire du 21 juin 1916 et du 26 juillet 1918 s'appliquent, en effet, non-seulement aux patentés, mais encore à toute personne dont la situation de fortune s'est accrue pendant la guerre. L'action normale de ces lois ne dépasse pas, du reste, le 1er janvier 1918.

Selon les principes qui seront adoptés par le Parlement français, l'étude de la question sera reprise par les services d'Alsace et de Lorraine, notamment en ce qui concerne la taxation des bénéfices réalisés depuis le 1er janvier 1918. La question reste, d'ailleurs, ouverte, de savoir dans quelle mesure, étant donnée la perturbation introduite dans les fortunes par la dépréciation du mark, il sera possible d'atteindre d'une taxe spéciale, corrélative à celles qui seraient envisagées pour le reste de la France, les enrichissements réalisés au cours des années 1918 et 1919.

III. — MANUFACTURES DE L'ÉTAT

Culture du tabac. — L'arrêté pris le 8 avril 1919 par le Commissaire général de la République a établi, en fait, pour la récolte de 1919 le monopole de la culture du tabac au profit de l'État, en imposant aux planteurs, d'une part, l'autorisation préalable de la culture, et, d'autre part, la livraison intégrale de la récolte à l'État.

On peut affirmer que, dans son principe, ce régime a été accepté sans récriminations par la généralité des cultivateurs. Ceux-ci apprécient à leur juste valeur tous les avantages dont les fait bénéficier la situation nouvelle qui les met à l'abri des fluctuations de prix résultant de la concurrence des marchés étrangers. Pour la campagne 1919, les prix unitaires d'achat ont été fixés par des commissions où les planteurs étaient représentés; ces prix ont été jugés rémunérateurs et n'ont fait dans la presque totalité des communes l'objet d'aucune discussion.

L'arrêté précité n'ayant, dans son application en 1919, donné lieu à aucun incident notable, un décret a été soumis à la signature du Président de la République le 27 mai 1920, pour étendre définitivement à l'Alsace et à la Lorraine les dispositions des lois françaises en vigueur concernant la production, la circulation et la détention du tabac en feuilles. Dorénavant, il est interdit en Alsace et en Lorraine de cultiver le tabac sans autorisation préalable. Les planteurs autorisés sont tenus de livrer intégralement leur récolte à l'État. Les tabacs en feuilles ne peuvent circuler sans acquit-à-caution. Nul ne peut avoir en sa possession du tabac en feuilles, s'il n'est cultivateur dûment autorisé.

Ce décret a été suivi, le 7 juin 1920, d'un arrêté pris par le Commissaire général réglementant la culture du tabac en Alsace et en Lorraine. Dans la rédaction des différents articles de cet arrêté, on s'est efforcé d'écarter toute mesure imposant aux cultivateurs une main-d'œuvre exagérée; le mode d'achat des tabacs a été adapté autant que possible aux errements auxquels les planteurs étaient habitués, et toute modification au régime antérieur pouvant entraîner une augmentation des dépenses d'exploitation a fait l'objet, directement ou indirectement, d'une rétribution; enfin, on a fait bénéficier les planteurs de la plus grande largeur de vues compatible avec la nécessité de répression de la fraude.

Fabrication du tabac et des allumettes. — Sous le régime français, la fabrication est monopolisée par l'État; sous l'ancien régime allemand, au contraire, la fabrication était libre en Alsace et en Lorraine sous réserve, pour certains produits, d'une déclaration et de l'acquittement d'un impôt.

Lorsque après l'armistice, la barrière douanière française a été reportée à la frontière de 1870 (décret du 30 janvier 1919), les fabriques privées de l'Alsace et de la Lorraine se sont trouvées dans l'impossibilité de s'approvisionner en matières premières, la récolte indigène ayant été achetée par l'État, et les tabacs exotiques constituant une marchandise prohibée à la douane pour les particuliers.

Un grand nombre de fabricants, de nationalité allemande, ont cessé l'exploitation de leur industrie en quittant l'Alsace et la Lorraine au moment de l'armistice. Les usines alsaciennes et lorraines, les usines à intérêts neutres ou alliés, les usines allemandes dont les propriétaires n'ont pas été touchés par un arrêt d'expulsion, ont continué leurs fabrications jusqu'à épuisement de leurs stocks de matières premières.

Préoccupée avant tout d'éviter les risques de chômage du personnel ouvrier, la Direction générale des Finances a passé avec plusieurs firmes importantes, dont les intérêts étaient français (d'Alsace, de Lorraine ou des autres départements), des contrats à façon pour la fabrication de produits revêtus des vignettes de la Régie française. Elle leur fournit les matières premières et les vignettes nécessaires; les fabriques lui livrent les produits emballés servant à alimenter la consommation au même titre et dans les mêmes conditions que les produits de la Manufacture nationale.

Certains propriétaires alsaciens ou lorrains n'ayant pas désiré continuer l'exploitation de leur industrie, l'État s'est porté acquéreur de leurs fabriques et les exploite pour son compte, par exemple, à Bischwiller.

Enfin, dans les centres industriels de tabacs, tels que Lauterbourg et Saint-Louis, l'État a acquis des usines séquestrées pour les exploiter en gestion directe, et recueillir les ouvrières des régions environnantes qui ont été réduites au chômage après l'armistice par la fermeture des fabriques allemandes.

Grâce à ces mesures, dont certaines, d'ailleurs, n'ont pas encore reçu leur plein développement, l'État a réussi à atténuer autant que possible la crise de chômage qui menaçait de sévir gravement dans l'industrie du tabac par suite de la modification du régime douanier et du régime de culture indigène. Il a pu, en outre, faire face aux besoins de la consommation en approvisionnant amplement la région en produits de toute nature très appréciés à juste titre par les consommateurs.

L'introduction du monopole de la fabrication aurait pour conséquence de consolider une partie des mesures exposées ci-dessus, puisque, dès à présent, l'État a assumé la charge de la gestion directe d'un certain nombre d'anciennes usines privées. En ce qui concerne les fabriques travaillant actuellement à façon, ou celles qui sont encore en exploitation jusqu'à épuisement de leurs stocks en matières premières, il appartiendrait au Parlement de décider, soit le rachat immédiat des firmes importantes, soit la prolongation pendant un temps déterminé du régime provisoire actuel de travail à façon, soit même l'expropriation des petites fabriques.

En tout état de cause, les risques de chômage du personnel pourraient être en grande partie évités si l'on recueillait les ouvrières, soit à la Manufacture nationale, soit dans les usines placées sous le régime de gestion directe par l'État.

D'autre part, il serait tenu compte en toute équité des droits acquis par les propriétaires des fabriques suivant des modalités pouvant varier dans chaque cas particulier, mais en limitant naturellement la sollicitude de l'État aux intérêts français, neutres ou alliés, à l'exclusion des intérêts allemands, et en écartant les fabricants qui, dans un dessein évident de spéculation, ont commencé leur exploitation depuis l'armistice par l'ouverture d'usines nouvelles ou le rachat de fabriques allemandes déjà existantes.

Vente. — Sous le régime du monopole français, le commerce du tabac en gros n'existe pas; les grossistes sont remplacés par des entrepositaires, fonctionnaires de l'État. La vente au détail constitue un privilège accordé à certains commerçants dont l'État se réserve la désignation et auxquels il impose une redevance destinée, en fait, à alimenter la caisse des pensions civiles.

En Alsace et en Lorraine, au contraire, la liberté de commerce en matière de tabac est entière, situation qui ne va pas sans de graves inconvénients, surtout dans l'état actuel des choses, la liberté de commerce et le nombre trop considérable des débitants risquant de faciliter la contrebande.

L'établissement du monopole en Alsace et en Lorraine favoriserait certains commerçants, mais porterait préjudice aux intérêts d'un grand nombre d'autres. Les droits acquis avant l'armistice seraient ménagés, d'ailleurs, avec une stricte équité, sous les mêmes réserves que pour les fabricants. A ce point de vue, la Direction générale des Finances envisagerait une distinction à faire entre : — 1° les commerçants pour lesquels le tabac constitue le commerce principal, presque exclusif, à savoir les débitants proprement dits et les grossistes spécialisés; — 2° les commerçants pour lesquels la vente du tabac n'est qu'un accessoire influant pour une très faible partie seulement sur le chiffre d'affaires, constituant souvent même un simple article de réclame, par exemple, les coiffeurs, aubergistes, libraires, etc.; — 3° enfin, les commerçants (épiciers en gros ou surtout en détail), qui vendent du tabac au même titre que d'autres marchandises.

Les commerçants de la première catégorie, relativement en très petit nombre en Alsace et en Lorraine, bénéficieraient du privilège des débitants de tabac des autres départements, pouvant même, si le Parlement décidait de leur accorder cette faveur, conserver provisoirement la propriété intégrale de leur débit, c'est-à-dire être, pendant plusieurs années, exemptés de toute redevance envers l'État. Pourraient également bénéficier de l'attribution d'un bureau de tabac les commerçants en gros actuels désireux de continuer à se spécialiser dans la vente du tabac; les autres seraient indemnisés de la perte de leur commerce.

Les commerçants de la deuxième catégorie ne seraient pas indemnisés.

Enfin, les commerçants de la troisième catégorie seraient indemnisés sous une forme quelconque variable dans chaque cas particulier, en fonction de l'importance que la vente du tabac tenait dans leur commerce.

Pour l'ensemble de tous les commerçants, les contestations que pourrait soulever leur classement dans telle ou telle catégorie ou le calcul du préjudice causé seraient soumises à l'examen d'une commission arbitrale.

En résumé, en ce qui concerne la culture du tabac, le régime du monopole d'État a été étendu en Alsace et en Lorraine par le décret du 27 mai 1920. D'autre part, qu'il s'agisse de la fabrication ou de la vente, l'introduction du régime français ne paraît pas de nature à soulever une opposition de principe de la part des populations des provinces désannexées. Elle est envisagée sans protestations par les fabricants qui se rendent compte des difficultés qu'ils rencontrent dans l'exploitation de leur industrie par suite de la modification du régime douanier; elle est désirée même par un grand nombre de commerçants, le tout sous réserve d'une indemnisation destinée à compenser la perte des droits acquis. Le consommateur est également favorable à ce régime qui le mettra définitivement à l'abri de toutes les fluctuations de prix dues à la spéculation; en raison des mesures déjà prises par la Direction des Manufactures de l'État et qui seront encore renforcées dans l'avenir, il n'a pas, en outre, à craindre une crise de fabrication. Au point de vue des finances nationales, enfin, l'établissement du régime français de fabrication et de vente en Alsace et en Lorraine doit être considéré comme une nécessité inéluctable, la suppression de l'ancienne barrière douanière des Vosges ayant privé le monopole français d'une de ses défenses principales contre la fraude.

CHAPITRE III

JUSTICE

LA tâche de la Direction de la Justice, depuis le 10 avril 1919, a porté essentiellement sur les trois points suivants.

I. — LA QUESTION DU PERSONNEL ET LA REMISE EN MARCHE DES SERVICES JUDICIAIRES

Cette question se posait pour toutes les Directions, mais elle était particulièrement délicate ici pour deux raisons : raison de principe, puisque la justice est traditionnellement le symbole de la souveraineté et qu'elle devra rendre ses arrêts *au nom du Peuple français*; raison de fait, parce que le décret du 30 novembre 1918 avait destitué en bloc tous les magistrats d'Alsace et de Lorraine et arrêté le fonctionnement de la justice dans les provinces délivrées.

Il fallut, avec les éléments venus de France, avec ceux qu'on trouverait sur place, refaire un personnel qui n'existait plus : magistrats, greffiers, notaires et tous auxiliaires de la justice. La nécessité de n'accepter dans le personnel judiciaire que des candidats offrant toutes garanties au point de vue national, et, d'autre part, suffisamment instruits dans les deux droits et dans les deux langues, devait rendre singulièrement difficile l'accomplissement de cette première tâche. Au bout de dix mois, pourtant, on pouvait la considérer comme achevée. A l'heure actuelle, les cadres de la magistrature sont complets. Les greffiers sont en nombre à peu près suffisant. Tous les offices importants de notaires sont pourvus.

Le service spécial du Livre Foncier, paralysé pendant de longs mois, est remis en action par tout un ensemble de mesures appropriées et par la nomination de juges spéciaux du Livre Foncier ayant compétence en cette matière particulièrement arduе.

Un nouveau barreau, organisé sur des principes plus libéraux en ce qui concerne l'accès de la profession et l'administration de sa propre discipline, s'oriente vers la reprise des mœurs et des traditions françaises.

Il convient d'ajouter que des mesures provisoires portant relèvement des traitements des magistrats et des auxiliaires de justice, ont donné au personnel alsacien et lorrain une première satisfaction que consacrera l'admission dans le cadre français des magistrats d'Alsace et de Lorraine. Cette grande mesure d'assimilation administrative et morale est en voie de réalisation; un projet de loi dans ce sens est dès maintenant voté par la Chambre des députés.

II. — L'INTRODUCTION PROGRESSIVE EN ALSACE ET EN LORRAINE DES LOIS FRANÇAISES

Des commissions de cinq membres ont été créées auprès de la Direction de la Justice, pour étudier et préparer les projets de décrets ou de lois portant introduction des lois françaises.

L'une de ces commissions a rapidement abouti et a présenté deux décrets qui, approuvés par le gouvernement, ont été promulgués le 25 novembre 1919. Ces deux décrets ont introduit dans les départements recouvrés, sous certaines réserves inévitables, les lois pénales et d'instruction criminelle. Ces lois, entrées en application depuis cette date, ont donc saisi l'Alsace et la Lorraine au moment même où celles-ci étaient légalement réintégrées dans la patrie. Leur mise en application n'a soulevé que les difficultés normalement prévues.

Dans un autre ordre d'idées, un décret du 10 février 1920 a introduit en Alsace et en Lorraine les lois françaises sur la propriété industrielle, artistique et littéraire. En outre, un projet de loi est déposé depuis janvier 1920, ayant pour objet de régler pour la période de transition les inévitables conflits de lois en matière civile et commerciale, et donnant aux justiciables la faculté de se soumettre volontairement à la loi française dans tous les contrats, y compris le contrat de société et le contrat de mariage.

On peut prévoir comme prochaine l'introduction dans les territoires libérés de l'ensemble du droit civil et du droit commercial français, sous réserve de certaines institutions locales dont la supériorité sur les institutions correspondantes françaises est unanimement admise. Ces institutions locales ne subsisteront toutefois que comme des îlots isolés, vers lesquels pourront utilement s'orienter les modifications à la loi française projetées pour l'ensemble du territoire français.

Ce n'est qu'en dernier lieu que pourra être abordée la question de la procédure. Quant à l'organisation judiciaire proprement dite, elle a été l'objet de deux projets de loi dès maintenant soumis au Parlement (juillet 1920), l'un portant introduction de l'ensemble des lois françaises sur l'organisation et la discipline des tribunaux, l'autre de l'ensemble de la législation française sur l'exercice de la profession d'avocat et la discipline du barreau.

III. — L'APPLICATION A L'ALSACE ET A LA LORRAINE DES DISPOSITIONS DU TRAITÉ DE PAIX QUI LES CONCERNENT

C'est, d'abord, en matière de nationalité, et pour faire passer dans la pratique les vues théoriques du traité de paix, que dut s'exercer l'action de la Direction de la Justice, en accord avec la Direction de l'Intérieur.

Mais c'est particulièrement la mise sous séquestre et la liquidation des biens ennemis qui ont retenu et absorbé pendant plusieurs mois l'attention de l'administration judiciaire. Il a fallu, en effet, instituer une loi spéciale pour la liquidation des biens allemands en Alsace et en Lorraine, loi mieux adaptée à la situation particulière du pays que celle qui régit la matière dans le reste de la France. Cette loi a été mise en application dès le mois d'avril 1919, c'est-à-dire plusieurs mois avant que soit votée la loi française. L'administration d'Alsace et de Lorraine a donc dû créer de toutes pièces les instructions et réglements nécessités par la liquidation des biens ennemis.

Les liquidations entreprises dans ces conditions particulièrement difficiles ont déjà donné des résultats appréciables : on peut évaluer à 700 millions le chiffre des réalisations opérées à la date du 1er juillet 1920. Cette somme considérable n'est que partiellement payable en numéraire, à raison de la priorité réservée par principe aux créanciers de dommages de guerre, et de la faculté qui leur a été donnée de se libérer par compensation sur le montant de leurs créances. Par là a été d'ailleurs obtenu un résultat moral facilement appréciable : celui qui a consisté à faire passer quelques-unes des plus grosses entreprises allemandes dans les mains d'industriels originaires des pays dévastés.

Les liquidations se poursuivent normalement, celles des mines étant encore subordonnées dans certains cas au

parti que prendra le gouvernement quant à leur mode
d'exploitation.

Une catégorie de biens allemands a été exclue des liquidations : ce sont les mobiliers d'habitation. Le département
des Affaires étrangères, soucieux d'observer à cet égard
les promesses données au moment de l'armistice par le
Maréchal de France commandant en chef les armées alliées,
a fait aboutir, le 15 novembre 1919, une convention avec
le gouvernement allemand, aux termes de laquelle les
mobiliers d'habitation séquestrés doivent être remis à leurs
propriétaires, à l'exclusion toutefois de ceux qui auraient
été cédés pour parer aux besoins les plus pressants du
service des dommages de guerre. L'abandon de notre droit
de liquidation sur ces biens n'a d'ailleurs été consenti, à
la demande du Commissaire général, que moyennant le
versement d'une somme de 25 millions de francs destinée
à indemniser les proscrits d'Alsace et de Lorraine.

Telle a été pendant dix mois la tâche poursuivie en
Alsace et en Lorraine par l'administration de la Justice.
Pour en saisir toute l'importance, il faut ajouter qu'elle
fut constamment compliquée par les difficultés sans cesse
renaissantes dans un pays que les circonstances offraient
à la tentation de tous les spéculateurs, difficultés qui
n'ont d'ailleurs pas empêché la justice d'assurer le maintien de l'ordre et le respect de la loi.

CHAPITRE IV

COMMERCE, INDUSTRIE ET MINES

I. Les Mines. — II. Le Ravitaillement en combustibles. — III. Le Service industriel. — IV. La Direction du Commerce et de l'Industrie. — V. L'Enseignement technique. — VI. Dommages de guerre et reconstitution.

I. — LES MINES

LES *gisements miniers.* — Les principaux gisements miniers d'Alsace et de Lorraine peuvent être répartis en cinq catégories : au nord, sur l'ancienne frontière franco-allemande (la frontière d'avant 1871), le bassin houiller qui fait suite à celui de la Sarre; au nord-ouest, sur la frontière de 1871, mi-partie en territoire resté français et en territoire annexé, le minerai de fer (Nancy, Longwy-Briey, Moyeuvre, Hayange); plus au sud, entre Metz, Nancy et les Vosges, les salines de Dieuze et de Sarralbe; dans le nord du Bas-Rhin, près de la région historique de Wœrth-Frœschwiller-Reichshoffen, le pétrole de Péchelbronn; dans le sud du Haut-Rhin, les immenses gisements de potasse qui confinent à Mulhouse.

L'exploitation méthodique du bassin houiller, de la Sarre remontait au commencement du xix⁰ siècle : elle avait été créée par des ingénieurs français, de 1795 à 1815, alors que la France possédait tout le territoire qui s'étend jusqu'à la rive gauche du Rhin ; un arrêté du 23 pluviôse an X avait même institué à Geislautern, entre Sarrebrück et Forbach, une des deux Écoles pratiques des Mines de la République[1]. Mais, à la suite des traités de 1815, le bassin houiller avait passé à la Prusse, l'État prussien devenant acquéreur des mines ; c'est à partir de cette date que l'attention des industriels français dépossédés des mines de la Sarre commence à se porter sur le prolongement du bassin sarrois en Lorraine, et que des travaux importants d'exploration furent entrepris. Ils se poursuivirent jusqu'après 1870 et aboutirent à l'institution de nombreuses concessions, dont trois seulement étaient en exploitation au moment de l'armistice : la mine de Petite-Rosselle, la mine de Sarre et Moselle, et la mine de la Houve.

La défaite de 1871 livra à l'Allemagne, après la houille, ce minerai de fer lui-même, ou, du moins, une très grande partie du gisement. A la veille de la guerre de 1870, en effet, ce gisement comprenait (sans compter les 20 concessions du bassin de Nancy) 27 concessions formant le bassin de Longwy-Briey. Les négociations qui aboutirent au traité de Francfort, suivirent des fluctuations diverses, au cours desquelles une partie importante de ce dernier bassin faillit nous être conservé : les négociateurs, même ceux qui représentaient l'Allemagne, ne soupçonnaient pas toute la richesse de ce sous-sol, toute l'étendue du terrain exploitable ; mais Bismarck, plus perspicace ou mieux renseigné, intervint, et M. Thiers se laissa séduire, considérant qu' « il y a du fer partout en France, d'aussi

---

1. *Enquête sur les richesses minérales du nord-est de la France et des régions voisines*, Introduction par *le général Jourdy* (*Travaux du Comité d'Études, Section géologique*), Paris, Imp. nat., gr. in-8°, 1919. Cf. les études de MM. *L. Gallois, Chr. Schéfer, Maurice Alfassa*, dans : *L'Alsace-Lorraine et la frontière nord-est* (*Travaux du Comité d'Études*, t. I), Paris ; Imp. nat., gr. in-8°, 1918.

bon qu'en Suède », et que « la prospérité de l'industrie métallurgique dans l'Est est une pure illusion qui ne durera pas éternellement ». Sur les 27 concessions du bassin de Longwy-Briey, 13 furent incorporées à la Lorraine annexée[1]. Il ne restait à la France, de ce bassin, qu'une étroite bande d'affleurements, diminution considérable de notre richesse minière, mais que de nouvelles explorations, dans la région restée française, allaient, quelques années plus tard, étendre dans d'immenses proportions.

Les salines de Sarralbe sont connues depuis des temps fort reculés, car on cite l'existence en l'an 1200 d'une source salée à Salzbronn, à un kilomètre à l'est de Sarralbe, et, en 1784, au même point, d'un puits de 10 mètres servant à l'exploitation. Le gisement de Dieuze a été découvert en 1819 par suite d'un sondage entrepris à Vic. Au moment de l'armistice étaient en exploitation les salines domaniales de l'Est (Salines de Dieuze), la Saline Solvay de Sarralbe, la Saline Gagnerot, la Saline de Salzbronn et la Saline du Haras, toutes trois à Sarralbe. Étaient arrêtées par suite de dommages de guerre les Salines de Chambrey, de Salées-Eaux, et Solvay à Château-Salins.

Dès la fin du xv\u{e} siècle, un professeur de Strasbourg avait observé quelques traces de graisse épaisse dans la petite source qui devait donner son nom par la suite à l'exploitation pétrolière de Péchelbronn. On entreprit même, peu de temps après, des essais de distillations pour retirer de cette huile des produits pharmaceutiques, qui furent particulièrement efficaces, assurent des auteurs de l'époque, contre la goutte, le lumbago, la paralysie, les maux de dents, les plaies et les blessures.... Les travaux

---

1. *Le minerai de fer en Lorraine*, par *L. Cayeux*, professeur au Collège de France (*Travaux du Comité d'Études, Section géologique*). Paris, Imp. nat.; gr. in-8°, 1919.

importants ne commencèrent qu'au milieu du XVIIIᵉ siècle. Mais, pendant longtemps, on ne put exploiter que des couches relativement superficielles. Ce n'est qu'en 1879-82 que M. Achille Le Bel — la famille Le Bel fut à la tête de l'exploitation de Péchelbronn pendant près de cent cinquante ans (jusqu'en 1888) —, inaugurant le système de forage Fauvelle à courant d'eau, put atteindre, avec des couches plus profondes, un gisement pétrolifère considérablement plus riche que les anciens : ce n'était plus, cette fois, la graisse de voiture épaisse exploitée à grandes forces depuis un siècle et demi, mais une huile légère, fluide, riche en gaz et en produits légers, pareille au pétrole brut américain. En 1889, des industriels alsaciens et français firent l'acquisition de Péchelbronn, qui fut revendu quelques années plus tard à une société allemande[1].

La présence du sel gemme s'était décelée dans le sous-sol du Haut-Rhin, en 1869, au cours d'un sondage fait à Dornach par M. Gustave Dollfus : on n'en trouva, d'ailleurs, que des couches très minces, mais sans aucune trace de sel de potassium. Plus récemment, en 1904, un syndicat de forage pour la recherche de la houille et du pétrole dans la région de Wittelsheim fut formé par MM. Joseph Vogt, Zurcher et J.-B. Grisez, et un premier sondage fut exécuté. Contrairement aux prévisions, on ne trouva ni houille ni pétrole, mais, à 368 mètres de profondeur, on rencontra le sel gemme, à 627 mètres, une première couche de sel de potassium, à 649 mètres, une seconde couche du même sel. Le sondage atteignit, le

---

1. Cf. *Historique de Péchelbronn (1498-1918)*, par *Paul de Chambrier*, Directeur général des mines de Péchelbronn, Paris-Neuchâtel, Attinger fr., in-8° [1919]; *Les mines de pétrole de Péchelbronn*, par le même, Strasbourg, imp. strasbourgeoise, in-8° [1920]; *Le bassin pétrolifère de Péchelbronn*, par M. *Gignoux*, professeur à l'Université de Strasbourg, et C. *Hoffmann*, géologue aux mines de Péchelbronn, imp. strasbourgeoise, in-8°, 1920.

1ᵉʳ novembre 1904, la profondeur de 1110 mètres[1]. Le syndicat de forage dut chercher alors une aide financière pour continuer et étendre ses travaux; malheureusement, Alsaciens et Français ne répondirent que timidement à son appel, et il fallut s'adresser à des maisons de banque allemandes. C'est le 13 juin 1906 que fut constituée la société minière dite *Gewerkschaft Amélie*, laquelle, en 1911, céda toutes ses concessions à la *Deutsche Kaliwerke*, à Bernterode, société au capital de 30 millions de marks. Les 165 sondages exécutés par la Société Amélie avaient fait connaître l'existence d'un gisement de sels de potasse d'environ 200 kilomètres carrés, situés entre Mulhouse, Cernay, Soultz et Ensisheim. Pourtant, elle n'avait pas délimité complètement le bassin, et M. Joseph Vogt, qui soupçonnait encore d'autres richesses, se remit en campagne, avec l'espoir de gagner cette fois ses compatriotes alsaciens et français à sa cause, maintenant que de premiers résultats heureux les encourageraient à la confiance. Ses efforts furent couronnés de succès : une partie importante du gisement potassique d'Alsace ayant ainsi, grâce à lui, échappé aux Allemands, constitua le groupe des mines de Sainte-Thérèse.

Situation depuis l'armistice. — Le 20 novembre 1918, une mission composée de deux chefs d'escadron, ingénieurs en chef, de trois capitaines, ingénieurs des mines, était envoyée par le ministre de l'Armement en Alsace et en Lorraine. Comme la situation exacte était assez mal connue, ces ingénieurs avaient comme seule instruction d'assurer par tous les moyens possibles la continuation du fonctionnement des mines.

---

1. *Rapport sur le Bassin de potasse d'Alsace*, par *P. de Retz*, Mulhouse, E. Meininger, 1920, in-8°, p. 5 sqq.. Cf. également : *La potasse d'Alsace*, par *le général Jourdy* (*Travaux du Comité d'Études*), Paris, Imp. nat., gr. in-8°, 1919.

Les mines françaises du bassin de Briey et les mines allemandes de la Sarre ayant été rattachées provisoirement à l'Alsace et à la Lorraine, les premiers efforts du service tendirent à ce que ces mines de fer, sujettes à de très fortes venues d'eau, ne fussent pas noyées et à ce qu'aucun accident ni incident n'arrêtât leur exploitation.

Ce premier résultat acquis, le service des mines d'Alsace et de Lorraine (en dehors de ses fonctions normales de contrôle sur celles de ces mines qui, appartenant à des Alsaciens ou Lorrains redevenus Français, ne tombaient pas sous le coup de notre séquestre) eut à organiser la mise sous séquestre des mines appartenant à des sujets allemands et à pourvoir au remplacement des directeurs et ingénieurs allemands dont la population réclamait l'expulsion et qui ne pouvaient être maintenus à leur poste. Cette tâche fut, surtout en Lorraine, extrêmement ardue, parce que la population de langue française fit expulser sur-le-champ les directeurs de nationalité allemande, à peu près tous pangermanistes avérés. Il fallut donc procéder hâtivement à ces remplacements et s'adresser à l'armée, seule susceptible de donner immédiatement les techniciens indispensables; les ingénieurs civils occupés dans le reste de la France ne pouvaient, en effet, quitter immédiatement leurs postes sans pourparlers préalables. Malgré certains obstacles, fin janvier 1919, toutes les mines allemandes d'Alsace et de Lorraine en exploitation étaient placées sous séquestre, avec un officier technicien à la tête de chacune d'elles.

En Lorraine, le service des mines assura lui-même la direction de l'ensemble des mines de fer séquestrées, dont la multiplicité et l'éparpillement étaient tels que les questions à résoudre furent surtout d'ordre administratif. Cette situation eut l'avantage de permettre une unité de vues complète dans la conduite à tenir à l'égard des éléments allemands qui manifestèrent parfois l'intention de troubler la tranquillité du pays. Après quelques périodes difficiles, le travail fut repris dans des conditions satisfaisantes et la production de minerai de fer assez considérable, non seulement pour alimenter les usines encore en marche, mais pour permettre l'exportation du minerai de fer en Belgique, dans la Sarre et en Allemagne.

Le service des mines se confina ensuite, ici aussi, sa tâche de séquestre une fois assurée, dans ses fonctions ordinaires, contrôle de l'exploitation, répartition des minerais, conseil technique du gouvernement dans ses rapports avec les exploitants et les ouvriers. La plupart des mines de fer sont d'ailleurs maintenant liquidées et la situation y est normale.

Le service n'a pas eu, dans les houillères, un rôle analogue à celui qu'il avait assumé pour les mines de fer. Par contre, il eut à résoudre de graves questions concernant la bonne marche des exploitations. Pendant et même avant la guerre, les Allemands avaient employé dans les mines de houille des procédés contraires aux principes adoptés en France au sujet de la sécurité des ouvriers mineurs. D'autre part, il a eu constamment à intervenir pour assurer l'approvisionnement des mines en explosifs et en matériaux divers. Les résultats obtenus par la collaboration du service des mines et les exploitants sont particulièrement satisfaisants, puisque la production nette qui, en décembre 1918, était de 192 766 tonnes, a atteint, en décembre 1919, 270 080 tonnes, en décembre 1920, 317 120 tonnes.

Enfin, le service des mines, sous l'autorité de la Direction générale du Commerce, de l'Industrie et des Mines, a appelé l'attention des grands industriels français sur le prolongement en Lorraine du bassin de Sarrebrück. Il y a tout lieu d'espérer que les concours techniques et les concours financiers nécessaires seront trouvés pour permettre la mise en valeur, dans un délai de douze à quinze ans, des gisements situés entre Boulay et Saint-Avold.

Pour les mines de pétrole, le service des mines, après avoir fait placer sous séquestre les mines de Péchelbronn, a maintenu comme directeur général technique l'ancien directeur, qui est Suisse-Français, et l'a aidé à remettre sur pied l'exploitation qui, à la fin de 1918 et au début de 1919, avait traversé une crise très grave. Il a eu, d'autre part, à étudier une technique nouvelle concernant l'exploitation du gisement, car la méthode employée au début n'était nullement au point. Les résultats de l'exploitation sont satisfaisants, mais ne doivent pas être considérés comme définitifs. A la date du 1er janvier 1921, l'État français s'est porté acquéreur des mines de pétrole et en a confié l'exploitation à une Société privée, représentant en majorité des intérêts alsaciens et lorrains. Il convient d'attendre avec confiance les résultats qu'obtiendra cette Société.

Dans les mines de potasse, le service des mines s'est trouvé, fin novembre 1918, en présence d'une situation très difficile, en raison, d'une part, de la présence exclusive d'Allemands à la tête des affaires en marche, d'autre part, des dégâts commis sur les mines situées à proximité immédiate du front. Les problèmes à résoudre furent analogues à ceux que l'on rencontra en Lorraine. Grâce à la mise sous séquestre des concessions allemandes et à l'arrivée de techniciens, la situation s'améliora peu à peu. Le service des mines créa, en outre, un bureau de vente des potasses qui, transformé et agrandi, est aujourd'hui en plein fonctionnement. L'extraction du bassin pour 1919 a été, pour les mines sous séquestre, de 503 000 tonnes (pour la mine Sainte-Thérèse, 89 000), soit une augmentation de 69 p. 100 sur l'extraction de la dernière année avant la guerre; pour 1920, de 1 067 279 tonnes (pour la mine Sainte-Thérèse, 155 330), soit une augmenta-

.ion de 249 °/₀ sur la même année. Les méthodes d'exploitation allemandes étaient, d'ailleurs, en partie, défectueuses et donneraient lieu à de nombreuses critiques. Actuellement, on peut dire que la période de tâtonnements est terminée et qu'une ère de très grande prospérité est ouverte pour les mines de potasse[1].

En résumé, l'œuvre du service des mines d'Alsace et de Lorraine a consisté à prendre possession de l'ensemble des mines, dont la grande majorité étaient entre des mains ennemies, à les maintenir en état, à en éliminer les Allemands, à les remplacer par des Français, et à y introduire nos méthodes de travail, incontestablement supérieures à celles que nous avions trouvées.

Les chiffres actuels de production minière, comparés à ceux de la guerre, compte tenu de la réduction du personnel et du phénomène général de baisse de rendement, sont très satisfaisants. L'Alsace et la Lorraine ont été moins touchées à ce dernier point de vue que le reste de la France, que l'Angleterre et que l'Allemagne. Elles sont dans une situation comparable à celle de la Belgique.

On peut donc envisager avec une entière confiance l'avenir de l'industrie minière des régions désannexées, qui apporteront à la France les produits (potasse et pétrole) qu'elle n'extrayait pas de son sol, le complément de la houille dont elle a besoin et la suprématie européenne au point de vue du minerai de fer.

II. — LE RAVITAILLEMENT EN COMBUSTIBLES

Dès l'entrée des troupes françaises en Alsace et en Lorraine, l'autorité organisa un service de répartition des

1. Un projet de loi autorisant l'État à se porter acquéreur des mines de potasse d'Alsace sous séquestre, a été voté par les Chambres (mars 1921).

charbons, qui se substituait au service analogue créé par les Allemands au cours de la guerre.

La répartition était régie par diverses lois et ordonnances d'Empire datant de 1917, qui s'appliquaient à des associations communales, au nombre de 35, et à environ 800 consommateurs recevant leurs attributions, directement, de l'administration centrale de Strasbourg.

L'autorité française a conservé cette organisation dans ses grandes lignes, ou, plus exactement, l'a rétablie (car l'esprit de désordre qui souffla dans le pays à la fin de la guerre et pendant les premiers jours après l'armistice, avait tout bouleversé) et l'a mise sous l'autorité d'un ingénieur en chef des mines qui dirigeait en même temps l'administration de toutes les mines, aussi bien des mines de potasse, de pétrole, des salines, etc., que des houillères proprement dites.

Cette organisation concerna les attributions des quantités et la fixation des prix de vente. La section de la Direction des Mines qui s'occupait des attributions de charbon, prit le nom de *Bureau de répartition*. Son rôle était, en effet, uniquement celui d'un répartiteur des ressources. La Direction générale du Commerce, de l'Industrie et des Mines, qui avait la Direction des mines sous son autorité, réglementa les prix.

En ce qui concerne les quantités, nous avions pris à notre entrée en Alsace et en Lorraine une situation relativement bonne, en ce sens que les Allemands, qui étaient abondamment pourvus en combustibles, avaient laissé des stocks chez les industriels et dans les principales collectivités qui dépendaient de l'autorité allemande : chemins de fer, usines à gaz, centrales électriques, etc. En outre, de nombreux stocks, qui n'étaient pas exactement recensés, certes, étaient répartis tout le long du front occupé par les armées allemandes, où ils servaient pendant la guerre à l'approvisionnement des chemins de fer de campagne et de toutes les organisations militaires.

Le retour de l'Alsace et de la Lorraine à la France a eu pour conséquence, durant la période du début, pendant laquelle aucune organisation de contrôle n'existait, un échange entre ces provinces abondamment pourvues en charbon et les autres départements français. L'épuisement progressif de ces stocks s'est produit pour cette raison, et aussi parce que le traité de paix n'étant pas ratifié et les envois de charbon de la Ruhr (prévus par le protocole de Luxembourg) n'étant pas encore commencés, le reste de la France recevait des tonnages réservés autrefois à l'Alsace et à la Lorraine. Pour ce qui est des quantités, l'Alsace et la Lorraine ne recevaient pas les contingents mensuels qu'elles étaient habituées à recevoir même pendant la guerre, et, par suite, leurs réserves s'épuisaient. Quant aux prix des charbons, ils restaient relativement peu élevés du fait de la faible valeur du mark. Les prix de vente devaient être nécessairement supérieurs aux prix d'achat, mais ils restaient cependant beaucoup plus faibles que les prix pratiqués dans le reste de la France.

L'administration ne pouvait pas se charger du commerce proprement dit des charbons. Un organe spécial fut créé : les Chambres de Commerce de Mulhouse, Colmar et Strasbourg fournirent les concours nécessaires à son fonctionnement, et il prit le nom de *Comptoir des Chambres de Commerce, Section des Combustibles.* La création de cet organe avait été jugée nécessaire dès le mois de décembre 1918, lors des négociations avec l'Allemagne pour les livraisons de coke et de charbon. Cette création était même explicitement mentionnée dans le protocole de Luxembourg en date du 25 décembre 1918. L'organe en question devait être l'acheteur unique des combustibles en provenance de l'Allemagne, et servir d'intermédiaire entre les commerçants et les industriels d'Alsace et de Lorraine et l'Allemagne pour tout ce qui concernait les achats de combustibles en provenance de ce pays.

Les institutions s'occupant de la répartition et du commerce des charbons en Alsace et en Lorraine (Bureau de répartition, Comptoir des Chambres de Commerce) se sont développées et transformées suivant les nécessités du ravitaillement en combustibles de l'Alsace et de la Lorraine, ainsi que suivant l'évolution imposée par la situation charbonnière générale.

La question du ravitaillement proprement dite comprend deux facteurs principaux : les ressources dont le ravitaillement peut disposer, et les besoins des consommateurs.

Comme ressources, nous avions les tonnages qui nous venaient de la répartition générale faite par le Bureau national des charbons à Paris. Elles comprenaient de 120 000 à 150 000 tonnes de charbon de la Sarre, à peu près autant des mines lorraines, et 50 000 tonnes de charbon de la Ruhr et de charbon belge. En réalité, ces prévisions n'étaient jamais réalisées, et l'Alsace ne recevait que la moitié ou les deux tiers de ces contingents.

En ce qui concerne l'importance des besoins, l'administration était très peu fixée. Les demandes faites par les consommateurs s'élevaient à plus de 500 000 tonnes, et les statistiques antérieures à la guerre indiquaient cependant que la consommation mensuelle moyenne était de 330 000 tonnes. Les consommations n'étant pas contrôlées, le service des combustibles de la Direction des Mines était souvent induit en erreur au sujet des besoins effectifs des consommateurs. Des accaparements inévitables furent le résultat de cet état de choses, et de nombreuses plaintes se produisirent jusque vers le milieu de l'année 1919.

La crise du charbon commençait à peser sur l'Alsace et la Lorraine aussi lourdement que sur les autres départements français, crise encore aggravée, comme on le verra plus loin, par la crise générale des transports. Il était nécessaire de remédier à cette situation, de chercher à atténuer la crise, en augmentant les ressources mises à la disposition de l'Alsace et de la Lorraine, en améliorant les transports par une répartition plus rationnelle des tonnages entre l'Alsace et le reste de la France. Il fallait améliorer aussi la répartition régionale par des mesures diverses : détermination exacte des besoins réels des différents consommateurs d'Alsace et de Lorraine, réduction des accaparements par une surveillance des stocks et des consommations, économisation par l'emploi de combustibles de qualité inférieure utilisés dans des foyers convenablement modifiés, adoption de programmes de travail permettant d'obtenir le rendement maximum de l'énergie hydro-électrique reçue de la Suisse ou de l'énergie électrique thermique de nos stations centrales, restrictions de lumière, de force motrice électrique, réduction de la circulation des trains de voyageurs, diminution des gaspillages auxquels on était malheureusement trop habitué du fait de l'abondance du charbon et aussi de son bas prix en Alsace et en Lorraine.

Telles sont les considérations qui ont amené le Commissariat général à constituer, au mois d'août 1919, une *Direction du Ravitaillement en combustibles de l'Alsace et de la Lorraine*, placée sous l'autorité du Directeur général du Commerce, de l'Industrie et des Mines.

Cet organisme, qui prenait naturellement sous son autorité le Bureau de répartition, avait pour missions principales d'augmenter les ressources et de réduire les consommations par une attribution rationnelle et équitable des contingents.

1° L'augmentation des ressources était liée à la solution de la crise des transports qui sévissait à ce moment sur tous les réseaux, et plus lourdement sur le réseau d'Alsace et de Lorraine que sur les autres, du fait que ce réseau, étant expéditeur pour les charbons lorrains, fournissait aux consommateurs du reste de la France (réseaux de l'Est et P.-L.-M. notamment) des wagons qui ne revenaient en Alsace qu'après des retards très importants. Les « rotations » étaient trop longues, le parc de wagons de notre réseau s'appauvrissant, nos transports se faisaient difficilement, et le charbon extrait par nos mines lorraines devait être mis en stock sur le carreau de la mine. On sait que, dans de telles conditions, l'extraction journalière des mines baisse dans de grandes proportions, et, par conséquent aussi, les tonnages mis à notre disposition. Pour remédier à cet inconvénient, il fut décidé, d'accord avec le Ministère de la Reconstitution industrielle, que la production des mines lorraines serait réservée, à partir du 1er novembre 1919, à l'Alsace et à la Lorraine, et cette mesure, qui raccourcissait notablement les rotations de wagons en laissant le matériel du réseau dans le pays même, se traduisit par une augmentation notable des tonnages mis à la disposition des consommateurs alsaciens et lorrains.

2° Les ressources augmentaient encore pour une autre raison : les mines lorraines qui expédiaient leur charbon dans le reste de la France, trouvaient plus avantageux, en raison des différences de prix, de réserver leurs tonnages à ces derniers consommateurs que de les laisser en Alsace et, pour cette raison, nos provinces ne recevaient qu'une partie du contingent qui leur était attribué. Une surveillance active de leurs expéditions et de l'emploi qu'elles faisaient de leur charbon devait nécessairement avoir pour résultat de réduire toutes les « fuites » qui se produisaient au détriment de l'Alsace et de la Lorraine. Cette

surveillance devint beaucoup plus facile à partir du jour
où les mines lorraines n'eurent plus aucun tonnage à
envoyer aux autres départements.

3° Les stocks laissés par l'armée allemande et non
recensés étaient, en vertu de la législation en vigueur, à
la disposition de l'administration d'Alsace et de Lorraine.
Ces stocks disparaissaient, et le charbon, longtemps
exposé aux intempéries, perdait de sa valeur. Il était évidemment nécessaire de les répartir sans plus tarder entre
les consommateurs du pays.

En ce qui concernait l'amélioration des attributions, il
fallait se rendre compte des stocks que possédaient les différents consommateurs, des besoins réels de chacun d'eux;
il était également indispensable de s'opposer aux agissements des consommateurs peu consciencieux qui faisaient
de fausses déclarations pour obtenir des tonnages supérieurs à leurs besoins, au détriment de ceux qui, ayant
fait des déclarations sincères, étaient parfois réduits au
chômage par insuffisance de charbon.

Pour accomplir ces différentes missions, il convenait de
créer un organe spécial, chargé de contrôler les stocks et
les expéditions et aussi de renseigner le Bureau de répartition sur les attributions qu'il convenait de faire à chacun
des consommateurs. La Direction du Ravitaillement créa
donc une Inspection, avec un contrôleur à Mulhouse, un
à Strasbourg, un à Metz. Ces contrôleurs furent placés
auprès des Détachements du Service industriel dépendant
de la même Direction générale, afin de réunir et coordonner les efforts des deux services.

Les résultats de cette organisation entièrement administrative jusque dans la répartition aux industriels eux-
mêmes, ne tardèrent pas à se faire sentir. Si on examine,
en effet, l'approvisionnement en combustibles dans son
ensemble au cours de 1919, on voit que, jusqu'au mois de
novembre, les tonnages mis à la disposition de l'Alsace

et de la Lorraine étaient très sensiblement inférieurs aux besoins : un seul tonnage important en mars et en juillet — environ 260 000 tonnes —, en avril et en mai, des tonnages ne dépassant pas 150 000 tonnes, en août, septembre et octobre les réceptions mensuelles ne dépassant guère 200 000 tonnes. A partir de novembre, les tonnages mensuels reçus suivent une progression croissante : en novembre 250 000 tonnes, en décembre 300 000, en janvier 316 000, en février 300 000, en mars 332 000 tonnes, et cependant le ravitaillement avait été gêné, d'abord par les basses eaux du Rhin, puis par les inondations.

Une meilleure répartition des ressources, une vérification due notamment à un contrôle des véritables besoins, avaient permis, durant les mois de décembre 1919, janvier, février, mars 1920, de constituer dans toutes les usines d'Alsace et de Lorraine une réserve assez importante qui a permis de passer le mois d'avril, marqué par une grève générale de cinq jours et une grève aux mines lorraines de plus d'un mois, sans chômage autre que ceux qui étaient la conséquence de la grève, et ce résultat n'aurait certainement pas été atteint si les combustibles n'étaient pas restés en Alsace et en Lorraine, ou s'ils avaient été accaparés par quelques consommateurs par suite de l'insuffisance du contrôle.

Signalons encore la mesure prise à la date du 1er mars 1920, par laquelle les combustibles dits inférieurs, tels que les résidus de lavage, etc., ont été réservés exclusivement à l'Alsace et à la Lorraine, et, d'autre part, l'action exercée sur les industriels par la Direction du Ravitaillement en vue de les inciter à consommer ces combustibles afin d'économiser les charbons classés.

L'organisation du service des charbons en Alsace et en Lorraine a donc permis d'obtenir ce double résultat : 1° d'augmenter les ressources disponibles par l'atténuation des « fuites » de charbon et l'utilisation rationnelle de combustibles dits inférieurs, mais ayant cependant une valeur calorifique appréciable; 2° de réduire les consommations en améliorant la répartition proprement dite par le contrôle des besoins effectifs.

La crise de quantité, la seule qu'il y ait lieu de considérer à notre avis, car les prix élevés en sont la conséquence inévitable, ne s'est plus fait sentir d'une façon gênante dans nos provinces, du jour où la Direction du Ravitaillement en combustibles a fait fonctionner son service d'inspection en collaboration avec son Bureau de répartition.

Tous les organes étant sous l'autorité du Commissaire général, les mesures imposées par les circonstances, notamment les restrictions de lumière et de force motrice, la réduction de la circulation des trains de voyageurs, ont pu être appliquées en temps opportun et n'occasionner que le minimum de gêne aux populations; aussi semble-t-il que l'on puisse attribuer à cette organisation du service des combustibles une part de l'aisance relative que nos provinces ont connue durant tout l'hiver 1919-20 et qui n'a cessé de se maintenir.

Les ressources mensuelles ont été, durant l'année 1920, supérieures à 300 000 tonnes : 230 000 tonnes provenant des mines lorraines, 25 000 de la Sarre, 9 000 de Belgique, 40 000 de la Ruhr. Elles ont été suffisantes, dans l'état de nos productions industrielles, pour couvrir les besoins réels. Il est vrai que nos industries métallurgiques n'ont pu retrouver leur activité d'avant la guerre en raison de l'insuffisance du coke métallurgique, et que les industries des régions dévastées par la guerre n'ont pas encore repris à la fin de l'année 1920 leur développement normal.

Il faut espérer que les économies résultant d'un meilleur emploi des combustibles compenseront les consommations supplémentaires qu'entraînera la reprise de l'activité normale dans nos usines, et que les besoins resteront pendant quelque temps stationnaires et voisins de 330 000 tonnes, chiffre moyen, comme on l'a vu plus haut, de la consommation mensuelle en 1913.

Ces résultats donnent des indications sur le but à atteindre dans l'avenir. La régularité des expéditions de charbons étrangers, belges, de la Ruhr, et même de la Sarre, étant un peu aléatoire en raison des besoins des autres départements français, il conviendrait d'arriver à se contenter des tonnages fournis par les mines lorraines, en encourageant ces mines à extraire mensuellement et même à dépasser les tonnages qu'elles fournissaient avant la guerre, soit 280 000 à 300 000 tonnes; et, tant que ce résultat ne sera pas obtenu, de recevoir les tonnages nécessaires de la Sarre, de la Ruhr et de la Belgique.

En ce qui concerne les prix, le Commissariat général s'est inspiré des principes qui paraissent avoir guidé les négociateurs du traité de paix, lorsqu'ils admettaient par l'article 68 dudit traité l'établissement d'un régime spécial de transition, d'une durée de cinq ans, tenant compte des relations commerciales qui existaient à ce moment et dont il convenait de favoriser désormais le changement d'orientation par l'adoption d'un régime de prix approprié aux circonstances et à notre politique économique générale. Les charbons allemands et aussi ceux de la Sarre, livrés conformément au protocole de Luxembourg, étaient payés par les consommateurs d'Alsace et de Lorraine à un prix légèrement supérieur au prix de revient, compte tenu du change. Les prix des charbons des mines lorraines furent fixés, d'après les bilans d'exploitation, par arrêté du Commissaire général.

Le Comptoir des Chambres de Commerce fut chargé, comme il est dit ci-dessus, des opérations commerciales relatives à toutes les transactions entre producteurs et consommateurs. Toutefois, depuis le 1ᵉʳ septembre 1919, le Comptoir ne prend plus de bénéfices sur la vente des charbons. D'autre part, les transactions entre producteurs et consommateurs, qui étaient faites par son intermédiaire sous le contrôle de l'administration, sont devenues libres, en ce qui concerne les mines lorraines, à dater du 1er janvier 1920, et du 1er mars pour les mines de la Sarre. Mais une moitié des bénéfices réalisés jusqu'au 1er septembre 1919 par le Comptoir sur la vente des charbons en Alsace et en Lorraine, soit environ 13 millions de francs, a servi à établir une péréquation intérieure (l'autre moitié a été versée au Bureau national des charbons) : ce qui explique en partie les bas prix de vente en Alsace et en Lorraine.

Mais, si ces prix restèrent très inférieurs à ceux qui étaient pratiqués dans le reste de la France, où ils ne cessaient de s'élever du fait de l'importation de charbons anglais et américains (fret très onéreux par lui-même, et, surtout, hausse de la livre et du dollar), la raison principale était différente.

Le Ministère de la Reconstitution industrielle et le Bureau national des charbons avaient eu, il est vrai, le projet de faire entrer tous les charbons destinés à l'Alsace et à la Lorraine dans la péréquation qui était appliquée aux autres départements français. Mais ce projet ne pouvait être favorablement accueilli, car il était en opposition avec les principes du traité de paix et les lois ou ordonnances en vigueur au moment de l'armistice. C'était, en outre, méconnaître la situation économique qui résultait tant de la position géographique de ces provinces que des conséquences de leur retour à la France et, par conséquent, appliquer aux Alsaciens et Lorrains une mesure qui pouvait paraître d'autant plus singulière qu'ils ne consommaient pas ces charbons anglais et américains, pour la compensation desquels les surtaxes de péréquation étaient instituées. C'était admettre, enfin, que des charges nouvelles pouvaient être imposées à ces populations par voie administrative, alors qu'elles ne peuvent résulter que de l'application des lois votées par le Parlement.

Les trois départements récouvrés n'ont donc rien versé jusqu'ici à la caisse de péréquation, et, pour le fonctionnement de leur ravitaillement en combustibles, ils restent régis par les lois et ordonnances en vigueur au moment de l'armistice.

Telle est la raison principale des bas prix de vente pratiqués en Alsace et en Lorraine, si on les compare à ceux du reste de la France, lesquels sont frappés d'une péréquation qui a atteint 150 p. 100 de la valeur du charbon à la mine.

Les conditions ne sont, d'ailleurs, plus les mêmes à l'heure actuelle (fin 1920). Une loi sur la péréquation des prix des charbons apportant, en outre, diverses modifications au fonctionnement du service des charbons, est actuellement déposée sur le bureau de la Chambre; elle fixera les conditions dans lesquelles les surtaxes de péréquation devront être appliquées à l'Alsace et à la Lorraine. Le Conseil consultatif d'Alsace et de Lorraine a, du reste, pour répondre aussi favorablement que possible aux suggestions du ministre des Travaux publics concernant l'application immédiate de surtaxes de péréquation aux trois départements recouvrés, émis le vœu qu'une surtaxe de péréquation de 10 % des prix à la mine pourrait être appliquée avant la promulgation de la loi de péréquation, cette surtaxe étant portée à 20 % à partir de la promulgation. Comme, d'autre part, il était à présumer que le taux de la surtaxe appliquée aux autres départements français irait en décroissant, on pouvait espérer que les prix de vente s'uniformiseraient en se stabilisant sur le territoire de la France entière aux environs des prix à la mine, qui sont sensiblement les mêmes dans les bassins minéralogiques du reste de la France et ceux de la Moselle, augmentés de cette surtaxe de 20 %. Cette réduction des surtaxes pour le reste du territoire a été beaucoup plus rapide qu'on n'osait l'espérer, et elles sont descendues, en six mois, de 150 % à 30 %, taux qui est applicable à dater du 1ᵉʳ janvier 1921. Le ministre des Travaux publics envisage même un retour prochain à la liberté du commerce des charbons.

A la fin d'une étude aussi complexe, il paraît indispensable de la résumer en quelques mots. Voici donc, en manière de conclusion, une vue générale sur l'action du service.

Le ravitaillement en combustibles de l'Alsace et de la Lorraine, qui avait fonctionné sous le régime allemand pendant la guerre, était tombé dans le plus complet désarroi, lorsque nous sommes rentrés dans ces provinces. Par suite du désordre qui agita l'Alsace et la Lorraine à la signature de l'armistice, certains consommateurs accaparèrent le charbon au préjudice des autres. Une crise de quantité fut le résultat de ces agissements. Les prix, qui dépendent des quantités disponibles sur le marché, étaient nécessairement affectés par cet état de choses.

L'administration française a, tout d'abord, centralisé les livraisons en les faisant passer par l'intermédiaire d'un organe commercial soumis à son contrôle, le *Comptoir des Chambres de Commerce, Section des combustibles*; elle a, en outre, fixé les prix de vente en prenant comme base les prix d'extraction, en ce qui concerne les mines lorraines, et les prix de vente en Allemagne pour les charbons de cette provenance. L'achat en marks de ces derniers charbons et leur revente en francs ont permis de réaliser des bénéfices qui ont servi à maintenir les prix de vente invariables jusqu'en avril 1920, malgré l'augmentation des frais d'extraction aux mines lorraines et la hausse des charbons allemands durant l'année 1919.

L'administration a perfectionné la répartition des ressources en la fondant sur les besoins effectifs, et non sur les demandes des consommateurs, en surveillant les expéditions faites par les mines, dont elle stimulait l'extraction, et en exerçant son contrôle sur les stocks des industriels. Elle s'est attachée à résoudre la crise des transports en réduisant l'amplitude de la rotation des wagons. L'Inspection des attributions, des stocks et des expéditions a été créée dans le dessein d'assurer ce service de surveillance et de contrôle. Grâce aux dispositions ainsi prises, la crise de quantité a pu être conjurée.

D'autre part, les prix de vente ont pu être maintenus au voisinage des prix d'extraction, par suite de l'utilisation des bénéfices temporaires réalisés par le Comptoir des Chambres de Commerce et de la dispense permanente des surtaxes de péréquation, — surtaxes qui tendent, d'ailleurs, à disparaître, de telle sorte qu'on peut prévoir le moment prochain où, avec la liberté du commerce rétablie, la question des surtaxes de péréquation ne se posera plus ni pour les autres départements ni pour ceux d'Alsace et de Lorraine.

III. — LE SERVICE INDUSTRIEL

But et organisation du Service industriel. — Le Service industriel d'Alsace et de Lorraine a commencé à fonctionner avant la fin de novembre 1918. N'étant chargé que de l'industrie (à l'exclusion des mines qui, elles, étaient du ressort du service des mines), il a eu pour but de coopérer aux efforts individuels des divers industriels, et de les coordonner, le cas échéant, pour activer la reprise de la vie économique des provinces libérées.

La tâche était dure : en Lorraine, les usines métallurgiques étaient presque éteintes, faute de coke ; en Alsace, il y avait absence, non seulement de matières premières, mais, souvent aussi, d'outillage, celui-ci ayant été évacué ailleurs par les autorités allemandes; pour se réapprovisionner, les transports étaient inexistants du côté France et, cependant, il était interdit, tout au moins au début, de se retourner du côté ennemi où les transports allaient relativement bien; l'ensemble était compliqué du retour en masse des soldats alsaciens et lorrains démobilisés de l'armée allemande et cherchant du travail.

Il fallait donc faire vite, résoudre d'office sur place les cas particuliers en n'hésitant pas à prendre personnellement toutes les initiatives et toutes les responsabilités possibles, se retourner ensuite vers l'autorité supérieure (Paris, dans les premiers temps, Strasbourg, à partir de l'arrivée de M. Millerand) pour la renseigner et lui permettre de prendre les mesures générales nécessaires.

Au point de vue industriel, les trois départements, Moselle, Bas-Rhin, Haut-Rhin, sont assez dissemblables; aussi, dès l'origine, le service industriel a-t-il été divisé en trois *Détachements* ayant respectivement comme résidences Metz (22 novembre 1918), Strasbourg (24 novembre 1918), Mulhouse (26 novembre 1918), la Direction (qui, au début, et jusqu'à l'arrivée de M. Millerand, s'appelait Inspection générale) se trouvant au centre, à Strasbourg.

Renseignements sur les usines et sur leurs besoins. — En fait de documentation initiale sur l'industrie locale, on peut dire que le Service industriel, en arrivant, ne trouvait rien. Il a donc dû se renseigner sans retard lui-même, puis continuer à tenir ses renseignements à jour par l'envoi à chaque usine de fiches et de questionnaires très détaillés, par de multiples enquêtes et vérifications sur place, par des renseignements déduits de la correspondance journalière, etc. Les industriels se sont toujours prêtés avec une parfaite bonne grâce à ces nombreuses formalités

qui, parfois cependant, pouvaient leur paraître inquisito-
riales ; les organismes si compétents et si vivants que
constituent les divers Syndicats industriels d'Alsace et les
quatre Chambres de Commerce d'Alsace et de Lorraine
ont inlassablement apporté à l'œuvre commune le concours
le plus précieux.

*Combustibles. Force. Répartition des cokes métallurgi-
ques.* — Une des opérations initiales du service a consisté,
en attendant l'arrivée des premières allocations de combustible, à distribuer aux usines qui n'avaient plus de
stock les excédents relatifs que pouvaient posséder certaines de leurs voisines.

Par la suite, le Service industriel a été, au point de vue
charbons, l'organe qui a tenu le Bureau de répartition
des charbons au courant de l'urgence des besoins en
charbon de l'industrie.

Au point de vue *coke métallurgique*, il a été le seul
répartiteur pour la métallurgie lorraine. Ce coke venant
de la Ruhr, un officier a, dès le début de 1919, été détaché
à poste fixe au nœud de communications d'Ehrang (près de
Trèves) pour aiguiller journellement sur les destinations
voulues les trains ou rames de coke.

Pour amoindrir les effets de la crise des charbons, le
Service industriel n'a pas cessé, avec l'appui du Bureau
des charbons, de pousser les industriels à s'organiser pour
utiliser tous les autres genres de combustibles, — à se
brancher sur les grandes centrales électriques plutôt qu'à
produire eux-mêmes le courant au moyen de vapeur (les
grandes centrales usent moins de combustible), — à
accepter — et à faire accepter aux ouvriers — un déca-
lage des heures de travail dans une même région, de façon
que les usines de la région ne demandent pas toutes en
même temps du courant à la centrale, — à utiliser au
maximum toutes les chutes d'eau, etc.

Si, au point de vue combustibles, les industries d'Alsace ont passé par des moments difficiles, elles ont été cependant — et sont toujours — des privilégiées par rapport aux industries de Lorraine. L'Alsace, en effet, n'est pas, pour ses charbons, uniquement tributaire de l'Allemagne; au contraire, ses principales sources d'approvisionnement sont d'abord les mines lorraines, puis les mines sarroises; d'autre part, dans la production de la force, l'Alsace n'est pas toujours limitée au charbon seul.

En Lorraine, au contraire, les usines, dans leur presque totalité, ne peuvent pas vivre sans coke métallurgique, et ce coke vient de la Ruhr, comme il a été dit plus haut. Les Allemands n'ont commencé leurs fournitures de coke qu'à la mi-janvier 1919 et ils les ont continuées à un taux si dérisoire que, depuis le dernier trimestre 1919 et aux fins d'une meilleure utilisation du combustible, le Service industriel, a, en principe, arrêté les hauts fourneaux sans aciérie pour reporter les livraisons de coke sur les hauts fourneaux possédant à leur pied une aciérie, c'est-à-dire transformant sur place et sans réchauffage supplémentaire leur fonte liquide en acier. Malgré cela, les aciéries sont à peine arrivées, dans les bonnes périodes, au tiers de leur production d'avant la guerre.

Si on ajoute que les fournitures allemandes ont toujours été des plus irrégulières, qu'à plusieurs reprises même il y a eu arrêt brusque de quelques jours ou de quelques semaines, on comprendra combien la marche déjà si faible des usines a été en outre instable et cahotée : que les trains de coke diminuent ou s'arrêtent, c'était un chômage forcé s'ajoutant subitement aux chômages déjà existants, puis une reprise partielle du travail dès la nouvelle venue des cokes, et ainsi de suite. Heureusement, le moral de la population ouvrière lorraine a su résister à une misère économique si profonde.

Restitution de l'outillage évacué ou volé par les Allemands. — Dès son arrivée, le Service industriel se préoccupe du retour de l'outillage évacué par ordre des autorités allemandes. C'était principalement l'Alsace, et, dans l'Alsace, le Haut-Rhin, qui avait souffert et vu disparaître moteurs électriques, courroies en cuir (remplacées par des courroies en papier dans les rares usines qui continuaient à travailler), rouleaux d'impression en cuivre et toutes pièces en cuivre telles que coussinets, tambours de machines, etc.

Avec l'aide des autorités militaires locales françaises, le Détachement du Service industriel de Mulhouse se met en rapports avec les autorités allemandes et crée une orgasation officieuse pour la restitution du matériel : du côté français, Service industriel et Syndicat industriel alsacien de Mulhouse et, comme expert, l'Association alsacienne des propriétaires d'appareils à vapeur, du côté allemand le *Landeswirtschaftsamt* de Carlsruhe. Les frais de réexpédition sont avancés par les industriels alsaciens qui seront remboursés ultérieurement. L'organisation a bien fonctionné et, à ce jour, la presque totalité des évacuations sont revenues.

Pendant le même temps, le Service industriel faisait en Lorraine l'opération inverse; il y avait, en effet, en Lorraine, des masses énormes de matériel métallurgique, volé par les Allemands en France et en Belgique. Le Détachement du Service industriel de Metz l'a recherché, en a dressé la liste, et l'a retourné aux propriétaires qui l'ont demandé. Ce travail a été ultérieurement continué par un service spécial de récupération, créé par Paris, siégeant à Wiesbaden et chargé de l'identification et du renvoi de tout le matériel volé, quel que soit son lieu de dépôt.

Matières premières et transports. — A l'armistice, il y avait dans le pays la plus grande pénurie de matières premières, telles que peaux et cuirs, huiles, graisses, laines, cotons, colorants, acide carbonique (pour les brasseries), etc.

Pour les peaux à tanner, elles ne pouvaient provenir, au début, que des centres d'abatage alsaciens et lorrains, et elles étaient très rares. Un bureau spécial de répartition, dit Section des cuirs, a été constitué à la Direction du Service industriel. Il s'est occupé aussi de toutes les autres matières nécessaires aux tanneries; il a maintenu bas les prix des peaux et des cuirs, jusqu'au moment où, le commerce des peaux et des cuirs ayant été rendu libre en France, la Section des cuirs a été supprimée. Pour les matières premières ne pouvant provenir que du marché français, il fallut d'abord trouver des fournisseurs, et, malgré les efforts du Service industriel, ce ne fut pas toujours une tâche aisée.

Mais, ce qui fut incomparablement plus difficile, et, dans les premiers mois, presque impossible, ce fut la question du transport. Les réseaux ferrés français, exténués et complètement embouteillés, n'avaient plus de débit; malgré toutes les démarches du Service industriel, les meilleures promesses s'effondraient au moment où elles devaient se réaliser, à ce point, par exemple, qu'au début, pour aboutir à un résultat, le chef du Détachement du Service industriel de Mulhouse dut aller de sa personne au Havre et y organiser sur place le premier train de coton. Quand il y avait départ, il s'écoulait un temps incroyable entre le départ et l'arrivée. Aussi, pour parer au plus pressé, le Service industriel avait-il obtenu que des camions militaires fussent mis à sa disposition, pour être prêtés ou loués aux usines dans les cas urgents et aller, par exemple, dans les Vosges et la région de Nancy chercher les matières disponibles.

Grâce à l'aide du service du Ravitaillement et à son contact permanent et direct avec les compagnies de chemin de fer, des améliorations se sont produites peu à peu. Aujourd'hui, il circule chaque semaine un train de coton entre le Havre et Mulhouse, du coton vient aussi de Marseille, des laines de Marseille, du Havre, de Dunkerque, d'Anvers. En outre, 400 wagons sont par priorité affectés chaque semaine aux transports industriels urgents de l'intérieur de la France sur l'Alsace et la Lorraine.

Mais, comme il y a toujours beaucoup plus de demandes que de possibilités, le Service industriel est obligé d'étudier soigneusement chaque demande par priorité et n'autorise en tout ou partie que celles qui sont vraiment indispensables.

Certains produits, comme les colorants, ne pouvaient venir que d'Allemagne. Là, on se heurtait, non plus aux transports, mais à la mauvaise volonté que les usines allemandes mettaient, soit à accepter les commandes, soit à effectuer les livraisons. Le Service industriel est intervenu sans arrêt auprès des autorités interalliées de la rive gauche du Rhin pour que pression fût faite sur les usines allemandes; il a même à plusieurs reprises envoyé sur place des officiers et, finalement, il a obtenu les livraisons nécessaires tout en évitant les intermédiaires et les majorations de prix.

De même pour la pâte de cellulose indispensable aux papeteries d'Alsace : le détachement du Service industriel de Strasbourg a continuellement agi pour maintenir les livraisons du Palatinat et du pays de Bade. Pour le Palatinat, il n'a réussi que jusque vers fin octobre 1919, époque à laquelle les livraisons se sont arrêtées faute de charbon; par contre, pour le pays de Bade, il a pu faire maintenir en activité l'importante fabrique de cellulose de Kehl, dont la production assure presque à elle seule le fonctionnement de toutes les papeteries d'Alsace.

L'arrivage des matières premières était souvent facilité, quand on pouvait les grouper en un seul envoi. Des groupements ou syndicats régionaux ont alors bien voulu se charger de la réception, puis de la répartition équitable de ces envois.

Liquidation des stocks. — Il y avait quelque chance de satisfaire les besoins extrêmement variés de l'industrie par des prélèvements sur les stocks laissés par l'armée allemande.

Le Service industriel s'est abouché, d'une part, avec les industriels acheteurs éventuels, d'autre part, avec les divers organismes détenteurs des stocks, Génie, Artillerie, Intendance, Service de santé, etc. Il a signalé à ces organismes tout ce qu'il voyait hors parc et qui paraissait ignoré, il s'est en même temps fait tenir au courant de ce qui était déjà inventorié. Pour ce qui pouvait intéresser l'industrie locale, qu'il s'agît de lignes électriques, d'installations, de machines ou de produits les plus divers, il a fait lui-même — ou organisé — les expertises de toute nature nécessitées par la liquidation, et, grâce à sa double connaissance des disponibilités et des besoins, il a rendu de grands services, tout en éliminant les intermédiaires et en évitant le transport de tonnages parfois considérables.

Le total des cessions ayant ainsi passé par les mains du Service industriel, s'élève à plusieurs millions.

Dérogations aux prohibitions d'importation et d'exportation. — A l'armistice, l'idée gouvernementale était que, si l'on devait recevoir d'Allemagne certaines prestations d'État, comme, par exemple, les combustibles, il fallait supprimer complètement toutes les relations commerciales *individuelles* avec l'Allemagne, qu'il s'agît d'importations ou d'exportations.

Les esprits ont bien évolué depuis, mais, en tout cas, l'idée première n'était pas immédiatement applicable à l'Alsace et à la Lorraine qui avaient jusqu'alors tout leur courant commercial dirigé vers l'Est et qui ne pouvaient pas brusquement faire une volte-face complète : en général, comme fournitures à recevoir du marché français, elles ignoraient ce marché et ses disponibilités; comme fournitures à y envoyer, elles n'y avaient pas de clientèle ou n'étaient pas encore prêtes à satisfaire au goût et aux coutumes de cette clientèle. D'ailleurs, même si elles avaient tout connu ou tout trouvé, elles auraient été bien en peine de faire des livraisons dans les autres départements français ou d'en recevoir, puisque du côté France les transports étaient inexistants; au contraire, ils fonctionnaient à peu près du côté Allemagne. Pour que l'Alsace et la Lorraine ne fussent pas menacées d'étouffement entre l'ancienne et la nouvelle frontière, il fallait au moins entr'ouvrir une fenêtre; la seule efficace se trouvait du côté ennemi : d'où, dès mi-décembre 1918, l'institution à Strasbourg d'une Commission des dérogations aux prohibitions d'importation et d'exportation.

Avant d'être présentées à la Commission des dérogations, toutes les demandes relatives à l'industrie sont étudiées sur place par le Service industriel, qui en vérifie le bien-fondé et l'urgence, tout en les limitant au strict nécessaire, pour éviter les tentatives de spéculation.

Parallèlement, le Service industriel tâche de reporter vers la France de l'intérieur le courant commercial de l'Alsace et de la Lorraine, en fournissant aux industriels d'Alsace et de Lorraine tous les renseignements possibles sur les sources françaises de production ou de réapprovisionnement, et en agissant lui-même, au besoin, sur ces sources.

Usines allemandes séquestrées. — Tout spécialement pour la grosse métallurgie lorraine, le Service industriel a suivi de très près, au point de vue technique, la marche des usines séquestrées et a fourni les éléments des cahiers des charges de vente de ces usines.

Main-d'œuvre. — Au début, pour pouvoir suivre les questions de main-d'œuvre, des inspecteurs du travail avaient été adjoints aux trois Détachements du Service industriel. Le Service industriel a été dessaisi de ces questions lorsqu'à son arrivée, M. Millerand constitua à Strasbourg la Direction du Travail, de la Législation ouvrière et des Assurances sociales.

L'exposé sommaire qui précède n'a fait qu'esquisser dans ses lignes essentielles ce que fut le domaine et le labeur du Service industriel; mais il permet de deviner la grande multiplicité des questions, l'innombrable variété des cas particuliers qui se présentent.

Si l'on ajoute que, dans les affaires, pour arriver à une solution rapide, il ne faut pas hésiter à aller voir et causer sur place au lieu d'attendre tranquillement, au fond d'un bureau, une lettre explicative qui sera toujours plus ou moins incomplète ou incomprise, on peut se rendre compte de ce qu'a été l'œuvre du Service industriel.

De plus, ses opérations n'ont pas été facilitées par les circonstances, car le personnel composé en majeure partie d'ingénieurs spécialistes, qui, au début, étaient tous mobilisés, s'est, par suite des démobilisations successives ou des offres de positions civiles stables, renouvelé avec une fréquence extrêmement gênante.

Le Service industriel, organe de transition, destiné à disparaître au fur et à mesure du rétablissement des relations commerciales normales, n'a jamais cherché à se substituer aux industriels et à les régenter. Il s'est contenté du rôle plus modeste d'ami, qui étudie et clarifie les affaires, qui tâche de voir et faire adopter les solutions les plus conformes au bien général tout en sauvegardant au maximum les intérêts particuliers, qui, enfin, dans la période de réorganisation que nous traversons, connaît mieux que l'industriel local les portes où frapper et qui a nécessairement plus de poids auprès des autorités.

IV. — DIRECTION DU COMMERCE ET DE L'INDUSTRIE

A. — SERVICES DU COMMERCE ET DE L'INDUSTRIE.

Situation en novembre 1918, avant l'armistice. — Les stocks de matières premières et de produits finis sont entièrement épuisés ou réquisitionnés. La production de la plupart des marchandises est réglementée, soit par l'armée, soit par des groupements officieux, qui agissent d'après les ordres des services industriels de l'armée (*Kriegsamtstellen*, *Kriegsgesellschaften*, *Kommunalverbände*). Les industries appartenant à des sujets ennemis sont séquestrées et en partie liquidées au profit de groupements d'outre-Rhin. L'industriel et le commerçant alsaciens ou lorrains se sentent défavorisés par rapport à leurs concurrents de l'Allemagne. Ils craignent des mesures de rigueur et des difficultés particulières.

Les transports sont relativement réguliers, parfois interrompus pour des périodes déterminées d'avance et pour certaines catégories de marchandises.

La vente des stocks et l'inflation monétaire ont produit beaucoup d'argent liquide, qu'on a placé en grande partie, pour plus de sûreté, dans des banques allemandes.

Les corps constitués, et même les autorités civiles, n'ont plus aucune action. L'armée, et les organes qui en dépendent, régissent la vie économique et administrative. Mais on commence à trouver des accommodements, car la corruption a gagné certaines classes de fonctionnaires et presque tous les sous-ordres de l'armée. Un grand nombre de personnes sans scrupules, de même que celles qui n'attendent qu'une occasion pour faire de l'obstruction à l'organisation allemande, profitent de cet état de choses, encouragées d'ailleurs par l'opinion publique à « saboter » cette insupportable réglementation, et retirent de ce fait le plus d'avantages possibles.

Situation à la suite de l'armistice. — C'était l'époque des suggestions les plus extraordinaires, la joie de la libération faisant croire à beaucoup de personnes qu'elles avaient trouvé la solution particulièrement intéressante aux difficultés dont il leur était impossible d'évaluer la portée.

Les Alsaciens et les Lorrains ne connaissent pas, à ce moment, l'étendue des sacrifices de la France. Ils croient pouvoir trouver à l'intérieur les mêmes quantités et choix de marchandises, les mêmes moyens de transport et de communications qu'avant la guerre. Les Français de de l'intérieur, d'autre part, espèrent trouver en Alsace beaucoup de situations libres, des marchés et des débouchés illimités. Ils ne se rendent compte ni de l'épuisement matériel, ni des vraies ressources des provinces libérées.

Personne n'est fixé sur la réglementation qui va intervenir. Les Français qui arrivent, ne connaissent pas la législation locale. Les Alsaciens et Lorrains sont très mal informés sur l'organisation française. Les uns et les autres croient que tout sera modifié du jour au lendemain.

Pendant environ dix mois, les demandes de renseignements ont afflué par milliers aux Services du Commerce et de l'Industrie, verbalement et par écrit. Peu à peu, les intéressés, des deux côtés de l'ex-frontière, arrivent à une conception plus juste des réalités. Il va sans dire que des informations aussi exactes que possible ont été fournies sur les industries et la production alsaciennes et lorraines, sur les marchandises qui font défaut et les possibilités de collaboration économique. A l'aide du Service industriel et de l'Office national du Commerce extérieur, ainsi que de l'Association française d'Expansion économique, un service spécial de renseignements sur la production de la France et des colonies a pu être organisé au cours de l'été 1919. Entre temps, les intéressés avaient trouvé une grande partie des renseignements qui leur faisaient défaut, en partie par leurs propres moyens, mais surtout à l'aide des Chambres de Commerce.

Celles-ci, d'autre part, furent autorisées à s'adjoindre des membres correspondants. Par ce moyen habile, les Chambres de Commerce de Strasbourg et de Mulhouse, décimées par les décès, par l'expulsion ou la démission des membres allemands, étaient rendues viables. Elles se mirent à réorganiser leurs secrétariats, dont l'activité avait été entravée par l'autorité militaire allemande qui voyait dans cette organisation un noyau de résistance à ses intentions.

Le régime douanier. Le commerce avec l'intérieur de la France. La Commission des dérogations. — Immédiatement après l'entrée des troupes françaises, les industriels, les commerçants, ainsi que les chefs de service, firent deux constatations, l'une relative aux transports, l'autre relative aux liens économiques entre l'Alsace-Lorraine et l'Allemagne.

Les dévastations dans la zone de feu empêchaient tout transport rapide entre l'intérieur de la France et les provinces désannexées. Le bouleversement des routes et, principalement, celui des talus des voies ferrées, limitaient les convois. Les routes suffisaient à peine aux transports de l'armée, que celle-ci était d'ailleurs obligée d'effectuer par ses propres moyens.

D'autre part, l'Allemagne et l'Alsace-Lorraine constituaient, pour ainsi dire, un ensemble économique qui ne pouvait être désorganisé d'un moment à l'autre. L'outillage des usines était allemand; certaines matières premières, notamment les combustibles, ne pouvaient venir que d'Allemagne; il y avait, par contre, en Alsace et en Lorraine, des stocks de succédanés (*Ersatz*) désormais inutiles et qu'il fallait songer à refouler sur l'Allemagne. Pour toutes ces raisons, la prohibition du commerce avec l'ennemi (abstraction faite des Allemands tolérés en Alsace et en Lorraine) ne pouvait être maintenue. Un organisme devenait donc nécessaire pour réglementer et contrôler les exportations et importations de marchandises. C'est ainsi que le sous-secrétaire d'État à la Présidence du Conseil fut amené à instituer, à Strasbourg, le 14 décembre 1918, une Commission dite des dérogations[1], chargée de fixer les principes généraux en matière d'autorisations d'expédition de marchandises à destination de la rive droite du Rhin, comme en matière d'admission en Alsace et en Lorraine de marchandises en provenance de la rive droite, à l'exception du charbon et du coke, dont l'importation devait rester libre. Jusqu'au mois de mai 1919, cette Commission était organisée militairement et relevait directement du Maréchal commandant en chef les armées alliées. A partir du 1er juin 1919, elle a été entièrement réorganisée et placée sous l'autorité directe du Commissaire général.

Les règles générales adoptées par la Commission des dérogations furent les suivantes : ne pouvaient être importées d'Allemagne sans autorisation spéciale que les matières premières et l'outillage nécessaires au fonctionnement des usines, ne pouvaient être exportées en Allemagne que les matières ou marchandises dont l'exporta-

1. Voir plus haut, p. 67-68.

tion ne pouvait entraîner aucune gêne pour l'industrie et le commerce français.

C'est ainsi qu'au fur et à mesure de la remise en marche des usines textiles d'Alsace, on organisait l'octroi de dérogations aux prohibitions de sortie des textiles. La hâte trop grande que certains commerçants avaient déployée pour écouler des textiles en Sarre à une époque où on en manquait en Alsace et en Lorraine redevenues françaises, avait mis en évidence la nécessité d'une réglementation. C'est à la Direction du Commerce et de l'Industrie qu'a incombé la surveillance de ce genre d'exportation. C'est à elle également qu'à partir du 1er juin 1919 a incombé la surveillance de l'exportation et de l'importation de presque tous les produits finis, à l'exception des produits chimiques et des cuirs, qui sont entrés dans les attributions du Service industriel, et des produits alimentaires, surveillés par la Direction du Ravitaillement civil.

A partir du 7 février 1920, sous réserve des mesures spéciales aux monopoles d'État et des prohibitions générales douanières, un certain nombre de marchandises provenant des pays rhénans situés sur la rive gauche du Rhin purent entrer librement, en vertu d'une dérogation générale.

Les décrets du mois d'avril 1920 limitèrent le régime des prohibitions d'importation à un nombre relativement restreint d'articles de luxe.

Dès le 31 décembre 1918, pour la préparation des demandes de dérogation, leur examen et les écritures, on eut recours au Comptoir des Chambres de Commerce, dont il a déjà été question plus haut. Ce Comptoir était constitué comme Société à responsabilité limitée par les Chambres de Commerce d'Alsace. La Chambre de Commerce de Metz avait préféré ne pas y participer.

Le Comptoir comprenait quatre sections : Combustibles, Textiles, Mécanique et Divers. On a vu le rôle spécial de la Section des combustibles[1]. Les autres sections étaient appelées à donner des avis officieux, à faire des enquêtes sur les demandeurs de dérogation, à faire un premier examen succinct des demandes, de manière à pouvoir les transmettre aux services intéressés du Commissariat général, avec des renseignements permettant de guider les services dans leurs avis. Les sections du Comptoir des Chambres de Commerce formaient donc un premier barrage contre les abus et les fraudes possibles.

En juillet 1920, le travail des dérogations s'étant trouvé réduit, les deux sections des textiles et de mécanique ont pu être réunies en une seule, portant le nom de section commerciale. En mars 1920, la section D (Divers) fut supprimée.

La Commission des dérogations a été, en résumé, dans une situation économique difficile, l'organe régulateur tendant au maintien ou au rétablissement de l'activité normale, tant industrielle que commerciale.

A peine un an après l'armistice, cette activité était redevenue, sinon normale, du moins satisfaisante. L'industriel et le commerçant reprenaient confiance, et la productivité de toutes les branches de l'industrie atteignait des proportions fort honorables par rapport à l'année 1913. Les transports continuèrent à s'améliorer en 1920. La suppression de la surtaxe d'entrepôt[2] assura au port de Strasbourg son avant-port de mer. Le trafic de Strasbourg atteignit en 1919, 1 035 000 tonnes (environ 2 000 000 en 1913) et, en 1920, malgré les basses eaux, il atteignit le chiffre de 1 460 000 tonnes.

Les clauses économiques du traité de Versailles. — Pendant la première moitié de 1919, les différentes clauses économiques du traité de paix, concernant l'Alsace et la Lorraine, la Sarre, les droits accordés à la Suisse sur le Rhin, la sauvegarde des intérêts français sur ce fleuve, ont été examinées tour à tour, en vue de leur exécution.

Après la signature du traité de paix, intervenue le 28 juin 1919, on s'est occupé de la préparation de la mise en vigueur de ce traité. Une enquête à très grande envergure a établi quelles étaient les quotités de marchandises alsaciennes et lorraines exportées en moyenne vers l'Allemagne, de 1911 à 1913. Cette enquête, faite par les soins des quatre Chambres de Commerce de la région, a formé la base du décret du 10 janvier 1920, notifié à l'Allemagne. Grâce à ce travail et à ce décret, les départements désannexés ont pu écouler une partie importante de leur production en Allemagne. Cet avantage a été sensible à partir du mois de mai 1920. Les mêmes mesures seront prises successivement pendant cinq ans.

Simultanément, une enquête a été faite sur les menées de la censure allemande, l'ingérence des services allemands de sortie de fonds (*Devisenstellen*) et les difficultés créées à cette époque à nos exportations vers l'Allemagne. Le résultat de cette enquête a été transmis au Ministère des Affaires étrangères le 22 juillet 1919.

Une seconde enquête, portant sur les difficultés que le gouvernement allemand et les différents groupements économiques allemands créaient à l'exportation de l'Allemagne vers l'Alsace et la Lorraine, a été transmise au Ministère des Affaires étrangères le 19 novembre 1919.

Les intérêts des exportateurs d'alcool ont été sauvegardés vis-à-vis du gouvernement allemand, qui avait créé un monopole du commerce des alcools (loi d'Empire du 26 juillet 1918, mise en vigueur le 1ᵉʳ octobre 1919).

Une autre enquête a établi les besoins économiques de la région, par rapport aux gares frontières à établir sur la frontière du Palatinat et de la Prusse.

La question de savoir s'il était opportun de créer en Alsace et Lorraine un office de compensation conformément à la partie X du traité de paix, a également été examinée.

L'adaptation législative. — Le service a eu à examiner, en janvier 1919, l'opportunité d'appliquer à l'Alsace et à la Lorraine le projet de formation de régions économiques, qui occupait à ce moment-là le Parlement français.

L'assimilation des lois suivantes a été préparée :

La loi du 8 octobre 1919, sur les cartes d'identité professionnelles à l'usage des voyageurs et des représentants de commerce, a été introduite en décembre 1919.

L'introduction de la loi du 22 mai 1919 sur les appellations d'origine a été préparée en vue des travaux de la Commission d'introduction des lois sur la propriété industrielle.

L'étude de l'introduction facultative des lois françaises sur les sociétés par actions et les sociétés en commandite par actions, a démontré que les lois locales, plus modernes, offrent certains avantages. L'examen de cette question très complexe se poursuit.

Le fractionnement des actions du droit local (1 250 fr.) en actions de 500 francs, modification qui aurait facilité la fusion et la transition, a dû être momentanément abandonné.

Questions diverses. — Le service a eu à s'occuper, dès l'armistice, de la situation des Allemands restés dans le pays et de la mise sous séquestre de leurs biens.

La levée du séquestre qui avait frappé les Alsaciens-Lorrains, au cours des hostilités, dans les pays de l'Entente, a été préparée.

De juillet à octobre 1919, l'Exposition nationale de Strasbourg a été une brillante manifestation de la productivité de l'intérieur de la France et des deux provinces désannexées. Les nombreux visiteurs y ont trouvé des enseignements précieux. Une Exposition analogue a eu lieu à Metz en 1920.

Afin de récompenser les ouvriers ayant trente ans de services consécutifs dans une entreprise, les dispositions applicables à la médaille d'honneur du travail ont été étendues à l'Alsace et à la Lorraine. Un grand nombre de demandes ont pu obtenir satisfaction. Les candidatures étaient particulièrement nombreuses, parce que de nombreux industriels et ouvriers avaient refusé de demander ou d'accepter des médailles analogues, accordées, sous l'occupation allemande, par le statthalter de l'empereur.

Le service assura également l'assimilation des brevets allemands des officiers, mécaniciens et équipages de la marine marchande aux brevets français correspondants.

B. — *SERVICE DES POIDS ET MESURES.*

Personnel et bureaux. — Après le renvoi du personnel allemand et la remise en marche du service à l'aide de quelques fonctionnaires de l'intérieur et d'Alsaciens ou de Lorrains auxquels on assura un avancement rapide, les conditions de recrutement et d'examen du personnel futur sont fixées par l'arrêté du 5 octobre 1919, qui accorde aux fonctionnaires les avantages de leurs collègues de l'intérieur.

Tous les bureaux de vérification, — au nombre de treize, dont deux endommagés par suite des hostilités, — ont été maintenus ou rouverts successivement.

Tous les agents ont été munis de résumés de la législation française et locale dans les deux langues.

Législation. — Les poinçons français, et des poinçons spéciaux qui se distinguent par la surcharge des lettres

A. L., ont été introduits par arrêté du 17 avril 1919. Les premiers servent au poinçonnage des instruments conformes à la loi française, les autres aux instruments particuliers à la réglementation locale, maintenue en vigueur. Les fûts, les compteurs à gaz, etc., continuent à être vérifiés d'après la loi locale, parce que cette réglementation est jugée intéressante. L'arrêté du 23 septembre 1919 fixe le modèle de nouvelles marques à feu pour la vérification des fûts ; ces marques sont employées exclusivement depuis le 1er décembre 1920. L'arrêté du 24 juillet 1919 supprime le rajustage par les vérificateurs (assimilation au système français, qui est préférable). Un décret du 21 mars 1920 a introduit, avec ses avantages, la vérification première des instruments de pesage et de mesurage. A la fin de 1920, on envisage la possibilité d'un projet de texte d'ensemble, dont l'adoption garantirait à l'Alsace et à la Lorraine les avantages cumulés des réglementations française et allemande.

V. — L'ENSEIGNEMENT TECHNIQUE [1]

Le gouvernement allemand qui, ainsi que celui des divers États de l'Empire, s'imposait des sacrifices considérables en faveur de l'Enseignement technique, industriel et commercial, s'est toujours montré beaucoup moins généreux à l'égard de l'Alsace-Lorraine.

A notre retour dans ce pays, nous n'y avons trouvé, pour l'enseignement industriel, aucune école du genre des Écoles techniques supérieures allemandes ou d'un Institut polytechnique, alors que des régions moins industrielles, telles que le Wurtemberg, en étaient pourvues. De même, en matière d'enseignement com-

1. Rattaché à l'Instruction Publique depuis le 1er octobre 1920.

mercial, il n'existait en Alsace-Lorraine, ni École supérieure de commerce du genre des *Handelshochschulen* de Berlin, Leipzig, Cologne, Mannheim, ni même une École de commerce de la valeur de nos Écoles pratiques.

Les Allemands craignaient sans doute de créer en Alsace-Lorraine un établissement rival des Écoles techniques supérieures de Carlsruhe et de Stuttgart; mais, surtout, ils voulaient obliger les jeunes Alsaciens et Lorrains qui désiraient devenir ingénieurs ou faire des études commerciales supérieures, à séjourner plusieurs années en Allemagne pour y recevoir d'ingénieurs et de professeurs allemands l'instruction technique dont ils avaient besoin.

Toutefois, il existait pour l'éducation professionnelle de l'ouvrier des institutions bien organisées qui permettaient d'assurer un apprentissage sérieux et de le compléter par des cours bien adaptés à la profession. C'est à la Chambre de Métiers d'Alsace et de Lorraine qu'incombe la mission de réglementer en détail l'apprentissage dans ce pays, ainsi que de créer toutes institutions nécessaires en faveur du développement technique et moral des patrons, des artisans, des employés et des apprentis.

A. — *Chambre de Métiers d'Alsace et Lorraine.*

Dès son arrivée à Strasbourg en qualité de Commissaire général de la République, M. Millerand visita la Chambre de Métiers, donnant ainsi une marque de l'intérêt très vif qu'il porte à cette institution appelée à rendre au pays les plus grands services. Il faut, disait-il à cette occasion, que « chaque ouvrier, chaque artisan, quelle que soit sa tâche, aime son métier. On ne fait bien que ce qu'on aime. » Pour montrer toute l'importance qu'il attache à l'Enseignement technique et à l'œuvre poursuivie par la Chambre de Métiers, M. Millerand accorde à cette institution une subvention importante et crée une Direction spéciale de l'Enseignement technique, industriel et commercial.

Ainsi soutenue, la Chambre de Métiers se reconstitua bien vite et reprit sa tâche avec une énergie accrue par la joie du retour de l'Alsace et de la Lorraine à la mère-patrie; l'apprentissage, atteint gravement par la guerre, fit de rapides progrès. Alors qu'en 1018 le nombre des apprentis tombe à 3640, dont 742 seulement subissent l'examen de compagnon, en 1919 ce nombre s'élève à 6439, dont 1 209 sont reconnus aptes à porter ce titre; et, depuis, le mouvement ascendant se poursuit. Le progrès n'est pas moindre en ce qui concerne les examens de maîtrise qui confèrent le droit de former des apprentis : 15 artisans seulement se sont présentés en 1018, alors qu'en 1919 on en a compté 230. Des cours spéciaux de perfectionnement professionnel ont été organisés au cours de la même année par la Chambre de Métiers pour les coiffeurs et pour les cordonniers.

Quand M. Millerand revint à Strasbourg le 10 septembre 1920, comme président du Conseil, il tint, malgré le peu de temps dont il disposait, à visiter à nouveau la Chambre de Métiers. « J'avais été frappé, dit-il alors, du sens pratique, qui n'exclut pas, d'ailleurs, le souci de l'idéal, avec lequel est organisé dans l'Alsace et la Lorraine l'enseignement technique. Vous avez compris que l'enseignement professionnel, pour porter tous ses fruits, ne doit pas être, si j'ose dire, un fruit isolé qu'à laisse mûrir et jaillir de l'arbre et dont on regarde du sol l'épanouissement. Vous avez compris, ce qui, aujourd'hui, je crois, est, dans toute la France, une vérité hors de conteste, que l'enseignement professionnel ne peut être l'enseignement que nous voulons qu'à la condition que l'élève ne soit pas seulement livré comme il convient aux mains de maîtres qui l'éduquent, mais qu'il garde, en même temps, un lien étroit, quotidien, avec la corporation dans les rangs de laquelle, une fois sa maîtrise acquise, il prendra sa place. Et c'est pour cela que la Chambre de Métiers nous offre ce spectacle, à la fois si élevé et si fécond, d'artisans, de commerçants, d'industriels, qui suivent, au jour le jour, la marche de cet enseignement professionnel, qui s'y intéressent directement, qui ne se contentent pas de prendre, une fois les études terminées, l'élève qui sort des cours de l'enseignement professionnel, mais qui suivent constamment la manière dont cet enseignement professionnel est donné, qui s'y associent, qui n'en sont jamais absents et qui donnent ainsi à cet enseignement professionnel cette marque d'enseignement pratique, moderne, utilitaire, qu'il ne peut pas ne pas avoir. Au point de vue de l'enseignement technique, nous avons trouvé et nous trouvons ici beaucoup d'indications et de leçons extrêmement utiles. Nous avons commencé et nous continuerons à en faire notre profit. »

Ce n'est pas seulement par l'accroissement du nombre des apprentis que s'est traduite l'activité de la Chambre de Métiers; elle s'est manifestée encore par les intéressantes Expositions qu'elle a organisées dès le retour de l'Alsace et de la Lorraine à la France. En 1919, la Chambre de Métiers organisait à Strasbourg, dans le cadre de l'Exposition nationale, une Section de travaux d'apprentis, de compagnons et de maîtres, à laquelle prenaient part 477 artisans. L'Exposition de Colmar, qui a eu lieu au cours de l'été 1920, a réuni plus de 600 travaux qui ont attesté les progrès réalisés par l'apprentissage au cours de la dernière année.

B. — Écoles techniques, industrielles et commerciales :
I. — La situation à l'armistice.

A notre arrivée en Alsace et en Lorraine, nous avons

trouvé : *l'École nationale technique de Strasbourg*, précédemment « École impériale technique »; *les Écoles obligatoires de perfectionnement industriel et commercial*, établissements auxquels il faut ajouter les Écoles fondées à Mulhouse sur l'initiative de la Société industrielle de cette ville, qui a su rester, pendant quarante-huit années de domination allemande, un foyer ardent de culture française : *l'École supérieure de chimie* et *l'École de filature et de tissage*.

Tous ces établissements étaient, pour la plupart, complètement désorganisés; plusieurs étaient fermés. Dans chacun des autres, les effectifs avaient considérablement fléchi.

L'École nationale technique. — Elle comprenait les quatre sections suivantes : Bâtiment, Travaux publics, Mécanique et Section de géomètres. Fermée au début de la guerre, elle avait été successivement occupée par un lazaret allemand, puis par un hôpital militaire français; les cours se faisaient dans des locaux de fortune et l'effectif était réduit des deux tiers.

La situation, en ce qui concerne le personnel, n'était pas moins inquiétante. Le directeur, les deux tiers des professeurs, de nationalité allemande, avaient été expulsés. Il fallait les remplacer rapidement par des maîtres parlant les deux langues, tâche difficile au lendemain de la guerre.

Écoles obligatoires de perfectionnement professionnel pour apprentis. — Ces établissements reçoivent les jeunes apprentis pendant un certain nombre d'heures par semaine. Ils étaient au nombre de quatorze. Au début de la guerre, leurs locaux avaient été réquisitionnés, la plupart des professeurs mobilisés. La lutte se prolongeant, le gouvernement allemand occupe les apprentis aux fabrications destinées à l'armée et les dispense de fréquenter les écoles de perfectionnement. De plus, aussitôt après l'armistice, une épidémie de grippe entraîna le licenciement des jeunes apprentis pendant plusieurs semaines. Enfin, le changement de régime, le départ des professeurs allemands eurent pour conséquence un certain flottement dans le fonctionnement des écoles. Aussi la fréquentation était-elle devenue défectueuse : les jeunes gens, quelques parents et patrons semblaient croire que la loi sur l'obligation ne serait plus appliquée.

II. — *La tâche accomplie.*

Les institutions existantes. — Les écoles retrouvèrent bientôt toute leur activité. On reconstitua d'abord tout un personnel. A la place des Allemands, on nomma des maîtres alsaciens et lorrains, ainsi que quelques maîtres originaires de l'intérieur, parlant les deux langues et plus spécialement chargés de l'enseignement du français. La fréquentation se rétablit rapidement et, en novembre 1919, l'effectif des écoles obligatoires de perfectionnement dépassait celui d'avant la guerre. Au 15 janvier 1920, il atteignit 6 531 élèves; au 15 novembre, 7 258. Le principe de l'obligation, dont le maintien a été demandé par la Chambre de Métiers et les Chambres de Commerce, est maintenant respecté sans protestation. Mais aux termes de la loi locale, il ne peut être appliqué que par voie d'arrêté municipal; c'est pourquoi, dans sa séance de décembre 1919, le Conseil supérieur d'Alsace et de Lorraine émet le vœu que la loi française du 25 juillet 1919, qui rend obligatoires les cours professionnels pour apprentis des deux sexes âgés de moins de dix-huit ans, soit appliquée le plus tôt possible en Alsace et en Lorraine; qu'en attendant, des écoles obligatoires de perfectionnement pour les apprentis du commerce et de l'industrie soient créées par application de la loi locale dans tous les centres industriels de quelque importance.

A l'École nationale technique, les progrès ne sont pas

moins sensibles. Le personnel, complètement reformé, compte un certain nombre de professeurs remarquables, parmi lesquels des ingénieurs de l'École centrale, de l'École des Ponts et Chaussées, d'Écoles techniques supérieures étrangères. Une section électro-technique a été ouverte en octobre 1919. Aussi l'effectif s'est-il notablement accru. L'École, qui ne comptait que 293 élèves à la veille de la guerre, en avait 417 en novembre 1919, 488 en novembre 1920. C'est un chiffre qu'elle n'avait jamais atteint sous le régime allemand. La création d'une quatrième année d'études a été décidée pour les sections de mécanique et d'électricité.

Pour combler les lacunes dans l'organisation de l'enseignement technique en Alsace et en Lorraine, l'administration française procéda immédiatement à un certain nombre de créations, malgré les difficultés qu'elle rencontrait pour se procurer un personnel suffisamment préparé[1].

Créations réalisées. — 1° Une *École pratique de commerce*, la première école commerciale de type français fondée en Alsace et Lorraine, est créée à *Strasbourg* et ouverte le 19 janvier 1920.

2° La ville de *Haguenau* fonde une *École obligatoire de perfectionnement industriel et commercial* ouverte depuis le 1er février 1920.

3° En octobre suivant, *Sarreguemines* ouvre une École de même type, qui compte, dès ses débuts, plus de 500 élèves.

4° Dès notre retour en Alsace et en Lorraine, la Chambre de Commerce de Strasbourg se hâta de réaliser

1. Des bourses ont été créées pour permettre à de jeunes maîtres alsaciens et lorrains de cet enseignement de suivre pendant une année les cours soit de l'École des Hautes-Études commerciales, soit de celle des Arts et Métiers, à Paris, ou bien de passer un certain temps dans une autre ville de l'intérieur pourvue d'une École de commerce ou d'industrie et où ils puissent ainsi se perfectionner dans la langue française.

un projet qu'elle caressait depuis longtemps et décida de créer un *Institut d'enseignement commercial supérieur*; l'idée fut chaleureusement approuvée par M. Millerand, qui s'intéressa tout particulièrement à sa réalisation. Pour assurer le succès du projet, la Chambre de Commerce de Strasbourg n'hésita pas à s'imposer de très lourds sacrifices; elle fit appel, en outre, aux industriels, aux banques et aux commerçants de la région, qui souscrivirent en faveur du nouvel établissement des sommes importantes, dont le total dépasse 325 000 francs.

5° M. Millerand encouragea vivement aussi la Société industrielle de Mulhouse à fonder dans ce centre si actif une *École supérieure de commerce* et à y faire revivre la première École supérieure française ouverte à Mulhouse avant 1870. Cette École a été ouverte en octobre 1920.

6° En avril 1920, Colmar ouvrait une *École pratique d'industrie et d'arts appliqués aux métiers*, dont le type se rapproche sensiblement de celui de nos Écoles pratiques d'industrie. Dans la même ville, une *École pratique de commerce* a été ouverte en octobre 1920.

7° Le Conseil municipal de Metz a décidé, de son côté, la création d'une *École pratique d'industrie* et d'une *École pratique de commerce*, ouvertes toutes deux depuis le mois d'octobre 1920. Strasbourg se propose, en outre, d'organiser une École pratique d'industrie hôtelière.

Enfin, le Conseil supérieur d'Alsace et de Lorraine avait émis, dans sa session de décembre 1919, le vœu qu'une École technique supérieure destinée à former des ingénieurs et dont l'organisation rappellerait celle du *Polytechnicum* de Zurich, fût créée dans les départements recouvrés. Une commission chargée de l'étude du projet de création de cet établissement et composée d'industriels et d'ingénieurs d'Alsace et de Lorraine a été constituée par arrêté du Commissaire général de la République en date du 11 février 1920.

Il convient, d'ailleurs. de noter ici que, pour toutes ces créations, l'administration rencontra la plus grande volonté de la part des municipalités, qui, malgré les difficultés de l'heure présente, s'imposèrent de lourds sacrifices en faveur d'un enseignement dont elles comprennent toute l'utilité.

Quand toutes les créations projetées seront réalisées, quand le principe de l'obligation des cours à caractère nettement professionnel pour apprentis sera étendu à quelques nouveaux centres, l'Alsace et la Lorraine supporteront avantageusement la comparaison avec les États allemands qui ont la réputation de posséder un enseignement professionnel remarquablement organisé.

VI. — DOMMAGES DE GUERRE ET RECONSTITUTION

L'organisation du service des Travaux de reconstitution remonte au 11 avril 1919. Le service des Dommages de guerre lui a été rattaché le 7 juin 1919.

Quoique les dégâts ne fussent pas comparables à ceux du « front français », l'importance des dommages à réparer était encore considérable : dans le Haut-Rhin et le Bas-Rhin, la dévastation avait produit ses effets sur 77 000 hectares et 138 localités, dans la Moselle, sur 15 000 hectares et 107 localités; dans le Haut-Rhin et le Bas-Rhin, 14 145 immeubles étaient entièrement ou partiellement démolis, 135 usines détruites, dans la Moselle, 4 061 immeubles et 15 usines. L'ensemble des dommages peut être calculé approximativement à près de deux milliards, dont 400 millions pour les dégâts industriels.

Voici quels ont été les résultats obtenus jusqu'au 1er juin 1920 :

Dommages de guerre: — 1° Avances et acomptes payés aux sinistrés sur leur compte de dommages de guerre :

	Francs.
a) par l'administration allemande avant l'armistice.	13 500 000
b) par la France	142 000 000
Total.	155 500 000

Les 142 millions versés par l'administration française se répartissent de la façon suivante :

	Francs.
Dommages agricoles	20 500 000
— mobiliers	32 500 000
— immobiliers.	36 800 000
— industriels	46 000 000
Divers	6 200 000
Total.	142 000 000

2° Nombre de sinistrés ayant reçu des avances ou acomptes en argent : 50 000.

3° Nombre de dommages définitivement réglés : 25 000.

4° Avances en nature aux agriculteurs :

Semences	1 216 000 francs.
Machines agricoles	40 000 —
Nombre de chevaux ou mulets cédés aux sinistrés.	1 000 animaux.

En outre, sur bons délivrés par les présidents des commissions d'évaluation, du bétail est fourni aux sinistrés directement par les marchands.

5° Mobiliers délivrés :

	Francs.
a) Mobiliers séquestrés acquis	2 960 000
b) Mobiliers cédés en 1919 :	
180 cuisines.	
300 chambres à coucher. . . . . }	1 170 000
230 salles à manger.	
c) Stock d'ustensiles de ménage provenant de l'intendance	245 000

d) Un grand nombre de sinistrés ont reçu, en outre, directement des secours en nature de diverses œuvres de bienfaisance privées. A Mulhouse, la Société du *Retour au foyer* a distribué à elle seule 75 mobiliers complets d'une valeur moyenne de 1 500 à 1 800 francs chacun. A Colmar, la *Coopérative alsacienne* a vendu pour 140 000 francs de mobilier.

Reconstitution du sol. — Pour les travaux de remise en état du sol, le montant des marchés passés avec des entrepreneurs a été de 27 000 000 francs. 7 000 ouvriers ont été employés à ces travaux. La superficie de territoire remis en état (prairies et terres cultivables) est de 39 000 hectares pour l'Alsace et de 10 000 hectares pour la Lorraine. En Alsace, trente-deux tracteurs sont à la disposition des services départementaux pour effectuer des labours mécaniques en vue d'améliorer les terres déblayées des ouvrages fortifiés. En Lorraine, les labours mécaniques sont faits par des entreprises privées après entente avec le service de la Reconstitution.

Reconstitution des localités :
1° *Travaux faits par les entrepreneurs avec lesquels le service de la Reconstitution a passé des marchés.* — A la date du 1ᵉʳ juin 1020, 224 villages étaient en cours de relèvement[1], 4 678 maisons en cours de réparation[2],

1. Haut-Rhin : 111; Bas-Rhin : 12; Moselle : 101.
2. Haut-Rhin : 2 981; Bas-Rhin : 191; Moselle : 1 506.

1 044 maisons réparées [1] ou reconstruites, l'administration avait passé des marchés pour près de 120 millions de francs [2], avec un total de 350 entrepreneurs, occupant à cette tâche près de 7 000 ouvriers [3].

2° *Travaux faits par l'initiative privée.* — En 1919, 15 000 sinistrés au minimum ont reçu des avances pour travaux de reconstruction dont le montant total est de 12 millions de francs. L'initiative privée sera, d'ailleurs, de plus en plus, encouragée et secondée.

Dès décembre 1919, des travaux de restauration dus à l'initiative du sous-préfet de Mulhouse, étaient commencés dans cinq communes de cet arrondissement en utilisant la main-d'œuvre disponible et le concours des entrepreneurs de Mulhouse. Il en est résulté, en juillet 1919, le retour de 6 000 habitants de ces communes, sur un chiffre total de 6 918 habitants.

3° *Quantités de matériaux acquis par le service de la Reconstitution.*

Désignation.	Alsace.	Lorraine.	Totaux.
Tuiles, mille.	5 000	2 000	7 000
Briques, —	4 000	1 000	5 000
Bois, m³.	40 000	10 000	50 000
Vitres, m²	90 000	20 000	110 000
Plâtre, tonnage	9 000	3 000	12 000
Ciment —	8 000	2 000	10 000
Chaux —	15 000	5 000	20 000

D'importants dépôts de matériaux sont actuellement constitués à Altkirch, Cernay, Thann, Munster (Haut-Rhin), Saales (Bas-Rhin), Delme (Moselle).

4° *Baraques.* — Pour hâter le retour des habitants dans

1. Haut-Rhin : 435; Bas-Rhin : 33; Moselle : 576.
2. Exactement, 119 261 000 francs, dont 88 261 000 pour le Haut-Rhin, 4 000 000 pour le Bas-Rhin, 27 000 000 pour la Moselle.
3. Exactement 6 800, dont 5 400 pour le Haut-Rhin, 300 pour le Bas-Rhin, 1 100 pour la Moselle.

les localités sinistrées, le service a construit dans des conditions d'habitabilité qui ont donné toute satisfaction aux intéressés, 2 150 baraques pour servir d'abris provi-soires, savoir : Haut-Rhin : 1 400, Bas-Rhin : 150, Mo-selle : 500. Dans certaines localités comme Steinbach, Cernay, Wattwiller, Metzeral, elles forment de véritables agglomérations avec places, rues, écoles, mairies, églises, postes, d'un aspect agréable.

Reconstitution industrielle. — Dix-sept filatures et tis-sages et une fabrique de produits chimiques dont le relè-vement a été confié au service de la Reconstitution, sont en état de marche depuis le 1ᵉʳ avril 1920. La reconstitu-tion de toutes les autres usines est assurée par les indus-triels sinistrés eux-mêmes; au 1ᵉʳ juin 1920, 50 industries étaient reconstituées et 100 autres en cours de recon-struction.

CHAPITRE V

RAVITAILLEMENT CIVIL ET TRANSPORTS

I. Rôle et organisation du service. — II. Situation de l'Alsace et de la Lorraine au moment de l'armistice. — III. Coup d'œil sur les premières opérations du Ravitaillement civil. — IV. La coopération des industriels et commerçants. — V. Les détails du ravitaillement. — VI. Questions diverses connexes.

I. — RÔLE ET ORGANISATION DU SERVICE

Dès le mois d'octobre 1918, en vue d'une rentrée prochaine éventuelle en Alsace et en Lorraine, le sous-secrétaire d'État à la présidence du Conseil et le Maréchal de France commandant en chef les armées alliées étudiaient d'un commun accord l'organisation du ravitaillement des populations.

Les mesures envisagées avaient pour but : 1° de pourvoir immédiatement, au cours d'une prochaine progression militaire, à l'alimentation des habitants; 2° d'instaurer, après cette première période de progression, un régime normal et stable de ravitaillement.

Des centres d'approvisionnement étaient prévus à Belfort, Épinal et Toul, afin de venir en aide aux armées chargées d'assurer, pour le compte de l'administration civile, le ravitaillement pendant les premiers jours de la libération. Il était prescrit de faire, pendant les trois premiers jours de l'arrivée des troupes, des distributions gratuites à titre d'avance aux municipalités, puis, des distributions à titre remboursable, payables en monnaie française ou en marks, au change de 1 fr. 25. Enfin, pour éviter la hausse du coût de l'existence dans les pays libérés, il était interdit de la façon la plus formelle aux corps de troupe ou aux services de l'intendance de réaliser des achats quelconques en Alsace et en Lorraine. Le sous-secrétaire d'État au Ravitaillement envoyait des représentants auprès du Haut-Commissaire et des commissaires de la République en Alsace et en Lorraine, ayant pour mission de recueillir les commandes de vivres des maires des différentes communes et de les transmettre au Ministère du Ravitaillement.

Cependant, ces dispositions initiales furent vite reconnues comme étant insuffisantes pour assurer le ravitaillement et la restauration économique des provinces libérées.

On décida la création d'un organe autonome, recevant du Ministère du Ravitaillement les denrées les plus courantes et procurant au commerce local les multiples objets dont le ravitaillement général ne saurait se préoccuper. Les conditions particulières dans lesquelles l'administration française était amenée à se substituer aux administrations allemandes, rendaient nécessaire la création d'un service capable d'apporter dès les premiers jours en Alsace et en Lorraine « l'abondance, visible expression de la paix », et, le 17 novembre 1918, dans les cadres en création du Service général d'Alsace et de Lorraine, un office du Ravitaillement trouva naturellement sa place. Ses directives étaient les suivantes : prévoir les besoins, réglementer les distributions, faire acheminer sur des points déterminés les denrées de première nécessité fournies par le Ravitaillement, procurer les autres denrées et les transporter, utiliser les organes de ravitaillement des ex-autorités allemandes, faciliter par tous les moyens la reprise de la vie commerciale et industrielle du pays, vérifier les comptes et coordonner les dépenses.

Le 26 novembre 1918 paraissait l'arrêté créant un poste d'inspecteur général des services du Ravitaillement. Grâce à l'intervention personnelle du président du Conseil, ministre de la Guerre, qui comprit tout de suite la nécessité de munir le service du Ravitaillement d'Alsace et de Lorraine des moyens d'exécution qui lui étaient demandés par l'inspecteur général, une vaste organisation put être rapidement créée, qui comportait : à Paris, une Direction, une sous-intendance administrative et une sous-intendance d'exploitation avec gestion; dans les trois départements libérés, une sous-intendance à Metz, une à Strasbourg et une à Colmar, disposant chacune d'une gestion des subsistances, toutes trois dotées d'un personnel entièrement militaire, qui fut réparti dans tous les arrondissements et qui comportait un effectif de 72 officiers, 191 sous-officiers, 424 caporaux, 3 039 hommes de troupe.

Tout ce personnel, prélevé sur les armées, sut réaliser à la satisfaction générale la tâche qui lui incombait, et cela, dans des conditions particulièrement délicates, si l'on observe, d'une part, que quatre ans de guerre n'avaient nullement préparé à un pareil emploi la grande majorité de ces officiers et hommes de troupe, et que, d'autre part, cet organisme nouveau n'avait derrière lui aucune tradition administrative, aucun exemple précédent dont il pût s'inspirer.

II. — SITUATION DE L'ALSACE ET DE LA LORRAINE AU MOMENT DE L'ARMISTICE

L'Alsace et la Lorraine n'étaient pas totalement dénuées de ressources.

Le gouvernement allemand avait organisé le ravitaillement des populations civiles de façon à permettre de distribuer à tous une masse alimentaire, sinon de bonne qualité, au moins suffisante pour assurer à peu près la nourriture de chacun. La répartition des denrées alimentaires, ainsi que des objets nécessaires à l'habillement, était confiée à des sociétés privées à monopoles, ou à des organismes communaux dénommés *Kommunal-Verbände.* Chaque union communale répartissait entre tous les commerçants d'une localité les denrées ou matières reçues, à charge par ces commerçants de les distribuer à la population civile en échange de cartes : sucre, pain, viande, sel, lait, œufs, huile, graisse, beurre, pétrole, légumes secs, bougies, savon, chaussures, vêtements, linge, etc.

Cette réglementation avait nécessité la création d'offices centraux chargés de la répartition. Ces offices, alimentés par les fonds de l'Empire et par ceux de l'Alsace-Lorraine, des cercles ou des communes, étaient administrés par des fonctionnaires. Quoique revêtant la forme de sociétés commerciales ayant une personne morale, elles se confondaient en réalité avec l'État, les cercles et les communes, et bénéficiaient d'un véritable monopole d'achat et de vente, qui permettait de rémunérer largement, au compte du consommateur, un personnel considérable.

Grâce à ces offices, tout était surveillé, contrôlé, enregistré. Le producteur avait perdu le droit de disposer des produits de sa ferme et devait chaque jour livrer telle quantité d'œufs, de lait, de fromage. Ses animaux étaient immatriculés et leur abatage strictement réglementé. De même, le négociant, l'industriel, le boutiquier, le consommateur subissaient le contrôle d'une réglementation multiple, qui comportait des sanctions pénales très sévères pour réprimer les infractions.

Les bénéfices résultant des opérations de ces offices étaient destinées en principe à des œuvres d'assistance

sociale, mais, en réalité, ils servaient à gonfler les sou-
scriptions des emprunts de guerre de l'État allemand.

La signature de l'armistice et l'arrivée des troupes françaises devaient correspondre pour les Alsaciens et les
Lorrains à la cessation d'un régime devenu odieux.

Les marchandises de bonne qualité étant uniquement
réservées aux besoins militaires, la population civile
devait se contenter des produits de remplacement : les
fameux *Ersatz.* C'est ainsi que la majeure partie des
produits alimentaires ne correspondait plus du tout à
la nature des denrées annoncées et que, sous des éti-
quettes différentes, s'offrait au consommateur une marchandise qui, suivant les nécessités, était à base de farine
d'orge ou de seigle, de gruaux, de pommes de terre, de
fèves, de feuilles de laurier, de nèfles, de glands, etc.
Le pain distribué était complètement noir, fait de farine
de seigle blutée à 94 p. 100. La ration de viande n'excé-
dait pas 150 grammes par semaine. Le vrai café et le
vin étaient presque totalement inconnus. La bière, ne
contenant qu'une infime quantité d'orge, n'était plus
qu'un breuvage insipide. Seul le sucre (mais en automne
seulement, pour servir à la fabrication des confitures)
et les pommes de terre étaient livrés en quantité suffisante. Pas de graisse. Pas de savon. Le coton et la
laine avaient à peu près disparu de l'utilisation publique
et étaient remplacés par le papier; c'est du papier qu'on
employait à la confection des vêtements, des sous-vête-
ments, de la lingerie, des chaussures, de l'ameuble-
ment, etc.

III. — COUP D'ŒIL SUR LES PREMIÈRES OPÉRATIONS DU RAVITAILLEMENT CIVIL

Il appartenait à cet organe nouvellement créé d'assurer
sans heurt le passage du régime allemand au régime

français; l'un représentait un étatisme outrancier, l'autre libérait les commerçants et les industriels des entraves imposées par la guerre, mais devait veiller à ce qu'une spéculation violente ne fût pas la rançon de cette liberté.

En quelques semaines, cette double condition a été réalisée, sans qu'il en soit résulté aucun inconvénient pour la population, bien au contraire. Sans entrer tout de suite dans le détail des multiples problèmes qui se posaient, chaque jour, chaque heure, aux services du Ravitaillement, il convient pourtant de noter quel soulagement immédiat le changement de régime a apporté aux populations alsaciennes et lorraines.

Le pain fut, dès la première heure, sensiblement amélioré. Les boulangers reçurent 50 °/° de farine de froment blutée à 80 % pour être incorporée par moitié à la farine de seigle. La ration de viande fut portée de 150 grammes à 700 grammes par semaine et par personne, puis la carte de viande supprimée et les frigorifiques utilisés à leur maximum de rendement. La graisse, l'huile, le lard faisaient également défaut. Ces denrées furent distribuées, ainsi que le riz et les légumes secs, sans aucune limite de quantité. Le savon manquait également, et la première distribution de 50 grammes par habitant fut particulièrement bien accueillie.... On pourrait multiplier les exemples de cet heureux « changement à vue », qui marqua les premiers jours de la libération.

IV. — LA COOPÉRATION DES INDUSTRIELS ET COMMERÇANTS

Les négociants furent invités, à Strasbourg, à Metz et à Colmar, à se grouper par spécialité en coopératives ou en syndicats pour faire connaître leurs besoins. Le Ravitaillement mit à leur disposition la sous-intendance d'exploitation créée à Paris pour réaliser ces achats en commun, coordonner des efforts dispersés et assurer la reprise des relations du commerce local avec la France qui étaient rompues ou fortement entravées depuis quarante-huit ans. Afin de donner confiance au commerce français, le Ravitaillement civil s'interposa pour les premières opérations entre acheteurs et vendeurs qui ne se connaissaient pas et apporta aux intéressés l'appui moral et matériel de l'État, assurant, en outre, des transports rapides qui amenèrent sur le marché alsacien et lorrain : *des vêtements, des matières premières* nécessaires à la confection et à la lingerie, pour faciliter la reprise du travail dans les ateliers locaux, mesure qui se traduisit par une baisse immédiate de 50 % dans les magasins de nouveautés de Strasbourg; *des produits pharmaceutiques et de droguerie*, qui faisaient totalement défaut; *des livres français, des journaux; des denrées alimentaires, du vin*, achetés en grosses quantités par des coopératives de consommation ou des syndicats d'épiciers.

L'effort fourni pendant le mois de décembre 1918 fut considérable. C'est par centaines que les commandes affluèrent. La sous-intendance d'exploitation pourvoyait à toutes les demandes qui étaient transmises par un acheteur accrédité à cet effet par chaque syndicat.

Dès le début de janvier 1919, il fut toutefois manifeste que l'intervention de l'État n'avait plus à s'exercer utilement dans ce sens et que les relations commerciales étaient suffisamment établies pour rendre aux intéressés toute liberté d'action. Les achats furent arrêtés.

L'expérience avait cependant prouvé qu'il était indispensable de continuer à donner aux négociants d'Alsace et de Lorraine des facilités particulières pour leurs transports, ceux-ci devant assurer par la voie du commerce libre l'abondance de toutes denrées ou matières.

Le premier contingent journalier accordé par le Ministère des Travaux publics fut de 100 wagons. Concurremment, l'inspection générale du ravitaillement organisait, en accord avec le Service industriel, des trains complets de coton partant du Havre à destination de Mulhouse, et permettait ainsi une reprise immédiate du travail dans cette région industrielle depuis si longtemps contrainte au chômage. Des trains complets de minerai de manganèse furent acheminés de Marseille à destination des usines de la région de Thionville, puis, pour éviter le transport de matières pondéreuses à travers la France, les usiniers de Lorraine furent invités à diriger leurs bateaux de minerai sur Anvers.

En résumé, dès les premiers jours, le service du Ravitaillement civil avait repoussé les méthodes de contingentement administratif et fait appel aux organes normaux du commerce. Soucieux, en outre, de ne pas léser les intérêts des communes dont les capitaux étaient engagés dans les sociétés de répartition ou les *Kommunal-Verbände*, il facilitait l'écoulement sur la rive droite du Rhin de tous les produits d'*Ersatz*, dont la consommation devenait, fort heureusement, désormais inutile en Alsace et en Lorraine.

<h3 style="text-align:center">V. — LES DÉTAILS DU RAVITAILLEMENT</h3>

A. — RAVITAILLEMENT.

Après cet exposé rapide des premières mesures prises par le service du Ravitaillement, il convient, pour suivre le développement de son activité, d'examiner successivement et, en quelque sorte, article par article, toutes les questions traitées et résolues par ses soins, non plus dans la seule période du début, mais au cours de l'année 1919 et jusqu'à ce jour.

Pain. — A la demande de l'inspecteur général du

Ravitaillement d'Alsace et de Lorraine, et pour qu'aucune différence à cet égard ne subsistât entre les cultivateurs d'Alsace et de Lorraine et ceux du reste de la France, le président du Conseil, ministre de la Guerre, prenait, le 24 décembre 1918, un arrêté fixant le prix d'achat du blé aux producteurs en Alsace et en Lorraine à 75 francs le quintal, et le prix d'achat du seigle à 55 francs, mesure qui fut naturellement accueillie avec joie par la population agricole des provinces libérées.

Un syndicat des minotiers d'Alsace et de Lorraine fut constitué le 22 janvier 1919, se déclarant prêt à travailler pour le compte du ravitaillement dans les mêmes conditions que la minoterie française.

Un programme mensuel d'attribution de 100 000 quintaux de blé fut demandé au sous-secrétariat d'État du Ravitaillement, mais, par suite des difficultés de transport et de la pénurie générale en matières panifiables du monde entier, il ne put jamais être donné complète satisfaction aux prévisions établies; on suppléa au déficit de grains par des envois de farine.

L'acheminement des céréales par Anvers fut préconisé. C'est même ainsi que l'inspection générale du Ravitaillement civil fut amenée à provoquer, d'accord avec le Ministère des Affaires étrangères et le gouvernement belge, la création d'un bureau de fret et transit à Anvers.

Des démarches furent entreprises auprès du ministre du Commerce pour obtenir l'insertion dans le traité de paix de clauses favorisant l'exportation en franchise vers l'Allemagne des produits de la minoterie alsacienne, dont la production est sensiblement égale au double des besoins du pays.

Dans l'impossibilité de réaliser pour les trois départements l'organisation assez compliquée du bureau permanent qui a la charge, dans les autres départements français, d'acheter pour le compte de l'État les céréales réquisitionnées, le service du Ravitaillement civil établit pour la campagne 1919-1920 un programme de réquisition des céréales et d'opérations d'achat par l'intermédiaire du syndicat des minotiers, qui devait même donner, par la suite, des résultats supérieurs à ceux qui étaient atteints dans le reste de la France. Quatre arrêtés furent pris par le Commissaire général, en date des 9, 18, 23 août et 17 septembre 1919, pour réglementer d'une façon complète le régime des céréales en Alsace et en Lorraine. La réquisition générale fut maintenue pour le blé-froment, le méteil et le seigle, contrairement à la mesure prise par le sous-secrétariat d'État du Ravitaillement et qui avait rendu le 1er juillet toute liberté au commerce des céréales, sauf pour le blé. Bien plus, la réglementation prescrite en Alsace et en Lorraine parut également nécessaire pour le reste de la France et, le 19 septembre, un décret rétablissait pour le méteil et le seigle la réquisition abolie le 1er juillet.

Les prescriptions mises en vigueur en Alsace et en Lorraine ont eu pour but d'identifier complètement le régime de la meunerie, la consommation et le prix du pain, avec le régime français.

D'autre part, pour permettre à l'Alsace de participer à la reconstitution agricole des régions libérées de l'Est de la France, l'Association centrale des comices agricoles d'Alsace et de Lorraine fut autorisée, sous le contrôle du Ravitaillement civil, à effectuer l'achat et la vente de plus de 20 000 quintaux de céréales de semences.

. Le rendement des opérations de réquisition et d'achat de la récolte locale par le syndicat des minotiers a donné des résultats tout à fait satisfaisants. Au 31 octobre, ce rendement journalier était de 800 quintaux de céréales : blé, seigle et méteil; au 20 janvier, il atteignait 8 000 quintaux, ce qui, au prorata de leur culture, dépasse de beaucoup la moyenne de livraison des autres départements français.

De graves difficultés surgirent dans le courant des derniers mois de 1919, par suite de la baisse exceptionnelle du Rhin, puis d'une hausse démesurée. Cependant, les stocks de blé dans les moulins ont été sensiblement augmentés : de 8600 quintaux en octobre, ils ont pu atteindre 88000 quintaux fin décembre, et si, au début de l'année 1919 et pendant de longs mois, les moulins d'Alsace et de Lorraine ont connu des périodes de chômage et de travail réduit, ce n'est pas sans une certaine satisfaction que le service du Ravitaillement civil a réussi, à la fin de l'année 1919, à faire travailler tous les moulins sans interruption : pour la première fois depuis l'armistice, les grands moulins d'Illkirch, à Strasbourg, ont pu moudre nuit et jour, fournissant vingt-quatre heures de travail, avec trois équipes successives, pendant plus de quatre semaines.

Le prix du pain, qui avait été abaissé à 0 fr. 55 le kilo depuis le mois de septembre, a dû être relevé à 0 fr. 60, à partir de janvier 1920, pour faire droit aux justes réclamations des boulangers de la campagne, victimes de la hausse générale des bois de combustion et des salaires.

Les fabricants de pâtes alimentaires avaient demandé au mois d'octobre à être rattachés au comité de répartition de Lyon, dans l'espoir d'obtenir de plus fortes attributions. Comme ils ne recevaient aucune livraison, le service du Ravitaillement d'Alsace et de Lorraine, leur est venu en aide pour leur permettre de travailler. Il en a été de même pour les biscuitiers et les fabricants de pâtés de foie gras, dont les industries ont repris toute leur activité.

Si le pain, toutefois, n'est pas aussi blanc en Alsace et en Lorraine que dans le reste de la France, cela tient à ce que les meuniers, les boulangers et les consommateurs se sont appliqués, avec une louable discipline, à accepter le mélange dans de fortes proportions de l'orge, du seigle ou du maïs avec le froment, afin de moins grever le budget français et de faciliter la soudure.

On peut résumer l'activité du service des céréales par ces deux chiffres frappants : il a été cédé dans le courant de l'année 1919 au syndicat des minotiers d'Alsace et de Lorraine pour plus de 1 400 000 quintaux de céréales représentant une somme de 67 millions de francs.

Viande. — Dès le 8 janvier 1919, et afin de protéger le cheptel, le service du Ravitaillement civil provoque la signature d'un arrêté destiné à empêcher des abatages inconsidérés.

Le ravitaillement en viande de l'Alsace et de la Lorraine a été effectué dans la plus large mesure par l'apport de viande frigorifiée, la consommation moyenne variant de 300 à 500 tonnes par semaine.

Do nombreux envois de viande dans le courant de l'année 1919 ont été exécutés dans des conditions défectueuses, par suite de la température ou des difficultés de transports et du manque absolu de wagons aménagés. Le parage des mauvais morceaux a toujours été soigneusement effectué et seule une viande parfaitement saine livrée à la consommation. Il en est résulté pour la population d'Alsace et de Lorraine une confiance particulière dans la viande frigorifiée, qui se manifeste par l'accroissement de la demande. Les prix de fixation de vente de la viande frigorifiée ont toujours été établis d'accord avec les municipalités et les syndicats de bouchers.

La Direction du Ravitaillement civil a dû intervenir d'une façon très énergique pour empêcher les municipalités des grandes villes de poursuivre les errements administratifs du régime allemand; sous le prétexte de couvrir des frais d'abattoirs, les municipalités percevaient sur chaque kilogramme de viande des taxes absolument excessives, véritables contributions indirectes soldées au détriment des consommateurs : une d'entre elles, par exemple, percevait 0 fr. 459 par kilogramme de viande ; à partir du mois d'août 1919, le Ravitaillement a réduit ce bénéfice à 0 fr. 08 [1].

Sucre. — Le premier soin fut de maintenir la parité avec le régime allemand pour l'approvisionnement en sucre de l'Alsace et de la Lorraine. A cet effet, la sucrerie-raffinerie de Frankenthal (Palatinat), qui avait cessé tout envoi à partir du 16 novembre 1918, fut mise à même de poursuivre ses expéditions, et des ordres furent demandés au Maréchal commandant en chef les armées alliées, pour que la commission du réseau de Ludwigshafen mît à la disposition de l'usine de Frankenthal les wagons vides nécessaires. D'autre part, pour ne pas interrompre la fabrication, toutes les mesures utiles furent prises pour approvisionner Frankenthal en sucre brut, provenant, soit de la rive gauche, soit de la rive droite du Rhin. Un officier fut détaché à poste fixe auprès de la direction de l'usine pour contrôler le travail et les expéditions. Un accord fut signé pour la livraison de 120 000 quintaux de sucre raffiné, et l'exécution du contrat poursuivie en dépit de difficultés de toutes sortes. L'ensemble de ces mesures avait pour but de ne pas faire peser sur le ravitaillement général l'alimentation en sucre des provinces redevenues françaises, et, en même temps, de leur procurer cette denrée sans qu'ils fussent obligés de la payer à un prix plus élevé que sous le régime allemand. L'Alsace et la Lorraine furent donc ainsi maintenues dans le ressort des livraisons de Frankenthal et conservèrent longtemps une attribution privilégiée, même sur les territoires rhénans. La reconstitution de l'organisme de répartition de la rive

1. L'alimentation de la population civile d'Alsace et de Lorraine est assurée, depuis le 1ᵉʳ septembre 1920, dans les conditions prévues par la loi du 9 août 1920 et le décret du 25 août 1920.

gauche du Rhin out pour effet d'arrêter les livraisons, Frankenthal s'abritant à la fois derrière l'absence d'autorisations de la centrale des sucres de Berlin et la désannexion de l'Alsace et de la Lorraine depuis l'armistice. Au mois de juillet 1919, la moitié seulement de la commande prévue sur l'engagement avait été livrée ; la Direction du Ravitaillement civil participa à des conférences de la Commission interalliée de Cologne, fit les démarches nécessaires auprès de la Commission d'armistice de Spa et obligea l'usine de Frankenthal à poursuivre la livraison des 6 000 tonnes de sucre dont elle restait débitrice.

Pour ne pas apporter de restrictions plus rigoureuses que celles du régime allemand, des attributions importantes de sucre continuèrent à être consenties aux marmeladiers et aux confiseurs, jusqu'à ce qu'ils pussent trouver cette denrée librement dans le commerce.

Il convient de noter que l'opération faite sur les sucres de Frankenthal, qui ont été importés en franchise par la frontière lorraine et qui correspondent à des achats traités en marks par la *Zuckerstelle* et à des ventes en francs, à des cours déterminés, constitue un bénéfice qui apparaîtra à la liquidation de la société précitée et fera l'objet pour l'État d'une recette de plusieurs millions de francs.

L'arrêt des envois de Frankenthal correspondit en juillet à une cessation des expéditions provenant du Ministère du Ravitaillement ; il en est résulté une disette partielle de sucre taxé, qui, pourtant, fut largement compensée par des sucres provenant du commerce libre, mais livrés sans limitation de prix. Les expéditions ont repris normalement dans le courant des mois suivants et tout le retard apporté dans les distributions antérieures fut rattrapé avant les attributions de janvier.

Vivres divers. — En dehors de la masse des denrées provenant du commerce libre et pour les transactions desquelles le service du Ravitaillement n'intervenait plus depuis le mois de janvier, il a semblé nécessaire, au mois de mai 1919, de faire bénéficier l'Alsace et la Lorraine de quantités considérables de denrées de première nécessité provenant des centres d'approvisionnement du Ministère du Ravitaillement. C'est ainsi que des stocks importants de denrées ont été constitués à Strasbourg, Metz, Colmar, Mulhouse, et mis en vente dans la population par l'intermédiaire du commerce local : huile, saindoux, graisse alimentaire, riz et légumes secs, café, pois cassés, salaisons, pâtes alimentaires, lait condensé, conserves variées, confitures, poivre, sel, etc., furent délivrés par le service du Ravitaillement civil. Le relevé global des cessions ainsi faites s'élevait à plus de 150 millions de francs au 31 décembre 1919.

Malles et autres céréales. — Pour satisfaire aux besoins de la brasserie, des quantités considérables d'orge furent livrées aux malteurs, qui avaient presque totalement chômé pendant quatre ans et demi. Du maïs fut délivré aux amidonniers.

Beurre. — Au mois d'avril 1919, le service eut l'initiative d'un achat de 500 tonnes de beurre de Hollande, qu'on achemina par trains complets sur l'Alsace et la Lorraine, accompagnées par des convoyeurs militaires. Cette opération avait pour but de remédier à la crise du lait, en faisant baisser le prix du beurre et, par voie de conséquence, en amenant les cultivateurs à trouver plus d'intérêt dans la livraison de leur lait que dans la fabrication de leur beurre. Ces prévisions se justifièrent complètement.

Lait et fromage. — Dès l'armistice, la ville de Bâle avait voulu rompre l'accord germano-suisse qui l'obligeait à ravitailler la ville de Mulhouse; fort heureusement, un accord avec le gouvernement fédéral permit de maintenir le précédent état de choses.

Pour parer aux premières difficultés d'approvisionnement, des quantités considérables de lait condensé furent dirigées sur l'Alsace et la Lorraine et livrées à la consommation. La région de Kehl, grande productrice de lait, fut contrainte à poursuivre ses livraisons au bénéfice de la ville de Strasbourg, et la réglementation locale qui prévoyait des envois de lait pour les communes à production déficitaire, fut maintenue. Cependant, les paysans lorrains s'affranchissaient de leur obligation de livrer du lait à Sarrebrück, et ce n'est qu'au prix de sérieuses difficultés que le ravitaillement de la Lorraine et de la Sarre put être maintenu sur un pied d'égalité. L'approvisionnement en fromage a toujours été satisfaisant.

Vins. — Pour les vins, des syndicats de grossistes ont été constitués dans les trois départements; toutes facilités leur ont été données pour s'approvisionner largement dans le Midi de la France, et les transports ont été effectués par priorité, à raison de 400 wagons par semaine pendant plus de huit mois.

Désireuse de soutenir les intérêts de la viticulture d'Alsace et de Lorraine, la Direction du Ravitaillement civil a toujours annoté favorablement les demandes de dérogations de vins à la sortie vers l'Allemagne occupée ou non, et a obtenu que les vins alsaciens pussent être exportés facilement sur certificat d'origine. Toutefois, le service a empêché la livraison en Allemagne des vins achetés et payés par l'ennemi avant l'armistice et s'est efforcé de les faire mettre sous séquestre.

Du vin en provenance des armées a été livré à la consommation directe par l'intermédiaire des coopératives, et à des prix peu élevés.

L'approvisionnement en alcool des distilleries alsaciennes a permis, pour ces industries, une reprise rapide du travail.

Cuirs et chaussures. — Les Allemands avaient réquisitionné tous les cuirs. Toutefois, d'assez grosses quantités de cuirs prêts ou en fosses dans les tanneries ayant été relevées par le service du Ravitaillement, il fut procédé à une distribution immédiate de cuirs aux fabricants de chaussures, et, dès la fin de décembre 1918, toutes leurs usines étaient en plein travail et la question du chômage résolue. Une répartition de cuirs forts sur l'ensemble du territoire d'Alsace et de Lorraine, permit le remplacement des courroies enlevées par les Allemands avant leur départ. Ajoutons ici que les fabricants et tanneurs acceptèrent le contrôle du Ravitaillement sur leurs prix de vente respectifs.

Pétrole. — Pour pourvoir au ravitaillement en pétrole de l'Alsace et de la Lorraine, il fut décidé, le 6 janvier 1919, que la totalité de la production d'essence et de pétrole produite par les mines de Péchelbronn serait attribuée au service du Ravitaillement civil, y compris ce qui serait par le Ravitaillement, reversé à l'armée selon les besoins de celle-ci.

Les huiles de graissage et les autres sous-produits demeurèrent libres.

L'essence nécessaire aux mines de Sarrebrück et au bassin de Briey fut fournie par Péchelbronn, les prix de vente étant taxés après accord avec le service des mines.

Savons. — Concurremment à l'apport du savon provenant du commerce libre, et pour utiliser des matières premières provenant des prises de guerre trouvées sur place, le service du Ravitaillement a fait fabriquer des savons de ménage par l'industrie locale.

Chocolat. — Le chocolat était devenu une denrée presque complètement inconnue de l'Alsace et de la Lorraine. Le peu qu'on en pouvait trouver, valait, à Strasbourg, 40 francs le kilogramme. Dès le mois de novembre, une demande de 250 tonnes de sucre fut faite au Ministère du Ravitaillement, pour permettre la fabrication par les chocolatiers du reste de la France de 3 000 quintaux de chocolat. La chambre syndicale des chocolatiers français consentit à faire un sacrifice sur sa livraison : chaque fabricant fournit une bonification en nature de 4°/₀ du poids fourni en grosses tablettes, cette distribution gratuite étant destinée aux enfants d'Alsace et de Lorraine.

B. — TRANSPORTS.

Transports par fer. — C'est le 5 janvier 1919 que, dans les cadres de l'inspection générale du Ravitaillement, fut consacrée par le ministre des Travaux publics la création d'un service de transports, destiné à grouper toutes les demandes à destination de l'Alsace et de la Lorraine et à les transmettre aux différentes commissions de réseaux pour être exécutées par priorité, suivant un contingent déterminé. Au 15 octobre 1919, 22 000 lettres de demandes de wagons avaient été examinées à Paris et plus de 52 000 wagons dirigés par priorité sur l'Alsace, la Lorraine et la Sarre, par les soins du service des transports de Paris. A la même date, le service assurait chaque jour la répartition de 300 wagons de toute nature et, chaque semaine, de 400 wagons réservés exclusivement au transport des vins. En outre, étaient effectués par ses soins tous les transports de coton par trains complets, et toutes expéditions urgentes de matières premières ou de mobilier, suivant les nécessités.

A Strasbourg, un bureau analogue réalisait, dans la mesure du possible, l'application d'un programme similaire en retour vers le reste de la France, le maintien du contingent nécessaire à l'exportation des potasses, le transit des charbons par la Suisse et le retour par trains complets de futailles vides à destination du Midi.

Le Ravitaillement civil réussit, malgré de nombreuses difficultés de toutes sortes, parmi lesquelles l'impérieuse nécessité de ne pas concurrencer en l'espèce les services des Régions libérées et de la Reconstitution industrielle, à maintenir un régime de transports favorable à l'Alsace et à la Lorraine. Il obtint un programme hebdomadaire ainsi composé : 300 wagons pour l'alimentation générale, 100 wagons pour le transport des vins, 300 wagons pour l'alimentation des usines, 50 wagons pour la reconstitution industrielle et les dommages de guerre, ainsi qu'en plus, comme on l'a vu plus haut, un train de coton par semaine du Havre sur Mulhouse.

Transports par eau. — L'acheminement de la presque totalité des céréales destinées à l'Alsace et à la Lorraine est effectué par le Rhin.

Afin de décharger les réseaux français, la Direction du Ravitaillement civil a décidé d'acheminer par le Rhin la totalité des stocks américains qui lui ont été attribués au camp de Montoir, près de Saint-Nazaire.

Bureau de fret et transit d'Anvers. — C'est au Bureau de fret et transit d'Anvers qu'incombe l'acheminement de ces stocks américains, qui, chargés à Saint-Nazaire, sont transbordés directement sur péniches à Anvers et dirigés sur Strasbourg.

Le bureau de fret et transit remplit en Belgique l'office d'une véritable agence consulaire pour l'Alsace et la Lorraine, en relations quotidiennes avec le Consulat général de France; c'est à lui que vont s'adresser toutes les maisons de commerce qui désirent faire des expéditions par voie terrestre ou fluviale sur l'Alsace et la Lorraine.

La création de ce bureau a rendu des services très divers : d'abord, pour le Ravitaillement civil, dont il est l'agent officiel et le réceptionnaire, puis, pour la surveillance des expéditions, par les renseignements qu'il fournit constamment au port de Strasbourg-Kehl, enfin, par la situation prépondérante qu'il a acquise auprès des ministères et des chemins de fer belges. C'est ainsi que, lors de la baisse du

Rhin au mois d'octobre 1919, 1 400 wagons de blé ont été expédiés par ses soins sur Strasbourg et Metz, dans des délais qui n'ont jamais excédé huit jours. Une navette quotidienne avec les mines de potasse a pu être établie entre Anvers et Mulhouse. Au commencement de 1920, on a pu faire partir chaque jour de cette dernière ville 33 wagons, qui, vidés à Anvers, pouvaient être utilisés immédiatement en retour sur l'Alsace et la Lorraine, soit par le Ravitaillement civil, soit par des particuliers. L'activité de ces transports a été réduite par la suite à deux trains par semaine. Enfin, un accord avec les chemins de fer d'Alsace et de Lorraine permet, depuis mars 1920, de réaliser l'exportation des produits des usines lorraines par le port d'Anvers sur wagons-tombereaux et le retour des charbons anglais pour le ravitaillement des usines de Mulhouse.

<h3 style="text-align:center">VI. — QUESTIONS DIVERSES CONNEXÉS</h3>

Il convient de ne pas omettre dans la présente étude les nombreuses affaires spéciales auxquelles le Ravitaillement civil a prêté son concours. Entre autres :

Comices agricoles. — Le Ravitaillement se préoccupe, dès janvier 1919, de satisfaire les commandes de l'Association centrale des comices agricoles d'Alsace et de Lorraine, et de lui fournir le maïs, les drêches, les tourteaux dont elle pouvait avoir besoin.

Il a déjà été fait mention des facilités qui lui avaient été accordées pour expédier des semences dans les régions dévastées; des dispositions analogues lui ont permis, au retour, de faire venir de l'intérieur de la France les semences de printemps nécessaires en Alsace et en Lorraine.

Dérogations. — Sans entrer dans le détail des textes, décrets et arrêtés concernant les dérogations, il importe de noter que jusqu'à l'arrêté du Commissaire général de la République, du mois de mai 1919, il appartenait au service du Ravitaillement civil d'annoter toutes les demandes d'importation et d'exportation concernant le ravitaillement et les produits divers, c'est-à-dire la presque totalité des marchandises qui font l'objet des transactions commerciales.

A cette époque, de nombreuses compétitions se produisaient entre les différentes commissions de dérogations des pays rhénans ou de Strasbourg. Ainsi, telle dérogation qui avait été refusée par la commission de Strasbourg, était acceptée par celle de Luxembourg, ou par les sous-commissions économiques d'armée, et inversement. Dans les attributions premières des commissions de dérogations, celle de Luxembourg était seule compétente pour autoriser les importations vers la France, Alsace et Lorraine comprises, et il en résultait un gros danger pour les industries locales qui pouvaient être ruinées, par le fait seul des différences de change. Le service du Ravitaillement finit par obtenir que, seule, la commission de Strasbourg fût compétente pour toutes les questions d'importation et d'exportation intéressant l'Alsace et la Lorraine.

Il fallut une intervention non moins énergique pour obtenir que la douane française ne continuât point à percevoir les droits de douane au profit de l'Allemagne au taux de 1 fr. 25 le mark.

L'examen des demandes de dérogations soumises à l'avis de la Direction du Ravitaillement civil a nécessité un travail d'autant plus considérable, qu'il est très difficile d'établir en la matière une réglementation unique et que toutes les solutions à prendre s'appliquent à des cas d'espèce. Pour faciliter la tâche matérielle du service, le Comptoir des Chambres de Commerce, créé, comme on l'a vu, pour centraliser les opérations d'achat du charbon allemand et sa revente en Alsace et en Lorraine, fut appelé à s'adjoindre de nouvelles sections s'occupant des importations ou exportations concernant l'industrie, les textiles ou les produits divers, et la section D (denrées et produits divers) de ce Comptoir placée sous le contrôle du Ravitaillement; dans les cadres de cette section D fut, en outre, créé un bureau du change.

Change. — Le 13 février 1919, l'inspecteur général des Finances à Strasbourg faisait connaître l'impossibilité où il était de fournir des marks pour les besoins des commerçants ou industriels, et particulièrement pour apporter un secours à la trésorerie de l'usine de Graffenstaden. Des instructions télégraphiques furent immédiatement données au contrôleur du ravitaillement civil à Sarrebrück, pour que les denrées délivrées dans le bassin de la Sarre fussent payées en marks au cours du change (1) par les armées et que le total des marks déposés en banque à Sarrebrück fût viré immédiatement au crédit du compte du Comptoir des Chambres de Commerce à la Société générale alsacienne de banque à Strasbourg, le service des Finances de Strasbourg étant avisé du chiffre des marks disponibles, au fur et à mesure des rentrées. Les intéressés acheteurs de marks furent appelés à verser la contre-valeur en francs au crédit du compte du Comptoir des Chambres de Commerce à la Société générale alsacienne, et le sous-intendant militaire du Ravitaillement civil à Strasbourg était appelé à établir des ordres de reversement au Comptoir des Chambres de Commerce, pour faire rentrer en francs à Strasbourg, dans les caisses du Trésor, les sommes perçues en marks à Sarrebrück.

La première opération fut limitée à un million de

marks. Par la suite, les intéressés, désireux de trouver, avec l'octroi des dérogations sollicitées, les moyens d'exécution financiers de leurs opérations, eurent toute satisfaction. Grâce au bureau du change, des marks ou des francs, suivant les nécessités, furent mis à leur disposition à des prix raisonnables; le bureau du change étant en l'espèce un intermédiaire comptable, dont les services ont été utilisés par toutes les sections du Comptoir des Chambres de Commerce, et, d'une façon particulièrement favorable, par la section des combustibles et par le ravitaillement pour le paiement des sucres de Frankenthal.

Ravitaillement de la Sarre. — Il est impossible de ne pas mentionner tout au moins, dans une étude ayant trait au ravitaillement de l'Alsace et de la Lorraine, celui de la Sarre, qui est effectué sous la direction du même service.

C'est, en effet, à l'instigation du service du Ravitaillement que fut adressé, le 18 décembre 1918, par le sous-secrétaire d'État à la Présidence du Conseil, au Maréchal de France commandant en chef, le télégramme spécifiant que la ville de Sarrebrück et les territoires situés en deçà de la ligne n° 2 fixée par l'annexe n° 1 de la convention d'armistice du 11 novembre 1918, seraient ravitaillés dans les mêmes conditions que les provinces désannexées.

L'œuvre réalisée par le contrôle du Ravitaillement civil de la Sarre pourrait, à elle seule, faire l'objet d'une étude aussi étendue que celle-ci : les difficultés des changes, les paiements successifs des denrées en francs, puis en marks, les accords de principe avec le ministre de la Reconstitution industrielle sur la politique économique à suivre et les résultats sociaux à prévoir, l'entente avec le ministre des Finances pour le règlement depuis juillet 1919 par accréditifs déposés en banque à Sarrebrück au compte du Trésor français et venant en compensation des livraisons de charbon, la répartition des denrées entre les différents cercles, les rapports avec le gouvernement allemand et les organes centraux de ravitaillement à Berlin, représentent une série de modalités exceptionnelles qui différencient sensiblement le ravitaillement de la Sarre du ravitaillement de l'Alsace et de la Lorraine[1].

1. Le ravitaillement de la Sarre a cessé d'être effectué par les soins de la Direction du Ravitaillement civil à partir du 1ᵉʳ avril 1020.

CHAPITRE VI

INSTRUCTION PUBLIQUE

I. La première année : transition et réorganisation. — II. L'Université. — III. Enseignement secondaire. — IV. Enseignement primaire. — V. Les Archives. — VI. La Bibliothèque universitaire et régionale.

I. — LA PREMIÈRE ANNÉE : TRANSITION ET RÉORGANISATION

A la date du 29 novembre 1918, à laquelle les nouveaux services de l'Instruction publique s'installèrent en Alsace et en Lorraine, la situation était la suivante : les fonctionnaires allemands étaient à leur poste et les différents services allemands continuaient à fonctionner, administration générale, Université, écoles secondaires et primaires.

Tous les fonctionnaires constituant les services de l'*Oberschulrat*, du rectorat de l'Université et du *Curatorium* de l'Université furent relevés immédiatement, ainsi que les directeurs départementaux de Strasbourg, Colmar et Metz, ceux-ci remplacés aussitôt par des inspecteurs d'Académie. Ne restèrent en fonctions, dans les services généraux, que quelques secrétaires alsaciens, qui furent aidés par un personnel de fortune : officiers, sous-offi-

ciers, soldats appartenant dans la vie civile à l'enseignement public. L'organisation commença à se stabiliser en
avril 1919, grâce à l'envoi de secrétaires mis à la disposition des services de l'Instruction publique en Alsace et
en Lorraine par le Ministère de l'Instruction publique.

En ce qui concerne l'Université, le départ des professeurs eut pour conséquence la suppression des cours, le
8 décembre 1918. Seuls les cliniques et les établissements
hospitaliers continuèrent à fonctionner sous la direction
de médecins alsaciens et lorrains. L'Université fut rouverte
le 15 janvier 1919.

Dans l'enseignement secondaire et primaire, une révocation en masse aurait amené la fermeture immédiate de
toutes les écoles. L'épuration a dû se faire lentement, les
chefs d'établissement allemands étant remplacés par des
professeurs alsaciens, les inspecteurs primaires compromis
sous le régime allemand, par des inspecteurs venus de
l'intérieur. Quant au personnel enseignant proprement
dit, le travail d'élimination s'est poursuivi pendant toute
l'année 1919; le remplacement s'opérait au moyen de
professeurs mobilisés détachés de l'armée et de maîtres
venus de l'intérieur.

En même temps, l'enseignement se transformait. Dès
le mois de décembre 1918, l'enseignement de l'allemand
était réduit, l'enseignement du français était renforcé.
Mais les instituteurs se heurtèrent à de grandes difficultés. La principale provenait de l'insuffisante préparation des maîtres pour donner un enseignement sérieux du
français. L'arrivée de maîtres français de l'intérieur
résolut en partie le problème. On modifiait également les
programmes et les méthodes; on supprimait des enseignements à caractère tendancieux, les ouvrages de propagande allemande disparaissaient des bibliothèques
scolaires, les chants français remplaçaient les chants
allemands, les châtiments corporels étaient interdits.

Enfin, on ouvrit des cours d'adultes ainsi que des conférences de français pour les instituteurs alsaciens et lorrains, dans les chefs-lieux de cantons, et des cours de français pratique à l'Université.

Toutes ces mesures aboutirent à une organisation qui, chaque jour plus solide, a fonctionné depuis la rentrée d'octobre 1919 dans les conditions que nous allons indiquer maintenant.

II. — L'UNIVERSITÉ

L'Académie de Strasbourg, à la veille de 1870, comprenait une Faculté des Lettres, une Faculté des Sciences, une Faculté de Médecine (plus l'École de santé militaire), une Faculté de Droit, une Faculté de Théologie, toutes en pleine prospérité et dans lesquelles avaient professé au cours du xix⁰ siècle des maîtres du plus grand renom : Pasteur, Fustel de Coulanges, Stoltz, Schutzenberger, Sédillot, Kœberlé, Aubry, Rau, Ed. Reuss, Ch. Schmidt.... L'annexion à l'Allemagne eut pour conséquence la dispersion de tout cet admirable personnel, qui faisait honneur, au corps enseignant français, comme aux diverses catégories de la science entre lesquelles il se répartissait.

Dès que les Allemands se furent installés dans le pays, ils y constituèrent — par un décret impérial daté du 11 décembre 1871, le jour même de la signature de la convention additionnelle au traité de Francfort — une Université allemande, qu'ils voulurent particulièrement brillante pour de nombreuses raisons qui n'étaient pas toutes d'ordre purement scientifique : qu'on se rappelle le célèbre discours où Du Bois-Reymond s'écriait : « L'Université de Berlin, casernée (*einquartiert*) en face du palais du roi, est la garde du corps intellectuelle de la maison de Hohenzollern! ».... Ils inaugurèrent donc avec grand éclat leur Université de Strasbourg, à deux reprises, d'abord, dans sa personne morale, si l'on peut dire, dès 1872, puis, dans son palais, lorsque celui-ci fut achevé, en 1884, et elle répondit, en effet, — en ce qui concerne les étudiants allemands, du moins, — à leurs desseins, à leurs efforts, à leurs sacrifices. Toutefois, sur bien des points, elle fut victime de sa propre grandeur. Pour entretenir, pour renouveler, pour mettre au niveau des progrès récents, il aurait fallu des initiatives qui ne se sont pas toujours produites : on s'en tenait parfois à ce qui avait été magnifique et nouveau — en 1884. Si bien que, malgré son légitime prestige, l'organisme que nous trouvions, en novembre 1918, justifiait bien des réserves et appelait un rajeunissement. Aussi l'Université de Strasbourg a-t-elle été complètement remaniée après l'armistice. Éliminer le personnel allemand, améliorer le matériel qui était resté à l'abandon pendant la guerre et qui laissait, du reste, fort à désirer, recréer, enfin, la vie en rassemblant les étudiants autour de l'enseignement renouvelé, tel était le but à atteindre.

Personnel. — Le personnel de l'Université était très réduit au moment où commençait à s'ébaucher l'organisation nouvelle, en janvier 1919 : sept professeurs à la Faculté des Lettres; cinq à la Faculté de Droit; quatre aux Sciences; quatre à la Faculté de Théologie catholique, etc. Dès la rentrée de Pâques, les chiffres s'étaient élevés : pour la Faculté des Lettres, dix-sept; la Faculté des Sciences, quinze; et ainsi pour les autres Facultés.

Peu à peu, l'appel fait aux professeurs de l'intérieur avait été entendu. Les adhésions étaient venues si nombreuses qu'en novembre 1919 la nouvelle Université, reconstituée par les arrêtés du Commissaire général que vinrent confirmer des décrets, avait ses cadres presque au complet. A la rentrée de l'année scolaire 1919-1920, les

Lettres comptaient quarante professeurs, chargés de cours et maîtres de conférences; le Droit, vingt-six professeurs et chargés de cours; la Médecine, trente-neuf professeurs et chargés de cours; les Sciences, trente-six professeurs, maîtres de conférences et chargés de cours. Onze maîtres enseignaient dans chacune des Facultés de Théologie. Enfin, à l'École supérieure de Pharmacie, créée en octobre de la même année, l'enseignement était réparti entre sept professeurs et chargés de cours.

Matériel. —. Une question non moins importante se posait en même temps : celle du matériel. L'outillage des divers Instituts scientifiques laissait fort à désirer au moment de l'installation du personnel français. Des organisations nouvelles — chaires de biologie générale et de physiologie générale à la Faculté des Sciences, service de sismologie et service de météorologie — imposèrent la création de deux nouveaux Instituts : Institut de physique du globe, Institut de physiologie générale, dont les plans sont à l'étude. L'Institut de physique poursuivait l'acquisition d'un outillage scientifique de grande puissance en vue de recherches sur l'électromagnétisme. A l'heure présente, l'annexe des accumulateurs est presque achevée. La surface utile des locaux va être doublée par la transformation des anciens appartements du directeur. A l'Institut de botanique également, des appartements ont été transformés en laboratoires. La Station météorologique a reçu des compléments essentiels (groupe électrogène pour l'éclairage, T. S. F., cabane radiogoniométrique). De nouvelles salles de travaux sont prévues pour la chimie. Enfin, l'éclairage électrique, qui n'était que partiel, a été étendu à tous les Instituts.

A la Pharmacie, les travaux pratiques de bactériologie et de parasitologie ont été créés de toutes pièces. Cette organisation est en voie d'achèvement et comprend : une grande salle pour les observations microscopiques des étudiants, une salle d'étuves destinée aux cultures nécessitant une température constante, une salle de groupement des autoclaves et autres appareils de stérilisation; deux laboratoires (l'un pour le professeur, l'autre pour le chef des travaux) complètent heureusement cet ensemble.

A l'Observatoire, de nombreux perfectionnements ont été apportés à l'organisation matérielle et scientifique. La télégraphie sans fil a été installée dès février 1919. Les salles méridiennes ont subi d'importantes modifications; l'éclairage général des appareils a été entièrement renouvelé sur des bases nouvelles : éclairage des microscopes, des oculaires, des mires, etc. Une distribution générale de l'heure avec pendules synchronisées électriquement, ainsi que la réfection complète des réseaux électriques destinés à la marche des chronographes enregistreurs, sont en voie de réalisation. L'installation d'une salle d'accumulateurs avec moteur électrique et dynamos de chargement, se poursuit également. Enfin, des travaux vont être entrepris en vue de réparer la coupole du grand méridien.

La Faculté de Médecine était assurément la plus imparfaitement organisée de toute les Facultés constituant l'Université de Strasbourg. Certains services étaient dans un état complet d'abandon (Clinique chirurgicale, Institut de physiologie), plusieurs avaient besoin d'aménagements intérieurs, d'autres n'étaient pas adaptés aux conditions de l'enseignement médical français : tâches très lourdes qui ne sont encore que partiellement accomplies à l'heure actuelle.

La division de la chaire d'anatomie, en anatomie, embryologie, histologie, a rendu trop exiguës les salles de l'Institut d'anatomie; dès à présent, des travaux y sont poursuivis en vue d'installer provisoirement les services d'anatomie, d'histologie et d'embryologie, en attendant la construction d'un nouvel Institut d'anatomie. Divers aménagements intérieurs ont été effectués ou sont en voie d'exécution, à la clinique de psychiatrie, aux cliniques médicale B et chirurgicale B, à celles de dermatologie, d'oto-rhino-laryngologie et d'ophtalmologie. Ces services étaient absolument insuffisants pour assurer aux chercheurs la place nécessaire. A la clinique chirurgicale A, on a édifié une salle d'opérations, une salle de préparation, des salles pour les malades, monté un ascenseur et créé un laboratoire expérimental. L'éclairage électrique a été installé à la clinique de gynécologie. Enfin, on a entrepris la première étape des raccordements au chauffage central à distance.

Mais il reste encore fort à faire : construction d'un nouvel Institut d'anatomie, adjonction d'un pavillon de consultation avec laboratoires et salles d'opérations à la clinique de gynécologie, création d'un laboratoire à l'Institut de chimie physiologique, réorganisation complète du service de physiologie (laboratoires, salles de travaux, construction d'un pavillon pour les animaux en expérience), installation d'une nouvelle clinique de dermatologie (constructions, bains, amphithéâtres, laboratoires). sont parmi les travaux essentiels à effectuer. Enfin, l'enseignement et les recherches scientifiques dans les cliniques B (médicale et chirurgicale) rendent indispensable la construction d'amphithéâtres et de laboratoires annexés à ces services.

Enseignement. — Composée de maîtres nombreux et de valeur, dotée en partie de l'outillage scientifique qu'elle souhaite, l'Université reprend une vie nouvelle.

A la Faculté des Lettres, l'enseignement classique (les lettres, la philosophie, l'histoire, les langues vivantes) et l'enseignement des langues orientales ont été aussitôt organisés et constitués au complet.

A la Faculté de Droit, la totalité des enseignements

rentrant dans le plan d'études pour la licence et le doctorat
est assurée ; un enseignement élémentaire du droit local
a été organisé de manière à assurer la transition entre les
deux régimes. En outre, des titres universitaires nouveaux sont créés : certificat de droit local ; certificat supérieur d'études qui permettra à chaque candidat, après un
an d'études, d'obtenir et de présenter la preuve matérielle d'un travail sérieux ; doctorat d'Université. Enfin,
des salles de travail ont été organisées pour faciliter les
travaux des étudiants.

La Faculté des Sciences ne voulait pas limiter sa tâche
à la préparation des examens et concours d'État (licence,
agrégation, doctorat), elle se proposait de devenir en même
temps un foyer de recherches. Désormais, deux diplômes
peuvent y être acquis : celui d'ingénieur-chimiste et celui
de géophysicien. Bien plus, l'Institut de physique du globe
offre aux industriels un Service d'étalonnage, et l'Institut
zoologique, aux agriculteurs, viticulteurs, forestiers, une
station d'entomologie appliquée et de parasitologie.

A la Faculté de Médecine, outre l'enseignement donné
aux étudiants munis du P. C. N. en vue de l'obtention du
doctorat en médecine, des cours spéciaux sont destinés,
d'une part, aux élèves qui ont déjà passé le *physicum* et
qui ne pourraient, sans perte de temps, poursuivre leurs
études selon le système français, d'autre part, à ceux qui
préparent les diverses épreuves de l'examen d'État.

Étudiants et examens. — Aussi le nombre des étudiants s'est-il élevé très rapidement. A la date du
31 décembre 1919, les six facultés et l'École supérieure de
Pharmacie comptaient 1 216 étudiants répartis ainsi qu'il
suit : Lettres, 211 ; Droit, 275 ; Sciences, 196 ; Théologie
catholique, 122 ; Théologie protestante, 38 ; Médecine, 338 ;
Pharmacie, 36. A la date du 31 décembre 1920, le nombre
total des étudiants est de 1 889. Il est vraisemblable que

le chiffre de 2 000 sera atteint à la fin de l'année scolaire.

La majorité de ces élèves est d'origine alsacienne ou lorraine. Quelques-uns seulement viennent de l'intérieur. Dès le début, la question délicate a été celle de la langue. Les maîtres se sont armés de patience, les élèves ont fait preuve d'une bonne volonté louable. Grâce aux efforts de chacun, les difficultés sont actuellement en grande partie résolues. Les enseignements se font en langue française. Les premiers examens français ont même donné de bons résultats : dès juillet 1919, à la Faculté de Droit, 100 candidats se sont présentés aux examens de la première année, 2 ont été ajournés à la première partie, 6 à la deuxième, 12 candidats ont obtenu la mention très bien à la première partie ; 8 à la deuxième partie ; aux Sciences, sur 100 candidats au P. C. N., 85 ont réussi aux examens de juillet, 32 étudiants ont également subi avec succès les épreuves des certificats de mathématiques générales, calcul différentiel, mécanique, physique, 2 élèves ont été admis à l'École Normale Supérieure ; à la Faculté des Lettres, les résultats ont été également très honorables aux examens de la licence.

Les cours d'étrangers et la création d'un Institut d'études françaises (projets réalisés au cours de 1919) augmenteront encore l'attrait de Strasbourg et de son Université pour les étudiants et leur faciliteront l'accès de notre culture.

Cours publics. — Enfin, à côté de l'enseignement proprement dit, des cours publics ont été institués à la Faculté des Lettres et aux Facultés de Théologie catholique et protestante, cours qui permettent d'atteindre, en même temps que les étudiants inscrits ou immatriculés, le grand public avide d'entendre, exposées dans une belle langue, ces magistrales leçons qui savent rester élégantes et claires, quoique nourries de faits et d'idées, dont on avait un goût si vif à Strasbourg « du temps français ».

III. — ENSEIGNEMENT SECONDAIRE

Non plus que dans le chapitre précédent, consacré à l'enseignement supérieur, on ne voudrait, au cours de celui-ci, qui sera consacré à l'enseignement secondaire, soumettre à un examen critique trop rigoureux la réputation qu'avait acquise l'organisation de l'enseignement en Allemagne, ni insister sur les raisons qu'il y aurait de ne considérer cette réputation comme fondée que sous bénéfice d'inventaire. On peut affirmer, du moins, que la forte tradition de notre enseignement secondaire s'est immédiatement imposée à l'attention de ce public, qui, d'ailleurs, n'y était pas tout à fait étranger : loin de là ! beaucoup de familles en conservaient le souvenir, déjà un peu ancien pour quelques-unes, mais sans cesse renouvelé chez les autres, grâce à la communication qui avait subsisté, malgré la frontière de 1871, entre Strasbourg et Nancy, Belfort, Paris, où tant d'enfants, de jeunes gens, étaient allés se former à la culture française. Mais d'autres avaient été moins heureux, surtout dans les dernières années !... Si les familles ont constaté, non sans une sympathique surprise peut-être, que nous exigions plus de travail des élèves qu'on n'avait accoutumé d'en attendre d'eux sous le régime allemand, elles ont reconnu aussi que ce travail, plus clairement et, pourquoi ne pas le dire ? plus amicalement guidé par les maîtres, aboutissait vite à d'heureux résultats, non seulement pour l'instruction proprement dite qui dispense à l'enfant des connaissances diverses et précises, mais encore et surtout pour le développement méthodique de ses facultés intellectuelles.

A. — ÉTABLISSEMENTS SECONDAIRES DE GARÇONS.
Établissements. — En raison de l'origine même des

élèves, il a été nécessaire de créer dans chaque classe deux sections d'études parallèles, l'une pour les élèves venus de l'intérieur et les jeunes Alsaciens ayant une connaissance suffisante de notre langue, l'autre pour les enfants adolescents du pays connaissant imparfaitement le français; les efforts ont tendu à ce que la première section absorbât le plus rapidement possible la seconde.

Le régime allemand ne connaissait qu'un seul type d'établissement secondaire. A ce système le système français a été en partie substitué. Des lycées ont été créés dans tous les centres les plus importants : Strasbourg (deux lycées : lycée Fustel-de-Coulanges et lycée Kléber), Metz, Mulhouse, Colmar, avec des professeurs agrégés venus de l'intérieur et les professeurs alsaciens ou lorrains les plus aptes à cet enseignement. Tous les autres établissements, sauf Sarreguemines et Haguenau qui sont également lycées depuis le 1er octobre 1920, deviendront sans doute des collèges : dans le Haut-Rhin, à Altkirch, Guebwiller, Ribeauvillé, Sainte-Marie-aux-Mines, Thann; dans le Bas-Rhin, à Obernai, Barr, Bischwiller, Bouxwiller, Haguenau, Saverne, Sélestat, Wissembourg; dans la Moselle, à Dieuze, Forbach, Morhange, Rombas, Sarrebourg, Thionville.

Dans la plupart de ces établissements, les études sont dès maintenant, comme dans le reste de la France, réparties en deux cycles, avec les sections A, B, C, D. Des classes de mathématiques spéciales et de philosophie ont été créées à Strasbourg, Metz, Colmar, Mulhouse. Ces classes sont très fréquentées et assurent la préparation aux grandes Écoles : Saint-Cyr, Polytechnique, Centrale. Le français, y occupe, naturellement, la place prépondérante qu'il doit avoir, mais on a laissé à la langue allemande la place importante que réclame la situation du pays.

Personnel. — Le personnel a été recruté par trois voies

différentes : d'abord, maintien en fonctions de la plus grande partie des professeurs alsaciens et lorrains munis des titres requis pour enseigner, et nomination de ceux qui étaient en instance de poste; puis, mise à la disposition de la Direction générale d'un certain nombre de professeurs de l'intérieur; enfin, nomination de maîtres qui offraient toutes les garanties désirables, mais, n'ayant jamais enseigné ou appartenant à l'enseignement libre, avaient posé directement leur candidature auprès de la Direction générale.

Personnel du cadre local. — Le titre indispensable, sous le régime allemand, pour entrer dans les cadres du personnel enseignant masculin, était le *Staatsexamen* (examen d'État). Pourvu de ce diplôme, le candidat au professorat devait être d'abord professeur stagiaire, puis professeur auxiliaire, avant de devenir professeur titulaire. Ce système est destiné à disparaître. Le Staatsexamen est supprimé depuis octobre 1920. Déjà plusieurs étudiants alsaciens et lorrains ont subi avec succès les épreuves de la licence française. On aura, de cette manière, non plus un personnel recruté à deux sources distinctes et formé de façon dissemblable, mais un personnel pourvu des mêmes titres, animé du même esprit, bénéficiant du même statut.

La situation du personnel alsacien et lorrain de l'enseignement secondaire en fonctions au moment de l'armistice, a attiré, dès le début, l'attention de la Direction générale de l'Instruction publique. Afin de réparer certaines injustices commises envers lui sous le régime allemand, des mesures de réparation ont été prises en sa faveur : reclassement de tous les fonctionnaires en tenant compte du retard apporté par la guerre à leur avancement normal; nomination comme professeurs auxiliaires des candidats remplissant les conditions requises pour être nommés, mais n'en ayant ni le titre ni même les avantages matériels; titularisation de tous les professeurs auxiliaires comptant, à la date du 22 juillet 1919, trois ans de service; décret (entré en vigueur le 2 avril 1920) fixant les traitements et les règles d'avancement des différentes catégories du personnel alsacien et lorrain de l'enseignement secondaire; redressement d'un certain nombre de torts causés par l'administration allemande qui maintenait dans des postes de deuxième et troisième ordre des professeurs méritants. Comme conséquence de ces principes, un important mouvement d'ensemble intéressant 110 fonctionnaires, fut arrêté à la date du 22 août 1919. En outre, afin que le personnel alsacien et lorrain puisse se familiariser avec la langue française et avec la France même : 1° des subventions ont été accordées aux fonctionnaires qui ont manifesté l'intention de passer les grandes vacances à l'intérieur de la France (300 francs pour un mois, 450 francs pour un mois et demi, 600 francs pour deux mois); 2° des professeurs ont été détachés, sur leur demande, dans des lycées et collèges de l'intérieur pour un an au minimum.

Élèves. — Le départ des Allemands et la décision prise par quelques familles d'envoyer leurs enfants, de préférence, dans les établissements de l'intérieur de la France, n'ont pas empêché le nombre des élèves de dépasser bientôt les anciens effectifs : l'effectif scolaire qui était de 9 297 élèves au 1er juillet 1914, s'élevait à 8 365 au 5 novembre 1919, à 9 512 au 15 octobre 1920.

Régime intérieur. — Avant l'armistice, le régime des établissements secondaires d'Alsace et de Lorraine était l'externat. Les élèves qui venaient des communes voisines, prenaient le repas de midi dans des familles ou chez des professeurs de l'établissement. En dehors des classes, l'administration ne se préoccupait pas de la surveillance des élèves.

Le régime des études surveillées, appliqué en France,

a été étendu à l'Alsace et à la Lorraine. Un certain nombre de répétiteurs venus de l'intérieur ont été répartis entre les divers établissements d'enseignement secondaire. Actuellement, les études surveillées sont fréquentées par un grand nombre d'élèves. En outre, on a créé un pensionnat au lycée de Metz et obtenu, pour celui-ci, la nomination de fonctionnaires chargés spécialement de la gestion financière de l'internat : économe, sous-économe, commis aux écritures.

D'autre part, sous le régime allemand, les jeunes filles qui se destinaient aux études universitaires fréquentaient les établissements de garçons. Cette particularité a disparu en partie avec la création des établissements secondaires de jeunes filles.

Enfin, des classes primaires et enfantines ont été annexées aux classes secondaires proprement dites.

Livres, etc. — Les seuls livres en usage sont les livres français choisis par les chefs d'établissement sur les listes approuvées par le Ministère de l'Instruction publique. Des bibliothèques de professeurs et d'élèves ont été créées; elle sont alimentées par des périodiques qu'envoie gratuitement le Ministère, par des dons gratuits et par des subventions.

Il convient d'ajouter ici que les cabinets de physique, les laboratoires de chimie, les collections d'histoire naturelle ont été reconstitués, et que des préparateurs ont été désignés à cet effet.

Bourses. — Sous le régime précédent, les exonérations de frais d'études étaient accordées par la commission scolaire. Ce système a été complété par l'introduction du système français : un examen en vue de l'obtention de bourses a eu lieu au mois de mars 1920. La combinaison de ces deux systèmes aura l'avantage d'augmenter le nombre des bénéficiaires.

Examens. — Pour ne pas compromettre l'avenir des

jeunes Alsaciens et Lorrains qui ont poursuivi leurs études selon les programmes allemands, on a conservé l'examen de l'*Abitur*, en y introduisant, à l'examen oral, une épreuve de français.

Mais, malgré les nécessités d'un régime transitoire, on a pensé que la préparation au baccalauréat devait être poussée résolument. Certes, un grand nombre de candidats alsaciens et lorrains ne possèdent pas complètement la langue française et ne se seront pas encore familiarisés avec certaines nuances de style, comme les candidats provenant de l'intérieur. Pendant quelques années, les commissions d'examen sauront tenir compte de cette situation spéciale et se montrer bienveillantes à l'égard de candidats qui compenseraient d'ailleurs cette infériorité éventuelle par une connaissance plus complète d'autres matières du programme.

Enseignement religieux. — Le régime local n'a subi aucune modification. L'enseignement religieux est obligatoire dans toutes les classes; il est donné par des professeurs de religion spéciaux. Ces professeurs sont nommés par la Direction générale de l'Instruction publique, sur la proposition des autorités ecclésiastiques dont ils dépendent.

Commissions scolaires. — Maintenues en principe, elles doivent toutefois subir diverses modifications dans leur composition. En raison même du concours qu'elles sont appelées à donner à la transformation des établissements secondaires, il est utile d'y faire entrer les membres qui font partie de droit des conseils d'administration des lycées et collèges à l'intérieur de la France : préfet, sous-préfet, inspecteur d'Académie.

Enseignement libre. — Sous le régime allemand, de nombreux établissements privés donnaient l'enseignement sous le contrôle et la surveillance très rigoureuse de l'État. Ces établissements continuent à donner, avec l'autorisation de la Direction générale, l'enseignement secondaire. Le personnel est soumis à la loi locale.

B. — ÉTABLISSEMENTS SECONDAIRES DE JEUNES FILLES.

Les ex-Hœhere Mädchenschulen. — Sous le régime allemand, les *Hœhere Mädchenschulen* assuraient l'instruction des jeunes filles de la moyenne et de la haute bourgeoisie : elles étaient plutôt des écoles primaires supérieures que des établissements d'enseignement secondaire.

Ces écoles étaient municipales et laïques; leur personnel nommé par l'administration avec l'agrément de la commission scolaire municipale, était rétribué par la commune; l'État lui assurait une retraite. La municipalité percevait les rétributions scolaires, mais avait à sa charge les frais d'entretien des locaux, ceux de chauffage et d'éclairage. L'État avait la direction générale des études.

Ces écoles se répartissaient ainsi : Bas-Rhin : Strasbourg, Barr, Bischwiller, Bouxwiller, Haguenau, Sélestat, Sarrunion, Wasselonne, Wissembourg, Saverne; — Haut-Rhin : Mulhouse, Colmar, Altkirch, Guebwiller, Sainte-Marie-aux-Mines, Munster, Thann; — Moselle : Metz, Thionville, Forbach, Phalsbourg, Sarreguemines.

Les lycées de jeunes filles. — Deux de ces écoles, dont l'effectif était très réduit à l'armistice, ont été supprimées. Parmi les autres, certaines, en raison des besoins de la population, sont devenues ou deviendront des écoles primaires supérieures, tandis que les plus importantes seront transformées en établissements d'enseignement secondaire. Strasbourg, Mulhouse, Colmar, Metz portent déjà le nom de lycées : Sarrebourg est un cours secondaire; Haguenau et Saverne vont devenir sans doute prochainement des collèges.

Actuellement, on a maintenu dans les établissements transformés une section d'enseignement primaire supérieur pour permettre aux enfants d'achever leurs études commencées à la *Hœhere Mädchenschule*. Le but à atteindre est de créer, à côté de l'établissement secondaire proprement dit, une école primaire supérieure.

Régime financier. — Au point de vue financier, l'organisation reste ce qu'elle était avant l'armistice, avec cette particularité que les charges municipales sont diminuées du fait du paiement par l'État des fonctionnaires venus de l'intérieur. D'autre part, l'effectif des établissements ayant augmenté depuis l'armistice et les rétributions scolaires étant versées dans la caisse municipale, la situation paraît avantageuse pour les municipalités.

Depuis les élections qui ont régularisé la vie municipale en Alsace et en Lorraine, des démarches sont entreprises en vue de substituer le régime français au régime actuel et de former de nouvelles commissions scolaires sur le modèle des conseils d'administration de nos établissements français. Ce système a déjà été introduit à Sarrebourg, le 1er octobre 1919, sur la demande de la municipalité.

Personnel. — Comme pour les établissements secondaires de garçons, le personnel a été recruté par des voies différentes : maintien du personnel alsacien et lorrain enseignant avant l'armistice, appel à des maîtresses françaises de l'intérieur, nomination directe de maîtresses pourvues des titres requis, mais non encore incorporées dans les cadres du Ministère de l'Instruction publique.

Régime, surveillance et internat. — De même que dans les établissements secondaires de l'intérieur, des études surveillées ont été organisées dans les lycées et aux cours secondaires de Sarrebourg. Les familles ont très bien accueilli ce nouveau service, qui répondait à un besoin réel.

Un personnel de surveillantes a été constitué à Strasbourg, Colmar, Mulhouse, Metz, Sarrebourg.

Jusqu'à présent, aucun établissement ne comprend d'internat : les habitants des communes environnantes qui ne peuvent faire prendre le train à leurs enfants chaque jour, les mettent en pension dans des familles.

Enseignement. — L'enseignement est nettement orienté vers les programmes français et donné selon les méthodes françaises. La souplesse des programmes français a permis aux chefs d'établissements et aux professeurs de les adapter aux besoins des élèves, en tenant compte de leur connaissance souvent imparfaite de la langue.

D'ailleurs, partout, l'enseignement se donne en français, sans qu'une distinction soit nécessaire entre les élèves d'origine alsacienne et lorraine et celles qui sont originaires de l'intérieur. Dans les établissements les plus importants, il a fallu scinder certaines classes trop nombreuses en deux sections, suivant les origines; mais, sauf une légère différence de manière dans cet enseignement, le français est seul usité.

Enfin, l'effectif scolaire est assez considérable; il s'est élevé constamment depuis l'armistice et dépasse, à l'heure présente, l'effectif de 1914 : juillet 1914 : 2 828 élèves; juillet 1919 : 1 913; novembre 1919 : 2 603; octobre 1920 : 2 023.

Enseignement religieux. — Le régime antérieur subsiste en ce qui concerne les élèves alsaciens et lorrains. Des dispenses sont accordées, si les parents font la preuve qu'un enseignement équivalent à celui de l'école est assuré par leurs soins. Les professeurs de religion, agréés par l'autorité religieuse, sont nommés par le service de l'Instruction publique d'Alsace et de Lorraine.

Examens. — Sous le régime allemand, les jeunes filles qui désiraient se préparer aux examens de l'enseignement des garçons étaient admises dans les établissements où fréquentaient ceux-ci. Comme les établissements secondaires actuels de jeunes filles préparent au baccalauréat,

le régime précédent est appelé à disparaître de lui-même.
Ils préparent également au diplôme de fin d'études secondaires, au brevet supérieur et au brevet élémentaire.

Bourses. — Les chefs d'établissements continuent
comme par le passé à dresser une liste des élèves pro-
posés pour une remise de la rétribution scolaire, liste qui
est soumise à l'avis de la commission scolaire municipale.

Mais ce régime est complété par le régime français de
bourses accordées à la suite de l'examen annuel auquel
pourront prendre part les élèves alsaciens et lorrains et
les élèves originaires de l'intérieur.

Livres classiques. Bibliothèques. — De ce côté, il y a
encore fort à faire. Tous les ouvrages scolaires sont
français. Mais les bibliothèques de professeurs manquent
encore d'ouvrages français dont la consultation par le
personnel local serait particulièrement utile; il en est de
même pour les bibliothèques de classe.

Enseignement libre. — Comme pour les établissements
libres de garçons, le contrôle de l'État était très précis; il
s'exerçait sur les études, les programmes, le personnel,
l'administration. Ces établissements continuent à fonctionner comme par le passé.

IV. — ENSEIGNEMENT PRIMAIRE

La question particulièrement délicate de l'enseignement
primaire, plus encore que dans les autres ordres d'enseignement, a été et est ici celle de la langue. Cette difficulté
est d'autant plus complexe et plus délicate à résoudre
qu'elle ne se présente pas uniformément de la même
manière dans tout le pays. Dans le Bas-Rhin et le Haut-
Rhin, la langue maternelle est généralement le dialecte
alsacien, sauf dans certaines parties de la montagne, où
le parler populaire est un patois vosgien. Dans une grande

partie de la Lorraine, c'est le français qui est employé traditionnellement, jusqu'aux plus modestes foyers; mais l'instruction des jeunes enfants s'est de plus en plus limitée, dans les dernières années qui ont précédé l'armistice, par ordre supérieur, à l'enseignement *de* l'allemand et à l'enseignement *en* allemand; toutefois, ce n'est pas l'allemand que les enfants parlent à côté du français, mais un patois local lorrain. Malgré les difficultés que laisse deviner cet exposé sommaire, le progrès est de jour en jour plus sensible : tous les enfants ont un ardent désir d'apprendre le français et ce zèle unanime est, pour la méthode et la patience du maître, le meilleur des collaborateurs.

A. — *ENSEIGNEMENT PRIMAIRE ÉLÉMENTAIRE.*

Personnel. — Une épuration a été faite parmi le personnel en fonctions au moment de l'armistice. Un certain nombre d'instituteurs et d'institutrices ont été révoqués ou ont renoncé spontanément à leurs fonctions.

Comme pour l'enseignement secondaire, le recrutement du personnel a été opéré par trois voies différentes : *a)* maintien en fonction des maîtres du cadre local, qui se répartissent ainsi : 2 626 instituteurs et 1 457 institutrices laïques; — *b)* maintien des instituteurs et des institutrices congréganistes en exercice à la date de l'armistice, soit 14 instituteurs et 1 646 institutrices; — *c)* appel du personnel de l'intérieur nommé par arrêtés du Commissaire général, soit 1500 instituteurs et institutrices.

Préparation pédagogique des maîtres. — Un assez grand nombre d'instituteurs du cadre local n'ont pas encore une connaissance ou une pratique suffisante du français. Ils font les plus grands efforts pour se mettre à même de remplir leur tâche nouvelle. L'administration, pour seconder et faciliter cet effort, a pris un certain nombre de mesures.

1° *Conférences pédayogiques*, tenues sous la présidence des inspecteurs primaires, qui ont pour but de les initier aux programmes et aux méthodes de l'intérieur de la France;

2° *Cours de perfectionnement*, qui ont lieu une fois par semaine au chef-lieu des cantons ou dans une localité d'accès facile. Un instituteur qualifié, désigné par l'administration, dirige des exercices en langue française (lecture, grammaire, composition); ces exercices sont choisis de telle sorte qu'ils servent d'une façon immédiate à la préparation de la classe; les auditeurs sont groupés selon leur force;

3° *Conférences et exercices*, qui se font tous les jeudis, dans les Écoles normales, sous la présidence des directeurs et des directrices des Écoles normales d'Alsace et de Lorraine;

4° *Cours de vacances dans les Écoles normales de l'intérieur* : aux vacances d'août-septembre 1919, 100 instituteurs ont été reçus pendant deux mois à l'École normale de Versailles où des exercices scolaires avaient été organisés pour eux; 110 institutrices ont été admises à la même date et dans les mêmes conditions à l'École normale de Saint-Germain-en-Laye; même séjour, dans les mêmes Écoles normales, en août-septembre 1920, pour 210 autres instituteurs et institutrices;

5° *Séjours à l'intérieur pendant toute l'année scolaire ou pour achèvement de scolarité* : a) 440 instituteurs et institutrices ont obtenu des congés avec traitement intégral pour se rendre à l'intérieur. Ils sont répartis dans divers départements par groupes de 10 à 15. Beaucoup sont logés et nourris dans les établissements d'enseignement en échange de quelques heures de surveillance. Les inspecteurs d'Académie les affectent à certaines écoles primaires pour qu'ils puissent assister aux exercices et y participer; tous suivent également quelques leçons dans les Écoles normales; — *b)* les élèves des Écoles normales, qui étaient en troisième année au moment de l'armistice, ont été envoyés dans les Écoles normales de l'intérieur de la France pour achever leur scolarité; le même système a été adopté pour ceux qui commençaient leur troisième année au 1er octobre 1919 et au 1er octobre 1920. Les instituteurs et les institutrices se montrent très satisfaits de ces séjours à l'intérieur. A leur retour ils sont bien préparés à leur tâche. D'un autre côté, on a songé aussi à adapter aux conditions de l'école de ce pays les maîtres venus de l'intérieur. Des cours de langue allemande sont organisés à leur intention.

Statut des maîtres alsaciens et lorrains. — Jusqu'à présent, ces maîtres ont conservé leur statut et leur cadre. Leur situation sera définitivement réglée dès que sera voté le projet de loi actuellement soumis au Parlement sur le statut des fonctionnaires d'Alsace et de Lorraine.

D'ailleurs, les instituteurs et institutrices qui sont sortis, en juillet 1920, des Écoles normales d'Alsace et de Lorraine, ont été intégrés dans le cadre français, dont ils auront le statut.

Enfin, les traitements de ces instituteurs ont été augmentés (depuis janvier 1920) de telle façon qu'ils touchent le même traitement net qu'un instituteur à l'intérieur de la France.

L'enseignement du français. — L'effort essentiel s'est porté sur l'enseignement de la langue française. On a conservé les grandes lignes de l'organisation pédagogique alsacienne en substituant simplement l'enseignement du français à celui de l'allemand, l'étude de l'histoire et de la géographie françaises à celle de l'histoire et de la géographie allemandes. Mais l'enseignement de l'allemand est conservé à raison de trois heures par semaine comme langue accessoire dans les régions de dialecte germanique.

Toutes les mesures ont été prises pour que les enfants ne souffrent pas du régime de transition. Une circulaire du Directeur général de l'Instruction publique en date du 15 janvier 1920 a réglé avec précision les questions de méthode et de programme pendant cette période.

Les résultats obtenus dans l'enseignement du français sont satisfaisants, surtout avec les petits enfants. Dans les petites classes, autant qu'il se peut, l'enseignement est donné en français, à l'exception de la religion. Toutefois, pour les élèves de douze à quatorze ans qui ont six ans de scolarité allemande, les explications nécessaires sont données en allemand.

Cours d'adultes. — L'enseignement du français est complété par des *cours d'adultes*, qui ont lieu dans la plupart des communes deux ou trois fois par semaine. Ces cours, faits généralement par des instituteurs, sont fréquentés d'une façon assidue par un grand nombre d'auditeurs de tout âge.

Diverses sociétés poursuivent le même dessein. On peut citer la *Société des cours populaires*, la *Renaissance alsacienne*, la *Conférence au village*, la *Cigogne*. Enfin, de nombreuses initiatives individuelles dignes de toute sympathie se sont manifestées dans ce domaine.

Enseignement religieux. — Les écoles primaires élémentaires ont conservé leur caractère confessionnel. Les programmes comportent quatre heures d'enseignement religieux. Des instructions ont été données pour que cet enseignement soit assuré partout par les soins des instituteurs; ce sont généralement les instituteurs du cadre local qui s'en chargent.

Inspections primaires. — Sept des inspecteurs primaires en fonctions au moment de l'armistice, ont été conservés. Pour le surplus, il a fallu faire appel à des fonctionnaires de l'intérieur. Les maîtres alsaciens et lorrains qui ont l'ambition légitime de devenir inspecteurs primaires, sont admis à faire un stage en cette qualité à l'intérieur de la France.

Écoles normales et préparatoires. — Sous le régime allemand, il y avait quatre Écoles normales d'instituteurs catholiques à Montigny-les-Metz, Phalsbourg, Obernai, Colmar, une d'instituteurs protestants à Strasbourg; deux Écoles normales d'institutrices, l'une, protestante, à Strasbourg, l'autre, catholique, à Sélestat. Toutes ces écoles fonctionnent encore à l'heure actuelle. Elles conservent leur caractère confessionnel quant aux programmes et au recrutement des élèves.

Pour les élèves en cours d'études dans les Écoles normales, on a élaboré des programmes de transition. Les anciens examens locaux, modifiés par l'introduction d'épreuves de français, d'histoire et de géographie de la France, ont été subis en 1919 et en 1920, pour la dernière fois, par les élèves que l'armistice avait trouvés en première ou en deuxième année d'études normales. Ceux qui étaient en première année au moment de l'armistice et les élèves entrés depuis lors, subiront les examens du système français dont les programmes sont complétés par les épreuves qu'exige le caractère confessionnel de l'école.

Le personnel enseignant a été complété par des professeurs appelés de l'intérieur. Actuellement, il y a à peu près un nombre égal de professeurs venus de l'intérieur de la France et de professeurs alsaciens ou lorrains d'origine.

Les écoles préparatoires, où les élèves passaient deux ans avant leurs trois années de scolarité normale, ont été maintenues.

B. — ENSEIGNEMENT PRIMAIRE SUPÉRIEUR.

Cette branche de l'enseignement primaire n'existait pas sous le régime allemand. Avant l'armistice, il y avait des écoles moyennes (*Mittelschulen*), qui diffèrent beaucoup de nos Écoles primaires supérieures par l'organisation pédagogique. La population, qui apprécie déjà nos institutions nouvelles, en comprendra mieux le fonctionnement lorsque celui-ci sera en pleine activité.

Une École primaire supérieure de garçons a été créée à Strasbourg. Dès la rentrée, elle a eu près de 200 élèves. D'autres écoles de garçons ont été ouvertes à Colmar, Mulhouse, Metz, Saint-Louis; des écoles de filles à Guebwiller, Sainte-Marie-aux-Mines, Bischwiller, Sélestat, Wissembourg, Sarreguemines, Forbach, Thionville et Metz.

Toutes ces écoles ont été greffées sur des *Mittelschulen* déjà existantes ou, pour les filles, sur des *Höhere Mädchenschulen*, dont elles ont recueilli les élèves les plus avancées, pour prolonger leur scolarité et les soumettre aux programmes français.

Les Écoles primaires supérieures sont à la fois des écoles d'enseignement général et d'enseignement professionnel d'un caractère pratique très accentué. Dans des pays industriels et agricoles comme l'Alsace et la Lorraine, l'enseignement primaire supérieur est certainement appelé à prendre un grand développement quand, par expérience, on en aura aperçu tous les avantages.

V. — LES ARCHIVES

Avant 1870. — Les trois départements du Bas-Rhin, du Haut-Rhin et de la Moselle avaient alors chacun, comme les autres départements français, un archiviste départemental. C'étaient, à Strasbourg, depuis 1840, Louis Spach, un Alsacien connu par ses travaux d'histoire locale, à Colmar, Félix Blanc, ancien archiviste de Loir-et-Cher, mort au début de 1871; à Metz, un Lorrain, Sauer. Le seul qui fût pourvu du diplôme d'archiviste-paléographe était Félix Blanc. Le service des Archives départementales ressortissait alors au Ministère de l'Intérieur, où un bureau spécial assurait, tant bien que mal, l'unité de direction et de méthode. Depuis plusieurs années, les trois départements avaient à leur budget un crédit annuel d'impression d'inventaires : dans le Bas-Rhin, l'actif Louis Spach fit paraître, de 1863 à 1872, quatre volumes d'inventaires. Dans le Haut-Rhin, le travail fut commencé par Brièle, le prédécesseur de Blanc, qui fit paraître, en 1863, un premier volume; en 1870, Blanc faisait paraître un tome II. La guerre arrêta le travail, qui n'a jamais été achevé. Dans le département de la Moselle, l'inventaire était encore à l'état de manuscrit en 1870. C'est, comme nous le verrons tout à l'heure, sous l'administration allemande, que Sauer et son successeur firent paraître les volumes actuellement existants.

L'installation matérielle des Archives de Strasbourg et de Metz était très médiocre; seules, les Archives de Colmar venaient d'être logées dans une aile de la nouvelle préfecture, aménagée pour les recevoir et qui a été suffisante jusqu'à ce jour.

Après 1870. — Les Allemands ne changèrent rien aux cadres qu'ils avaient trouvés : dans chacun des trois départements, il y eut un archiviste dépendant alors du *Bezirks-Praesident* (Préfet). A Strasbourg, Spach continua ses fonctions jusqu'à sa mort (1879); à Metz, l'archiviste Sauer termina sa carrière comme fonctionnaire allemand; à Colmar, Blanc, qui venait de mourir, fut remplacé par un immigré, Pfannenschmid, qui connaissait bien la matière, et qui a laissé, sur les Archives en Alsace, des travaux où il y a beaucoup à prendre. Les postes de Strasbourg, Colmar et Metz furent successivement occupés par des fonctionnaires venus tous, sauf un, d'au delà du Rhin (à partir de 1889, ils furent nommés par le statthalter et rétribués sur le budget d'Alsace-Lorraine), choisis en raison de leur solide culture historique et qui, tous, ont déployé une activité scientifique. Mais cette activité ne se manifesta pas suffisamment par des travaux purement professionnels menés avec esprit de suite et suivant un plan d'ensemble.

L'esprit de suite et le plan d'ensemble, qui avaient caractérisé les travaux des archivistes avant 1870, provenaient surtout de la forte centralisation des services reliés à un organisme commun. Au contraire, la constitution même du Pays d'Empire empêchait tout rattachement à la Direction des Archives de Prusse à Berlin, par exemple, et l'on ne réussit jamais, à Strasbourg même, à créer un organisme qui aurait donné aux trois départements les directives nécessaires; les archivistes s'en plaignirent à mainte reprise, et c'est à leur isolement qu'ils attribuèrent l'état de somnolence de leur service (*Stillstand in den Inventarisierungsarbeiten*).

De ce ralentissement progressif la diminution des inventaires imprimés est un signe évident: à Strasbourg, il y eut un crédit d'impression jusqu'à l'achèvement du tome IV de l'état sommaire (1872), puis, on considéra la besogne comme terminée, sans se préoccuper des fonds de documents anciens qui étaient entrés aux Archives par voie d'échange avec les États allemands ou par réintégration normale. A Colmar, on laissa l'état sommaire comme on l'avait trouvé, c'est-à-dire inachevé. En revanche, à Metz, on publia, en 1879, 1890, 1893, trois volumes. Pour les papiers de la période révolutionnaire, on les classa médiocrement à Strasbourg, on en fit un répertoire sommaire à Colmar et à Metz; dans ce dernier dépôt, on a commencé, peu avant la guerre de 1914, la publication de leur inventaire dans une revue. Les séries modernes (an VIII-1870) ont été à peu près reconnues, mais aucun état numérique n'en a été dressé, sauf, cependant, pour quelques-unes d'entre elles à Colmar et à Metz. Quant aux versements nouveaux des préfec·tures ou des ministères, les Allemands n'en firent aucun répertoire et se contentèrent toujours des bordereaux de versement.

Dans leurs rapports et dans leurs livres, les Allemands ne cessèrent de vanter l'organisation française en matière d'archives ; s'ils ne la changèrent pas dans son ensemble, ils ne firent rien pour continuer les traditions de travail des archivistes français. Toutefois, pour être juste, il faut reconnaître que l'administration allemande eut le souci de l'installation matérielle des archives. A Strasbourg et à Metz, elle fit construire deux dépôts dont le premier fut, pendant de longues années, considéré comme un modèle, mais qui a maintenant été dépassé par les derniers édifices élevés en Allemagne. Pour quelques années encore, les bâtiments de Strasbourg et de Metz peuvent être considérés comme suffisants ; à Strasbourg tout au moins, en raison du terrain prévu a cet effet, l'agrandissement sera facile quand on le jugera nécessaire.

Après l'armistice. — L'affaire la plus urgente était la désignation d'archivistes intérimaires pour remplacer les fonctionnaires allemands qui partaient ou allaient partir. Pendant quelques mois, ces intérimaires assurèrent seuls — sauf à Strasbourg où tout le personnel subalterne allemand était resté en fonctions —, la marche du service rendu plus pénible par les nombreuses recherches que nécessitait l'établissement des cartes d'identité.

La première préoccupation de l'administration nouvelle devait être de remplacer, partout, d'une manière définitive, le personnel allemand. Pour les trois postes ont été désignés des hommes restés ou revenus dans leur pays d'origine, en connaissant la langue, le patois et les habitudes, toutes conditions pour que les travailleurs locaux soient bien guidés dans leurs recherches et pour que la publication des inventaires et des documents ne soit pas négligée.

Le personnel des bureaux, à Strasbourg, a dû être entièrement renouvelé; à Metz et à Colmar, les secrétaires, qui étaient lorrain et alsacien, ont été maintenus dans leur emploi; des expéditionnaires leur ont été ou vont leur être adjoints. Jusqu'à nouvel ordre, les postes d'auxiliaire scientifique de Strasbourg et de Metz sont restés vacants, non seulement parce qu'il serait difficile de trouver des candidats en raison de la modicité des crédits, mais surtout parce qu'il est plus urgent actuellement de faire des travaux de versement et de classement des documents modernes.

Programme de travail. — Voici, dans les trois dépôts, pris d'abord séparément, les tâches qui apparaissent les plus urgentes.

A Colmar, il y aura sans doute à revoir l'inventaire sommaire des séries anciennes qui, s'il faut en croire un rapport de Pfannenschmid, contiendrait beaucoup d'erreurs; à faire paraître, d'autre part, plusieurs inventaires (fonds du Conseil souverain d'Alsace, Révolution française, etc.), enfin, à classer les archives des notaires versées en 1876 et les archives des greffes de Mulhouse et d'Altkirch déposées aux Archives départementales.

La question d'un bâtiment nouveau va se poser d'une manière urgente dans le Haut-Rhin. Après examen des locaux, il semble impossible de prévoir un agrandissement des bâtiments actuels; la seule solution, la moins coûteuse en tout cas, serait d'installer les Archives dans les bâtiments de la sous-préfecture de Colmar, quand celle-ci viendra à être supprimée.

Les Archives communales sont en voie de classement suivant un plan détaillé dressé autrefois par Pfannenschmid : 60 communes sur 600 ont déjà envoyé leur inventaire manuscrit aux Archives départementales. Il conviendra de commencer les inspections par les communes qui étaient de part et d'autre de la ligne de feu et de se préoccuper de savoir ce qui a été fait pour les communes qui étaient dans la zone libérée par les troupes françaises dès 1914. Quelques caisses de documents anciens avaient été envoyées à Munich en raison des bombardements par avions; elles ont été réintégrées, au mois d'octobre 1919; les dossiers d'administration courante que les Allemands avaient transés au delà du Rhin vont être renvoyés sous peu à Colmar.

A Metz, l'état sommaire des séries anciennes est imprimé, mais il reste à dresser l'inventaire et, ultérieurement, à publier l'analyse des documents des séries entrées aux Archives après 1870 et des 3 000 liasses et registres d'actes de notaire non encore reconnus. L'état sommaire des districts de Briey et Longwy a déjà paru dans les *Annales révolutionnaires.* Il reste de nombreuses séries à inventorier et à publier.

D'autre part, tous les papiers provenant de l'administration, par les Allemands, des arrondissements de Longwy et de Briey ont été réunis au dépôt départemental.

Lors de l'offensive vers Metz, en octobre 1918, les séries anciennes et les papiers révolutionnaires ont été transportés à Leipzig, le Commissariat général négocie actuellement le retour de ces documents.

A Strasbourg, la tâche de l'archiviste du Bas-Rhin sera lourde : il devra d'abord procéder à un refoulement général de toutes les séries, qui lui permettra de gagner de la place pour les versements qui vont être nombreux et abondants; il aura ensuite à réorganiser, compléter et trier la série des papiers révolutionnaires totalement

négligée par l'administration allemande et à en préparer
le répertoire numérique; il devra faire l'inventaire des
fonds anciens entrés aux Archives depuis 1870 (en particulier, les fonds des minutes notariales), classer les
documents modernes de l'administration française (an
VIII à 1870), actuellement triés par séries, mais non encore
classés dans le détail et qui n'ont reçu aucune note. A
l'époque où Louis Spach entreprenait le classement sommaire des papiers postérieurs à 1790, il régnait à l'égard
des archives modernes un dédain, qui, aujourd'hui, nous
étonne. En 1844, tout en reconnaissant que, dans ces
documents, « il y aurait certainement à glaner au point
de vue historique » (!), Spach souhaitait la disparition
des pièces qu'il considérait comme inutiles (lettres particulières, dénonciations, etc.). « Je ne vois pas pourquoi,
écrivait-il, on perpétuerait le souvenir de malheureuses
discordes, surtout lorsque ce souvenir pourrait faire peser
sur des familles honorables la réprobation qui s'attache à
des actes commis par leurs grands-pères ». La plupart
des titres modernes, écrivait-il encore en 1845, se rap-
portent « à des intérêts qui ne sont pas du domaine de
l'histoire »; mais il reconnaissait pourtant que, « dans ces
cartons, il y avait des pièces disséminées qui ont déjà ou
qui acquerront de jour en jour une valeur politique plus
grande »; c'est à cette conception surannée que nous
devons les dossiers factices consacrés aux « événements
historiques » et constitués autrefois par Spach, dossiers
qui sont la négation même de la méthode historique.

Dans les trois dépôts départementaux, une tâche commune s'impose aux archivistes, après le récolement prescrit par les règlements; c'est la préparation d'un *état
général par fonds* de leurs archives destiné à compléter
celui que la Direction des Archives a fait paraître en 1903.
Quand cet état aura été publié, nous aurons une notion
générale sommaire des archives civiles, des archives ecclé-

siastiques et des fonds révolutionnaires de l'Alsace et de la Lorraine.

Une autre tâche commune s'impose à Colmar, à Strasbourg et à Metz, c'est la constitution du fonds de l'administration allemande, formé par le versement des papiers des « *registratures* »[1] de 1871 à 1918. A Strasbourg, les versements ont commencé en 1885 et, jusqu'en 1917, 67 versements ont été opérés; une partie de ces versements a été intégrée à tort dans les séries françaises, une autre partie est restée constituée à part. Il serait à souhaiter que le système des « registratures » fût continué là où il existe et établi dans les nouveaux services où il est inconnu. Ce système permet de faire véritablement des archives le dépôt des dossiers historiques et non un panier à papiers de la préfecture. De toute manière, les archivistes devront exiger le maintien absolu de la tradition du versement avec bordereau très détaillé, comme il était fait sous l'administration allemande.

Enfin, les archivistes auront à reprendre l'inspection des archives communales négligée pendant la guerre et à entreprendre le versement des archives des sous-préfectures dans les dépôts départementaux.

Mais, dans les trois départements recouvrés, les archivistes ne doivent pas être simplement des classeurs de documents et des éditeurs de répertoires; ils ont encore une autre tâche à remplir, à la fois immédiatement utile et très haute : celle de faire renaître, d'accord avec les professeurs de l'Université, la vie historique dans ce pays, d'y réveiller les sociétés d'histoire locale actuellement assoupies, d'y stimuler la curiosité pour tout ce qui touche à l'Alsace française d'avant 1870, en un mot, de renouer la tradition et, par-dessus le demi-siècle de domi-

---

1. La *registrature* est une sorte de première étape vers les archives, un dépôt provisoire des papiers dans l'administration active, avant le dépôt définitif dans les archives.

nation allemande, de faire connaître aux Alsaciens l'histoire vraie de leur propre pays.

Quand Pfannenschmid s'installa à Colmar, il y vint avec des idées de propagande et déclara que l'Allemagne attendait une nouvelle histoire de l'Alsace, écrite, à la fois du point de vue critique et du point de vue « *Deutsch-National* ». Il fallait, disait-il, réveiller le « sens allemand » dans ce pays, et il assurait qu'une histoire scientifique de l'administration française de l'Alsace de 1648 à 1870 provoquerait le plus grand étonnement dans toute l'Europe (*sic*). Cette histoire, ni Pfannenschmid, ni aucun de ses collègues ne l'écrivirent, on devine pourquoi. Mais la préoccupation des Allemands, nous avons le droit, nous avons même le devoir de la faire nôtre, et il appartient aux archivistes français de démontrer pourquoi l'Alsace a été attachée à la France.

A ce propos, il est piquant de noter que, pendant la dernière guerre, M. de Romberg, à Berne, reçut un jour d'un anonyme une lettre où on lui demandait s'il ne serait pas possible de mettre fin, une fois pour toutes, à cette tenace légende de l'Alsace soudée à la France par la Révolution[1]. Or, dans le même temps, le ministre de l'Intérieur, à Berlin, et ceux que le chancelier avait consultés sur le statut futur de l'Alsace, reconnaissaient que la Révolution avait définitivement marqué l'union de l'Alsace et de la France et que l'Alsace était démocratique et républicaine[2].

A l'une des séances de la Conférence d'Alsace-Lorraine, M. Albert Thomas faisait observer que l'on n'insisterait jamais assez sur la continuité de l'adhésion de l'Alsace à

---

1. Lettre de M. de Romberg au statthalter, du 7 février 1918, avec copie de la lettre anonyme ici analysée.

2. Cf., sur ce point, *Ch. Schmidt*, « *Ce qu'ils auraient fait de l'Alsace-Lorraine...* », une broch. in-16, Paris-Strasbourg-Nancy, Berger-Levrault, 1919 (p. 31).

la France; au cours de ses recherches, il avait constaté combien tous les mouvements démocratiques en France avaient trouvé leur répercussion en Alsace, ce qui aurait suffi pour démontrer que l'Alsace avait complètement adhéré à la France avant 1870.

Les archivistes failliraient donc à leur tâche s'ils se limitaient aux pures recherches d'érudition et s'ils ne se donnaient pas comme but de travailler, avec les professeurs de l'Université et les sociétés d'histoire locale, à réveiller en Alsace l'esprit de la Fédération de Strasbourg de 1790.

Le fonds régional (Landesarchiv). — L'Alsace-Lorraine, il ne faut pas l'oublier, a formé une sorte d'État de 1871 à 1918; cet État a eu ses archives, et ces archives devront être un jour centralisées en un même endroit. Au-dessus des trois dépôts départementaux, il y a donc à constituer le fonds des *Archives régionales d'Alsace et de Lorraine*, le *Landesarchiv*, que les Allemands se préoccupaient d'organiser depuis plusieurs années. Quels seront les éléments de ce fonds régional? Ce seront les archives mêmes des différents organismes du Reichsland, au fur et à mesure de leur transformation : jusqu'en septembre 1871, les papiers du *Gouvernement général d'Alsace-Lorraine*; de 1871 à 1879, ceux de l'*Oberpraesidium*; de 1879 à 1918, ceux du *Statthalter*, ceux du *Ministère* avec ses différentes subdivisions, ceux de l'*Oberschulrat*; de 1874 à 1911, les papiers du *Landesausschuss*, et, de 1911 à 1918, ceux du *Landtag*. Tels sont les principaux fonds qui devront un jour être réunis en un tout.

On a dès à présent amorcé cette réunion des Archives centrales dans le seul bâtiment qui puisse leur convenir, c'est-à-dire dans le dépôt des Archives départementales du Bas-Rhin, qui devient ainsi, en même temps, dépôt régional. Avant la guerre, quelques versements avaient été faits : en 1898, en 1902, l'Oberschulrat, en 1900, 1903 et 1916, le Ministère (section des Finances), en 1905, le Ministère encore (section de l'Intérieur) avaient fait déposer aux Archives départementales des liasses de dossiers. Sur l'invitation du Directeur des Archives d'Alsace et de Lorraine, les différents services ont prescrit à leurs « registratures » le versement de tous les papiers devenus inutiles : dès à présent, la Direction de l'Intérieur, celles des Cultes, de la Justice, des Finances, de l'Agriculture et de l'Instruction publique ont versé, depuis la fin du mois de septembre 1919, des papiers politiques et administratifs importants ; le Commissariat général a donné le fonds des papiers du statthalter et bientôt seront versés les dossiers du Landesausschuss et du Landtag.

Au total, en y comprenant les versements de la Préfecture du Bas-Rhin, 31 versements ont été effectués du 1er septembre 1919 au 31 janvier 1921 (il y en a eu 67 de 1870 à 1918). La Direction de l'Intérieur et celle des Cultes achèvent leurs envois; mais il est à prévoir que le fonds de la Justice (en majeure partie transporté à Colmar), celui des Finances, ceux de l'Agriculture et des Travaux publics, ne pourront, pour des raisons administratives, être versés que dans quelques années.

La constitution du fonds provincial est donc sérieusement commencée. Les documents de l'administration centrale formeront un tout nettement séparé. Il y faudra logiquement ajouter le fonds de l'administration militaire du Haut-Rhin libéré (1914-1918), actuellement en dépôt aux Archives de Colmar, le fonds du Bureau d'Alsace-Lorraine (à Paris, pendant la guerre), celui de la Conférence d'Alsace-Lorraine et, enfin, les papiers du Commissariat général et de ses services, quand le régime actuel aura cessé d'exister. On aura ainsi, réunis et groupés, les papiers de l'administration de l'Alsace et de la Lorraine en tant qu'elle formait une *région* et jusqu'au moment où les trois départements auront simplement repris rang dans l'ensemble des départements français.

Les archivistes allemands avaient naturellement examiné la question de ce fonds régional auquel ils auraient voulu ajouter tous les documents anciens de l'Alsace proprement dite; à plusieurs reprises, dans leurs rapports, ils ont demandé la création d'un *Vorstand des Landes- und Elsaessischen Gesamtarchivs* (rapporteur au ministère pour les affaires d'archives), mais, — conflits et compétitions de personnes —, leurs projets n'aboutirent pas, et l'on s'en tint à l'organisation ancienne, l'archiviste de la Basse-Alsace devenant, du fait des documents qui lui étaient confiés, en même temps archiviste régional. Ce régime sera continué.

D'une manière générale, qu'il s'agisse de la période ancienne ou de la période moderne et contemporaine, le plan de travail est très vaste et les matériaux ne manquent pas : Archives nationales pour la période antérieure à 1870, Archives départementales, Archives régionales pour la période allemande, papiers des Affaires étrangères, dont il faudra obtenir la communication officielle pour l'étude de certains documents allemands, Archives des départements rhénans, si riches pour la période révolutionnaire et napoléonienne, et où l'on retrouvera les problèmes qui se posaient en Alsace : voilà de quoi tenter les historiens. Or, s'occuper d'histoire d'Alsace, ce n'est pas simplement, est-il nécessaire de le dire? faire de « l'histoire locale » : l'Alsace a été à toute époque mêlée aux mouvements d'idées venus de France et d'Allemagne. Publier et mettre en œuvre les documents de son passé, lointain et proche, c'est étudier l'histoire des rapports des deux grands pays dont elle était — ou aurait dû être toujours — comme le trait d'union.

VI. — LA BIBLIOTHÈQUE UNIVERSITAIRE ET RÉGIONALE

On pourrait dire, si l'on n'hésitait à employer les grands mots, que la magnifique Bibliothèque de l'Université de Strasbourg, aujourd'hui paisiblement laborieuse, a des origines dramatiques. Elle est née, en effet, du désastre de 1870. Pendant le siège de la ville, au cours de cette nuit du 24 au 25 août qui fut la plus terrible du bombardement, les obus allemands mirent le feu à la Bibliothèque et la détruisirent de fond en comble. La Bibliothèque, c'était alors, à vrai dire, deux bibliothèques, réunies ou plutôt voisinant dans un seul et même local, le chœur du Temple-Neuf : l'une était la bibliothèque du Séminaire protestant, de l'ancienne Université protestante, et avait été fondée par Jacques Sturm, dans les premières années de la Réforme ; l'autre, la bibliothèque municipale, dont le premier fonds avait été constitué, en 1765, par le savant Schœpflin, l'historien de l'*Alsatia illustrata* et de l'*Alsatia diplomatica*, lorsqu'il céda à la Ville sa bibliothèque personnelle. Des trésors s'étaient accumulés à travers les années, à travers les siècles, et les pertes étaient irréparables. Le monde entier en fut ému. L'Allemagne aussi, — d'une émotion où il entrait peut-être quelque remords. Un bibliothécaire de Donaueschingen se mit à la tête du mouvement, lança des appels, provoqua des dons. L'Angleterre se distingua particulièrement par sa générosité : ses administrations publiques (Ministère des Affaires étrangères, Ministère des Colonies, Ministère des Indes), ses Universités, les libraires anglais annoncèrent aussitôt d'importants envois de livres et de documents. Mais on restait volontiers dans l'imprécision quant au titre, à la destination, à la propriété même de la Bibliothèque à reconstituer : serait-elle bibliothèque du Séminaire? de la Ville? de l'Université? On se contentait, dans

les divers appels, de la nommer la nouvelle bibliothèque,
la nouvelle bibliothèque publique. Toutefois, lors de son
inauguration (inauguration qui ne pouvait être que
pro formâ, à une date aussi rapprochée du désastre :
le 9 août 1871), l'endroit choisi était déjà significatif : la
cérémonie eut lieu dans cette salle des Actes de l'Académie
qui était hier encore le centre de l'administration universitaire française; et quelques-unes des paroles prononcées
au cours de la séance laissèrent aisément prévoir les intentions de l'administration allemande. Le 19 juin 1872, un
décret impérial constituait la bibliothèque nouvelle en
Universitäts und Landes-Bibliothek (Bibliothèque de l'Université et du Pays d'Empire). Installée d'abord au château
des Rohan, elle s'y trouva bientôt à l'étroit. Dès 1881, il
y eut des projets de bâtiment à élever spécialement pour
la Bibliothèque, projets qui se réalisèrent de 1889 à 1895.
C'est cette année-là que fut ouverte au public la Bibliothèque telle qu'elle existe aujourd'hui, — devenue depuis
l'armistice la *Bibliothèque Universitaire et Régionale.*

Avant de décrire le fonctionnement des divers services
de la Bibliothèque (lecture sur place, prêt, accroissement
des collections, catalogue), on exposera ici les moyens
qui parurent propres à remédier à deux graves défauts de
l'organisation allemande, l'absence de numérotage des
volumes et la mauvaise répartition du travail entre le personnel.

Le numérotage. — L'*Instruction générale relative au
service des bibliothèques universitaires*, du 4 mai 1878,
prescrit de répartir les livres en trois classes, d'après leurs
dimensions, et de les ranger sur les rayons, sans classement méthodique, en leur donnant une numérotation
continue, suivant leur ordre d'arrivée.
Rien de semblable à Strasbourg. Ici les livres étaient

rangés sur les rayons, suivant l'ordre des fiches du catalogue méthodique. Des cotes compliquées, comptant jusqu'à six lettres ou chiffres, désignaient la subdivision, mais, en l'absence de tout numérotage, l'ordre alphabétique des noms d'auteurs, dans certains cas des sujets traités, assignait seul leur place respective aux divers ouvrages appartenant au même groupement. Ainsi, pour prendre des exemples au hasard, les deux volumes suivants : TROUESSART, AU BORD DE LA MER, *Géologie, faune et flore des côtes de France, de Dunkerque à Biarritz,* Paris, 1893, in-8°, et LEFORT (Joseph), *La condition de la propriété dans le Nord de la France,* Paris, 1892, in-8°, portent la cote, l'un : H *m* III *k* 15, l'autre : F *m* V *b* 3.

Ce système serait à peine justifiable dans une très petite bibliothèque. Dans un établissement aussi important que la Bibliothèque universitaire et régionale de Strasbourg, ses inconvénients sont évidents. Tout récolement était impossible et comme, d'autre part, les ouvrages n'étaient pas désignés par des numéros individuels sur les registres d'entrée, on ne possédait aucune base sérieuse pour évaluer le nombre des volumes de la Bibliothèque. En outre, beaucoup d'espace était perdu, puisqu'il fallait réserver dans chaque subdivision une partie des rayons pour l'intercalation des ouvrages nouveaux, et il était à prévoir que, dans un avenir prochain, les magasins apparaîtraient comme insuffisants. Enfin et surtout, en raison de la complication des cotes, la recherche des livres et leur remise en place ne pouvaient être confiées qu'à des bibliothécaires expérimentés, alors que, dans une bibliothèque numérotée, ces besognes sont aisément accomplies par de simples gardiens. Ainsi, dans les exemples ci-dessus, il sera incontestablement plus facile de trouver les deux ouvrages cités avec leurs cotes nouvelles : II 136 816 et F 141 146, qu'avec les anciennes : H *m* III *k* 15 et F *m* V *b* 3.

Le nombre des volumes de la Bibliothèque de Strasbourg était trop considérable pour qu'il fût possible de leur appliquer une numérotation continue. Pour que le travail pût progresser d'une manière satisfaisante, il était indispensable de l'entreprendre simultanément en plusieurs endroits. Aussi a-t-on conservé les grandes divisions de la Bibliothèque : A. Généralités, bibliographies, encyclopédies. — B. Philosophie et pédagogie. — Bh. Beaux-arts. — C. Littérature (Généralités, Orient, Antiquité classique). — Cd. Littérature moderne. — D. Histoire et géographie. — E. Théologie. — F. Droit. — G. Sciences sociales. — H. Sciences. — J. Médecine. — K. Incunables. — L. Manuscrits. — M. Alsatiques.

Les incunables (K) et les manuscrits (L) étant classés suivant les règles en usage dans toutes les bibliothèques publiques de France, les autres divisions sont considérées comme autant de bibliothèques distinctes, et, dans chacune d'elles, les livres de grand format (35 cm. et au-dessus) sont numérotés de 1 à 10000, les moyens (de 25 à 35 cm.) de 10001 à 100000, les petits (de 25 cm. et au-dessus) à partir de 100001, chaque numéro étant précédé de la lettre majuscule indiquant la division. Les périodiques et autres ouvrages en cours de publication ayant été mis à part, le numérotage est exécuté de telle sorte que les livres conservent la place respective qu'ils occupaient jusqu'ici sur les rayons. Quant aux nouveaux, ils sont, dans chacune des divisions, placés à la suite des anciens, au fur et à mesure de leur entrée à la Bibliothèque. Le numérotage rend, bien entendu, toute intercalation impossible, mais, pour le fonds ancien de la Bibliothèque, la répartition systématique subsiste intégralement et, même pour les nouvelles acquisitions, elle est, grâce au maintien de quatorze divisions, conservée dans ses grandes lignes.

Le travail a été naturellement très long, puisqu'il a fallu, non-seulement numéroter tous les volumes de la

Bibliothèque ainsi que les fiches correspondantes du catalogue méthodique, mais encore reporter les numéros sur les fiches du catalogue alphabétique.

Répartition du travail. — Les sections A-M, énumérées plus haut, étaient, sous l'administration allemande, réparties entre des fonctionnaires où certains ont voulu, bien à tort, voir des spécialistes. Cette spécialisation n'existait que sur le papier. Même avant la guerre, alors que la Bibliothèque comptait huit bibliothécaires et quatre bibliothécaires-adjoints, l'histoire naturelle était confiée à un grammairien et la théologie à un germaniste, et l'on ne trouvait dans l'établissement aucun fonctionnaire ayant fait des études juridiques, médicales ou scientifiques. Chaque bibliothécaire devait, dans la section qui lui était confiée, se préoccuper des acquisitions, cataloguer les ouvrages nouveaux, les préparer pour la reliure, les chercher dans les magasins et les remettre à leur place, enfin, donner des renseignements bibliographiques au public. La multiplicité des occupations empêchait tout labeur soutenu et la perte de temps était considérable. Il y avait peu de coordination dans le travail des bibliothécaires, et ce défaut se faisait sentir surtout là où deux sections se rencontrent, comme dans l'histoire des religions, des institutions, des sciences et des arts, dans les sciences appliquées aux beaux-arts, à la médecine, à l'agriculture et à l'industrie. Il en résultait des inconséquences dans le classement, des difficultés dans la recherche des ouvrages et des acquisitions inutiles de livres que la Bibliothèque possédait déjà.

Dès 1919, à la rentrée de Pâques, ces cloisons étanches ont été supprimées, et à une pseudo-spécialisation on a subtitué la division du travail. Les bibliothécaires ne sont plus affectés à des sections, mais à des services.

Ces deux réformes (numérotage des livres et meilleure

répartition du travail) ont permis de réduire le personnel technique, et, par la simplification des écritures, il a été possible de diminuer dans de plus fortes proportions encore le personnel des bureaux. Seul le personnel subalterne a dû être légèrement augmenté.

Nous allons maintenant passer en revue les divers services de la Bibliothèque.

Lecture sur place. — A partir du mois de novembre 1918, la Bibliothèque avait dû être réservée aux professeurs et étudiants de l'Université de Strasbourg. Dès les premiers jours de mars 1919, elle est redevenue publique. Du 1er mars 1919 au 22 mai 1920, elle a reçu 10 132 visiteurs, qui ont consulté 2 753 ouvrages, soit 5 251 volumes. Dans ces chiffres ne sont pas compris les 1 200 ouvrages de référence que le public de la salle de lecture a librement à sa disposition.

Prêt. — Ce service fonctionne dans les conditions déterminées par le règlement du 1er octobre 1911, interprété dans le sens le plus libéral. Les livres sont prêtés à toute personne offrant des garanties suffisantes. Le prêt est soumis à une redevance de 0 fr. 20 par volume, redevance dont on peut se libérer en se munissant d'une carte d'abonnement valable pendant six mois, du 1er janvier au 1er juillet et du 1er juillet au 31 décembre, que délivre, à raison de 5 francs, le secrétariat de la Bibliothèque. Du 1er mars 1919 au 22 mai 1920, 11 380 personnes ont emprunté 20 863 ouvrages, soit 27 148 volumes. De nombreuses bibliothèques françaises et quelques bibliothèques étrangères figurent parmi les emprunteurs. Par mesure de réciprocité, la Bibliothèque de Strasbourg se charge de demander à d'autres bibliothèques les ouvrages qu'elle ne possède pas, et c'est ainsi qu'elle a fait venir des manuscrits précieux et des imprimés rares appartenant à des bibliothèques françaises ou étrangères.

Acquisitions. — Aux crédits importants affectés aux acquisitions de livres (103 212 fr. 50 pour l'exercice budgétaire de 1920) est venu s'ajouter en 1919 un crédit extraordinaire de 100 000 francs dont le Ministère de l'Instruction publique a gratifié la Bibliothèque, afin de lui permettre de combler peu à peu les lacunes causées par la guerre dans les fonds des livres français, anglais, américains, italiens, etc.

La Bibliothèque dispose encore de sommes provenant de diverses fondations et, en vertu d'un accord intervenu en 1878, le chapitre de Saint-Thomas de Strasbourg la fait bénéficier d'un revenu annuel de 6 000 francs environ, destinés surtout à l'acquisition de manuscrits et d'ouvrages rares ou précieux relatifs à l'histoire d'Alsace, à la théologie, à la philosophie et aux beaux-arts.

Dons. — Par l'intermédiaire du Commissaire général de la République, la Bibliothèque a reçu des envois des Ministères des Affaires étrangères, de l'Agriculture, du Commerce, des Finances, de la Guerre, de la Justice, de la Marine, dé la Reconstitution industrielle, du Travail et de la Prévoyance sociale, des Travaux publics, de la Préfecture de la Seine et du Conseil municipal de Paris, du Gouvernement général de l'Algérie, de la Résidence générale à Tunis, etc. Un envoi, particulièrement important, du Ministère de l'Instruction publique, comprenait 693 volumes. Un autre envoi plus récent, du même Ministère, contenait un choix excellent de photographies de documents relatifs à l'histoire de l'Alsace et de la Lorraine et conservés aux Archives nationales et à la Bibliothèque nationale.

D'ailleurs, des dons considérables ont afflué de tous les points de la France, depuis que Strasbourg est redevenue ville française; d'autres dons sont venus de divers pays étrangers, alliés ou amis, en particulier de la Belgique et des États-Unis. Le fonds chinois de la

Bibliothèque s'est enrichi en 1920 d'un important envoi de la Mission française du Tschely à Tientsin, envoi qui comprenait, entre autres, les œuvres d'un Strasbourgeois, le missionnaire Wieger.

Échanges. — Depuis 1914, les échanges universitaires avaient été interrompus entre Strasbourg, d'une part, la France, les pays alliés et certains pays neutres, d'autre part. Ils ont, bien entendu, été repris et, en échange des thèses et écrits académiques de l'Université de Strasbourg, la Bibliothèque reçoit les publications de toutes les Universités françaises et de trente Universités étrangères.

Avec les Allemands il ne peut être question d'échanges, mais de réparations. Les négociations entreprises par le gouvernement français pour combler les lacunes creusées par la guerre dans les fonds allemands des bibliothèques françaises ont fini par aboutir, et la Bibliothèque de Strasbourg recevra prochainement les ouvrages allemands parus pendant la première année qui suivit l'armistice et qu'elle n'avait pu se procurer à cette époque. D'autre part, les incunables et les impressions strasbourgeoises du xvi⁰ siècle, envoyés en 1914 à l'Exposition du Livre de Leipzig et conservés longtemps à la Bibliothèque de Dresde afin d'être soustraits, disait-on, aux périls hypothétiques d'un bombardement de Strasbourg par les avions, ont été restitués à notre Bibliothèque.

Dépôt légal. — Un exemplaire de tout ouvrage imprimé dans les trois départements du Bas-Rhin, du Haut-Rhin et de la Moselle, doit être déposé à la Bibliothèque universitaire et régionale de Strasbourg. Une circulaire du Commissaire général, en août 1920, a rappelé une fois de plus aux trois administrations préfectorales l'importance de cette mesure, qui, seule, peut assurer à la Bibliothèque l'intégralité de la production littéraire de la région.

Catalogues. — La Bibliothèque possède deux catalogues, l'un alphabétique, l'autre méthodique. Ils sont rédigés suivant des règles minutieusement formulées dans une brochure que l'administration allemande a fait autographier : *Katalogisierungsregeln für die Kaiserliche Universitäts- und Landesbibliothek in Strassburg i. Elsass* (1911, in-folio, 52 pages). Ces règles diffèrent sensiblement de celles que prescrit l'*Instruction générale relative au service des bibliothèques universitaires* du 4 mai 1878 et, bien qu'elles soient loin d'être parfaites, la plupart d'entre elles ne sauraient être modifiées sans un remaniement complet, qui ne paraît guère possible.

Ces catalogues n'avaient jamais été mis à la disposition du public.

Le catalogue alphabétique avait été rédigé sur des feuilles de papier mince qu'il eût été impossible de confier aux lecteurs, sans les mettre en peu de temps hors d'usage.

Pour le fonds ancien, l'administration nouvelle a fait réunir ces feuilles dans des registres solidement reliés et, pour les nouvelles acquisitions, on se sert de fiches de carton que réunit à leur base une tige métallique.

On a affecté aux catalogues deux des plus vastes salles d'un édifice qui, bien qu'élevé il y a moins de trente ans, ne satisfait guère aux exigences d'une bibliothèque moderne : beaucoup de faste inutile, beaucoup de place perdue, salles de lecture sombres, difficiles à chauffer et plus difficiles encore à aérer.

Dès que la salle du catalogue alphabétique sera définitivement installée, elle sera ouverte au public, qui pourra ainsi s'assurer lui-même des ouvrages qui existent à la Bibliothèque et, en inscrivant lui-même la cote sur le bulletin de demande, obtenir la communication immédiate des livres, alors que, suivant les prescriptions du règlement allemand, il devait attendre jusqu'au lendemain.

Les Allemands ont publié les catalogues de quelques fonds de manuscrits : orientaux (88 manuscrits), en 1881, alsatiques (1 012 manuscrits), en 1895, grecs (23 manuscrits), en 1913, allemands (201 manuscrits), en 1914. Ces catalogues sont faits avec soin, sauf le dernier, mais un peu plus du quart des manuscrits de la Bibliothèque y est seulement représenté. La tâche a été reprise par la nouvelle administration, et le catalogue intégral des manuscrits de Strasbourg est actuellement sous presse; il paraîtra prochainement dans la Collection du Catalogue général des manuscrits des bibliothèques de France.

Par le nombre de ses volumes (plus d'un million), par sa collection d'alsatiques, la plus importante qui soit au monde, par ses cinq mille manuscrits, ses papyrus et ses ostrakas, la Bibliothèque universitaire et régionale de Strasbourg se place au deuxième rang des bibliothèques françaises.

Fidèle à sa double mission, universitaire et régionale, elle fournit aux professeurs de l'Université de Strasbourg et à ses étudiants des instruments de travail et, restant largement ouverte au public instruit des villes et des campagnes alsaciennes et lorraines, elle sert les intérêts intellectuels de la région toute entière.

CHAPITRE VII

BEAUX-ARTS

I. Bâtiments de l'État. Monuments historiques. La Cathédrale de Strasbourg. — II. Palais nationaux. — III. Musées. — IV. Enseignement de l'architecture. — V. Enseignement de la musique.

Sous le régime allemand, le service d'Architecture d'Alsace-Lorraine était rattaché au Ministère de l'Agriculture et des Travaux publics de Strasbourg (sauf les palais impériaux administrés par Berlin), et les différents services des Beaux-Arts, au Ministère de l'Intérieur.

Constituer un organisme unique a été la première préoccupation de l'architecte en chef du gouvernement, délégué le 12 février 1919 pour l'inspection générale des bâtiments civils et palais nationaux et des monuments historiques en Alsace et en Lorraine. Son initiative aboutit dès le commencement de mars à l'étude d'un budget des Beaux-Arts, et, le 16 avril, le Commissaire général de la République créait la Direction de l'Architecture et des Beaux-Arts, rattachée à la Direction générale de l'Instruction publique et des Beaux-Arts, à Strasbourg. L'architecte placé à la tête de cette nouvelle direction remplaçait le fonctionnaire allemand chargé

du service d'architecture, mais il voyait ses attributions
étendues à toutes les branches de l'art.

Voici quel a été le programme de la Direction des
Beaux-Arts : à l'effort allemand de domination qui
s'appliquait à germaniser systématiquement les productions de nos deux provinces, opposer, en les réanimant
sur place, les traditions méditerranéennes et françaises
qui ont permis le libre développement des arts alsaciens
et lorrains, faire revivre ainsi, sous des formes toujours
renouvelées, l'esprit qui anima successivement sur les
bords du Rhin, aux grandes époques de l'art, les artisans de l'antique Argentoratum, ensuite les constructeurs
du moyen âge, disciples des créateurs de l'*Opus franci-
genum*, et plus tard les artistes de notre xviii° siècle. Ce
sont ces principes qui guident le service dans le double
rôle administratif et esthétique qui lui est attribué.

Le cadre dont dispose le service central de la Direction
de l'Architecture et des Beaux-Arts est composé de la
façon suivante : un architecte, chef des services d'architecture de l'Université de Strasbourg; six architectes,
inspecteurs des bâtiments de l'État pour les six circonscriptions d'architecture d'Alsace et de Lorraine; deux
architectes, inspecteurs des monuments historiques, l'un
en Alsace, l'autre en Lorraine.

. Le directeur, en plus de ses attributions administratives, assure les fonctions de trois différents inspecteurs
généraux pour les Beaux-Arts, pour les Bâtiments civils
et Palais nationaux, pour les Monuments historiques. De
même, la commission de l'Architecture et des Beaux-
Arts réunit, pendant le régime transitoire, les attributions
des trois grandes commissions qui fonctionnent à l'intérieur de la France : Conseil supérieur des Beaux-Arts,
Conseil général des bâtiments civils, Commission des
monuments historiques.

I. — BATIMENTS DE L'ÉTAT. — MONUMENTS HISTORIQUES.
CATHÉDRALE DE STRASBOURG

Bâtiments de l'État. — Pour l'entretien et la construction des bâtiments de l'État (bâtiments civils, bâtiments affectés à l'Intérieur, à la Justice, aux Finances, à l'Instruction publique, aux services de la Navigation, aux Eaux et Forêts, à l'Agriculture, etc., — édifices départementaux, faisant l'objet d'un contrat spécial, — constructions communales, en cas de subventions données par l'État), l'organisation locale a été maintenue; l'Alsace et la Lorraine forment les six circonscriptions indiquées plus haut; à la tête de chacune d'elles est placé un architecte du gouvernement, relevant du directeur.

C'est à ce premier groupement qu'est rattaché le service d'architecture de l'Université de Strasbourg. Ce service qui ne s'occupait jusqu'ici que des questions d'entretien, prendra, par suite du programme adopté pour le développement de l'Université, une importance nouvelle.

Monuments historiques. — L'arrêté pris le 20 juin 1919 par le Commissaire général de la République a rendu applicable à l'Alsace et à la Lorraine la loi du 31 décembre 1913 pour la conservation des monuments historiques.

L'ancienne Commission centrale de l'architecture, qui, avec tout le service, comme on l'a vu, dépendait, sous le régime allemand, du Ministère de l'Agriculture et des Travaux publics, a été placée dans les attributions de la Direction générale de l'Instruction publique et des Beaux-Arts et a pris le titre de Commission de l'Architecture et des Beaux-Arts. Pendant la période transitoire, elle donne au Commissaire général de la République son avis sur les propositions de classement qui lui sont présentées par le directeur de l'Architecture et des Beaux-Arts. Le classement a pour but, on le sait, de placer sous la tutelle de l'État les monuments d'intérêt national en vue de veiller à leur conservation ; devoir impérieux, mais tâche délicate : il n'est pas possible, en effet, de suivre en la matière des règles absolues, ni pour la décision de classer ou de ne pas classer, ni pour la suite à donner au classement une fois prononcé, car il faut tantôt, si l'on peut dire, respecter l'intégrité des débris ou des ruines, tantôt réanimer la pensée créatrice du monument, à la condition, toutefois, que des documents indiscutables permettent de pénétrer et de reconstituer cette pensée : « un édifice », comme l'écrivait lors de l'organisation du service en Alsace M. Paul Léon, directeur des Beaux-Arts, « un édifice ne se conserve pas comme un manuscrit ou une œuvre d'art qu'il suffit d'étiqueter sur les rayons d'une bibliothèque ou dans les galeries d'une collection : c'est un organisme vivant ».

En outre, l'arrêté du 20 juin 1919 a tenu compte des circonstances spéciales récentes en autorisant le classement des immeubles et des terrains dont la conservation présente un intérêt national au point de vue de l'histoire de la guerre. La douloureuse zone de guerre est couverte de reliques. Les dispositions prises permettront de mettre à l'abri des profanations certains champs de bataille : l'Hartmannswillerkopf, le Linge, la Tête des Faux, — et certains points historiques, comme les plates-formes des deux pièces à longue portée qui tiraient, l'une, de Zillisheim (Haut-Rhin), sur Belfort, l'autre, de Hampont (Moselle), sur Nancy.

Au moment de l'armistice, 188 monuments se trouvaient classés. Mais il restait à y ajouter un grand nombre d'édifices intéressants, dont plusieurs avaient été, à cause de leur caractère français, systématiquement écartés du classement par les Allemands. Le service des Beaux-Arts a réparé ces omissions en faisant classer le château des Rohan à Strasbourg, le célèbre cloître des Unterlinden à Colmar, la porte de Thann à Cernay, la tour des Cigognes et la Halle aux Blés à Thann, les remparts de Rosheim, etc. D'autres classements, non moins importants, sont en voie de réalisation : le château des Rohan à Saverne, plusieurs des magnifiques hôtels du xviiie siècle à Strasbourg, celui du Commissariat général, celui du Gouvernement militaire.

Parmi les sommes mises à la disposition du service pour les travaux les plus urgents en 1919, on peut noter : 80 000 francs pour les travaux extraordinaires de restauration de la cathédrale de Strasbourg (dont il sera spécialement question plus loin), 60 000 francs pour la restauration du château des Rohan à Strasbourg, 50 000 francs pour celle de l'église Saint-Thiébaud à Thann, 10 000 francs pour l'église de Murbach, 10 000 francs pour le château de Saverne, etc.

Les deux architectes inspecteurs des monuments historiques assurent suivant la méthode française le service de conservation des monuments classés, et conduisent les travaux de remise en état. Ils poursuivent le classement et l'inventaire des richesses monumentales du pays : l'inventaire général continué par l'administration allemande n'est, en effet, terminé que pour l'arrondissement de Saverne.

La cathédrale de Strasbourg. — L'Œuvre Notre-Dame est administrée depuis plusieurs siècles par la commune de Strasbourg; elle possède des revenus avec lesquels elle doit assurer l'entretien et la restauration de la cathédrale. En cas d'insuffisance des revenus de l'œuvre, les frais des travaux qui doivent être rapidement achevés, seraient en partie supportés par l'État. Les travaux de reprise en sous-œuvre du pilier intérieur nord-ouest de la flèche sont l'objet de l'attention constante du service, et il importe qu'ils soient menés le plus tôt possible à bonne fin.

Pour ces travaux extraordinaires, outre la somme déjà indiquée pour 1919, 250000 francs ont été inscrits au budget de la Direction de l'Architecture et des Beaux-Arts de 1920. D'autre part, le Conseil consultatif d'Alsace et de Lorraine, dans sa séance du 7 janvier 1921, a approuvé le projet de budget extraordinaire de la Direction de l'Architecture et des Beaux-Arts pour 1921, qui prévoit une subvention de 400000 francs, pour hâter l'achèvement des travaux.

II. — PALAIS NATIONAUX

Par suite de l'application de l'article 56 du traité de paix, trois édifices : le palais impérial de Strasbourg, le Haut-Kœnigsbourg et le château d'Urville avec leur contenu, sont devenus la propriété de l'État; ils doivent être administrés comme les autres palais nationaux de France.

Les parties de ces édifices qu'il ne serait pas indispensable d'affecter à des bureaux dépendant d'autres services, seront utilisées pour l'installation des collections d'art du pays.

III. — MUSÉES

La Direction de l'Architecture et des Beaux-Arts est en liaison avec les conservateurs des musées municipaux; elle connaît leur esprit d'initiative et leurs besoins; elle met à leur disposition les ressources de l'État pour contribuer à donner aux arts alsaciens et lorrains l'essor qui les associera aux autres groupements d'art français.

Différents projets sont actuellement à l'étude pour le

développement des musées, afin de combler la lacune qui s'est fatalement produite dans les musées d'Alsace et de Lorraine pendant un demi-siècle, alors que le pays se trouvait séparé de la France, ainsi que pour contribuer au développement des arts alsaciens et lorrains et faciliter l'enseignement de l'histoire de l'art.

Entre autres projets, la Direction de l'Architecture et des Beaux-Arts a envisagé le transfert du Musée préhistorique et gallo-romain (actuellement au château des Rohan), qu'il conviendrait d'installer dans des locaux qui lui permissent un plus grand développement. Elle envisage également l'organisation, à Strasbourg, d'une exposition permanente d'art moderne français sous forme d'annexes des collections nationales du Luxembourg. Le ministre de l'Instruction publique et des Beaux-Arts a fait bon accueil à ce projet. Il serait, en effet, très désirable de pouvoir montrer aux Alsaciens et aux Lorrains, ainsi qu'aux autres Français et aux étrangers de passage, un choix des meilleures productions de l'art français des cinquante dernières années pour leur permettre de faire la comparaison avec l'art allemand de la même époque. Cette partie des collections nationales démontrerait la clairvoyance, l'éclectisme et l'impartialité du gouvernement français qui a su, sans vouloir exercer aucune dictature artistique, encourager toutes les écoles qui ont fait la grandeur de l'art français du siècle dernier et du nôtre; on réaliserait ainsi une synthèse claire et tangible de l'histoire de la peinture française contemporaine. Une première salle contiendrait les œuvres des artistes restés dans les traditions des écoles de la première moitié du xix⁰ siècle : Bonnat, Carolus Duran, J.-P. Laurens, Gustave Moreau, Carrière, Roll, etc. Une seconde salle contiendrait les œuvres des grands impressionnistes : Manet, Claude Monet, Renoir, Degas, auxquels s'ajouteraient les œuvres des Henri Martin, Seurat, Signac, etc.

Albert Besnard, synthétisant avec le plus de talent tous ces efforts, aurait sa place marquée dans la salle d'honneur. Une place spéciale serait réservée à Puvis de Chavannes, en contact avec ses contemporains, ou avec les décorateurs qui l'ont continué comme Maurice Denis, Marcel Lenoir. Une dernière salle comprendrait les écoles du xx° siècle dans toute leur diversité; les précurseurs : Cézanne, Gauguin; les indépendants : Cottet, Lucien Simon, Bonnard, Vuillard, etc., quelques œuvres de sculpteurs modernes, des œuvres de Lalique compléteraient cet ensemble, que seules les collections nationales sont capables de constituer.

IV. — ENSEIGNEMENT DE L'ARCHITECTURE

La Direction de l'Architecture et des Beaux-Arts se préoccupe de la création, à Strasbourg, d'une École régionale d'architecture, en tous points semblable à celles qui fonctionnent actuellement à Lille, Lyon, Rennes, Rouen et Marseille.

En instituant les Écoles régionales d'architecture, l'État s'est proposé de permettre aux jeunes gens de recevoir un enseignement complet des arts et des sciences nécessaires à la construction, sans les obliger à quitter leur région d'origine pour suivre à Paris les cours de la section d'architecture de l'École nationale supérieure des Beaux-Arts.

Il serait opportun de donner aux étudiants d'Alsace et de Lorraine les mêmes facilités d'études, et l'établissement d'une telle école à Strasbourg permettrait d'obtenir, avec la conservation du caractère propre à l'architecture de la région, le rattachement aux traditions d'ensemble de l'architecture française.

Actuellement, les jeunes Alsaciens et Lorrains qui ont

commencé leurs études d'architecture en Allemagne, ainsi que les élèves des écoles techniques qui se destinent à des études supérieures d'architecture, ne peuvent continuer celles-ci sur place. En outre, l'enseignement qu'ils ont reçu leur permettrait moins aisément de poursuivre leurs études à Paris, où, d'une part, la dépense, sans doute assez lourde pour la plupart des familles, d'autre part, l'usage exclusif du français, compliquent encore une situation que le changement de méthode rend déjà difficile.

Il paraît donc utile de réunir ces étudiants à Strasbourg. Ils sont destinés à maintenir les traditions de l'art de bâtir de l'École française, dont le rayonnement et l'autorité, dans toute la vallée du Rhin, ont été si féconds depuis le moyen âge jusqu'au xixᵉ siècle.

Le décret du 23 janvier 1903, qui a créé les Écoles régionales d'architecture, les a constituées sous forme de rameaux de la section d'architecture de l'École nationale supérieure des Beaux-Arts. L'enseignement y est donné de la même manière, les sujets de concours sont uniformes, les travaux sont jugés par le même jury, enfin les élèves d'une École régionale sont conduits, comme ceux de Paris, par l'ensemble de leurs études, au diplôme décerné par le gouvernement, que chaque élève peut obtenir en restant dans sa région natale et en ne se présentant à l'École nationale supérieure que pour y subir les épreuves du diplôme.

Dans d'autres villes de France, la création d'une nouvelle École régionale entraînerait de très importantes dépenses pour la construction de bâtiments, la constitution de collections artistiques et archéologiques, et il serait bien difficile de réunir, avec un personnel administratif, tout un personnel de professeurs d'art et de sciences pour lesquels il faudrait prévoir un traitement assez élevé.

Mais, à Strasbourg, l'Université possède des musées,

des instituts et des collections uniques pour l'étude des arts et des sciences, auxquels sont attachés des professeurs tout prêts à faire des cours à l'École régionale d'architecture. De son côté, la Direction de l'Architecture et des Beaux-Arts dispose du personnel administratif et d'un groupement d'architectes parmi lesquels peuvent être choisis les professeurs spéciaux qu'il est rare de rencontrer ailleurs qu'à Paris.

Cette situation exceptionnelle permet d'envisager le bon fonctionnement d'une École qui sera en mesure de reprendre la place qu'avaient prise, jusqu'à l'armistice, les Écoles supérieures d'architecture de Carlsruhe, Munich, etc., auxquelles on doit, dans nos départements retrouvés, tous ces monuments d'influence nettement germanique qui pèsent si lourdement sur le sol alsacien et lorrain[1].

V. — ENSEIGNEMENT DE LA MUSIQUE

Conservatoire de musique. — Le Conservatoire de musique a été complètement réorganisé, et plusieurs professeurs sont venus de l'intérieur de la France apporter leur concours, à la place des Allemands expulsés, aux distingués professeurs alsaciens qui avaient tant contribué à maintenir le renom du Conservatoire de Strasbourg.

La Direction des Beaux-Arts encourage, d'autre part, la création d'écoles de musique dans les principales villes d'Alsace. Les municipalités seront invitées à favoriser et à faciliter la création de semblables écoles. Les écoles municipales seraient inspectées par le directeur ou les

1. Le projet de budget présenté par la Direction de l'Architecture et des Beaux-Arts et contenant les crédits nécessaires à la création de l'École régionale d'architecture à Strasbourg, a été approuvé par le Conseil consultatif d'Alsace et de Lorraine dans sa séance du 7 janvier 1921.

professeurs du Conservatoire de musique de Strasbourg. Les principes qui sont à la base de la Direction du Conservatoire de Strasbourg, seraient donc appliqués également dans ces écoles municipales, qui seraient, en somme, des succursales du Conservatoire. Une demande de subvention serait adressée au gouvernement, en faveur de ces écoles municipales.

Enfin, la Direction des Beaux-Arts se préoccupe de maintenir très haut le niveau de l'enseignement musical dans les Écoles normales d'instituteurs. De la formation de l'instituteur au point de vue musical dépend la qualité de l'enseignement qui sera donné à la jeunesse des écoles. On ne peut que reconnaître combien ce point de vue est négligé dans le reste de la France; cette lacune ne doit pas exister en Alsace et en Lorraine. A la demande de l'administration de l'Instruction publique, les professeurs du Conservatoire pourront être chargés d'inspections périodiques dans les Écoles normales d'instituteurs.

CHAPITRE VIII

PROPAGANDE ET PRESSE

A. — LA PROPAGANDE.

Le titre de ce service pourrait paraître inquiétant, si on ne l'expliquait par un rapide commentaire. En vérité, le retour triomphal de 1918 a trop magnifiquement démontré combien l'Alsace et la Lorraine étaient françaises, pour qu'il fût nécessaire d'y « faire de la propagande ». Mais il ne faut pas oublier celle que les Allemands y avaient faite. Propagande de toutes sortes pendant les quatre années de guerre : qu'on se rappelle celle qu'ils faisaient, en France même et en Belgique, dans tous les territoires occupés par eux, de quels moyens ils se servaient, insinuants ou pressants, toujours méthodiques. Propagande entre les deux guerres : lutte constante pour imposer partout leur langue, jusque dans les moindres détails de la vie journalière, articles célébrant la perfection de leur administration, constructions énormes destinées à éblouir les masses.... Il fallait donc réagir, immédiatement et dans tous les domaines, si l'on ne voulait pas que ces campagnes anciennes ou récentes prolongeassent leurs effets jusque dans l'Alsace et la Lorraine libérées.

Le Service de la Propagande a été créé au mois de mai 1919. Il comprend quatre subdivisions, dont nous allons exposer successivement l'activité respective.

I. — L'ENSEIGNEMENT POST-SCOLAIRE
DE LA LANGUE FRANÇAISE

Cet enseignement est assuré, en accord avec la Direction générale de l'Instruction publique, au moyen d'une formule très souple, qui permet d'utiliser toutes les bonnes volontés spontanées. Les œuvres suivantes, subventionnées par le service, se sont partagé le territoire désannexé, et chacune dans son secteur territorial a pour mission de doter toute agglomération d'un cours d'adultes :

Conférence au village (Haut-Rhin : arrondissements de Mulhouse, Altkirch, Guebwiller et Thann);

Conférence au village (Bas-Rhin : arrondissements de Haguenau, Wissembourg, Saverne, Molsheim et Erstein);

Comité *La Cigogne* (arrondissements de Colmar, Colmar-campagne, Ribeauvillé et Sélestat);

Cours populaires de la rue Geiler (Strasbourg-ville et banlieue, Strasbourg-campagne en partie);

Renaissance alsacienne (cours professionnels de Strasbourg et Mulhouse);

Comités post-scolaires de la Moselle (tout ce département).

Un simple chiffre permettra de se rendre compte de l'activité de l'œuvre et de son succès : pendant l'année scolaire 1919-1920, 54000 adultes ont suivi les cours d'adultes des trois départements.

Le service a organisé, en outre, et soutient par des subventions ou des fournitures scolaires les *cours régimentaires* créés dans les garnisons du Nord et de l'Est en faveur des conscrits alsaciens et lorrains.

Un accord est intervenu avec la Direction de l'Enseignement technique, pour doter de l'enseignement postscolaire du français les 8 000 apprentis qui suivent les cours de perfectionnement professionnel (*Fortbildungsschulen*) encore donnés en allemand sur tout le territoire libéré. Le service ne se borne pas, d'ailleurs, à subventionner : il aide à la formation de ces cours, il les fait contrôler et inspecter au double point de vue matériel et pédagogique.

<h2 style="text-align:center">II. — LA PROPAGANDE PAR LE FILM,
A LA VILLE ET AU VILLAGE</h2>

L'action du *cinéma* sur le public n'a pas besoin d'être démontrée. Elle est plus particulièrement utilisable dans les localités reculées des campagnes et dans les grands centres ouvriers, parmi le public qui manque de « distractions » et qui est avide de spectacles faciles à suivre. Par un contrat passé avec la Compagnie universelle cinématographique, le service dispose de six camionnettes automobiles, avec installations cinématographiques complètes branchées sur moteur monocylindrique producteur de courant électrique. Ces camionnettes répartissent leur activité entre le Haut-Rhin, le Bas-Rhin, la Moselle, les enfants des écoles de la banlieue de Strasbourg, ceux des établissements primaires et secondaires de Strasbourg même. Dans les villages et villes qu'elle traverse, chaque camionnette organise : 1° une séance scolaire à quatre heures de l'après-midi, gratuite pour tous les enfants; 2° une séance d'adultes à huit heures du soir. Toutes les

séances d'adultes, dans le Bas-Rhin et dans le Haut-Rhin,
sont accompagnées d'une conférence-causerie en dialecte
alsacien faite par un délégué de la Ligue de l'Alsace
française, de la Ligue française ou de la Conférence au
village. Le service ne se limite point aux séances données
par les équipages de la Compagnie universelle cinématographique : il organise encore d'autres représentations,
dans maintes salles du pays, avec des films dont il a la
propriété. Un chiffre approximatif, établi d'après des données sérieuses et modérées, permet d'affirmer que
600 000 spectateurs défilent en une année devant ses
écrans.

III. — SUBVENTIONS DIVERSES

. On ne saurait entrer ici dans le détail des subventions
que le service accorde aux nombreuses associations ou
publications qui, collaborant d'une même ardeur à
l'œuvre commune, se trouveraient parfois embarrassées
de faire face sans ce concours à toutes leurs dépenses :
les désorganisations résultant de la guerre, les difficultés
budgétaires, conséquence de l'augmentation de tous les
frais, des raisons multiples font un devoir au service de
les soutenir et de les encourager.

Il a pris de nombreuses initiatives, auxquelles les circonstances prêtaient un intérêt particulier. Ainsi, il était
utile de montrer à l'Alsace la mère-patrie, à la France les
départements recouvrés. La France avait beaucoup souffert, on le savait bien en Alsace, mais quelle différence
n'y a-t-il pas entre une connaissance vague, qui incline
à l'oubli rapide, et la vue directe des choses, qui ne
s'efface point? Des voyages furent organisés, pour permettre à de nombreuses personnes, maires, instituteurs,
ecclésiastiques, journalistes, présidents d'œuvres, de

visiter, soit à titre onéreux, soit à titre gratuit, la zone du front et les régions dévastées. D'autre part, qu'était-ce, pour beaucoup d'enfants français, pour beaucoup d'enfants de ce Nord qui avait tant souffert, qu'était-ce, dans sa réalité matérielle et morale, que cette Alsace dont ils entendaient parler? On fit venir des centaines d'enfants de toute la région du Nord et du Nord-Est, ils furent accueillis et hébergés, pendant plusieurs semaines, dans des familles du Haut et du Bas-Rhin, à Mutzig, dans la vallée de la Bruche, à Saint-Louis, près de Huninguo, et le résultat de ces « vacances » a été particulièrement heureux : ce ne fut pas seulement un geste de solidarité sociale, mais encore, par le moyen charmant des camaraderies enfantines, le contact rétabli entre toutes les « régions libérées » de la France, — entre Français des deux côtés de l'ex-frontière.

Ajoutez à cela les voyages organisés pour des représentants de la presse locale dans les garnisons où se trouvaient incorporés les jeunes Alsaciens et Lorrains de la classe 1919; ou bien des organisations de représentations théâtrales, comme les tournées du théâtre d'art français (ex- « Théâtre au front ») dans dix-sept villes d'Alsace et de Lorraine, certaines tournées classiques, etc.; ou encore la subvention accordée à l'Office d'informations allemandes de la rue du Cercle, à Strasbourg. Le service s'applique, enfin, à multiplier les bibliothèques françaises d'Alsace et de Lorraine et à les substituer aux ouvrages pangermanistes; il s'appuie notamment sur l'œuvre du *Livre français en Alsace et en Lorraine.*

IV. — CONTRE LA PROPAGANDE ALLEMANDE

On ne saurait exiger d'un service de propagande française une action utile, s'il n'est au courant des efforts de la propagande allemande. Ces efforts existent, portant parfois sur les milieux ouvriers de telle région, parfois sur certains groupements ruraux, parfois sur d'autres parties de la population, et ce sont là des pressions que le service suit avec soin, dans tous leurs détails, pour y apporter, en temps et lieux, le « contrepoison » indispensable.

Il est difficile de résumer en peu de mots une œuvre à ce point complexe. Il s'agit là d'un effort de longue haleine, qui doit être poursuivi sans nervosité comme sans lassitude, en observant attentivement les fluctuations de l'opinion publique. Si quelques braves gens, de bonne foi, mais ignorants ou superficiels, n'ont pas encore perdu l'habitude de faire des comparaisons injustes, — entre la France meurtrie de 1920, par exemple, et l'Allemagne opulente de 1914, ou bien entre les prix des denrées en 1914 et en 1920, comme s'il ne s'agissait pas d'une crise économique universelle, dont la première responsabilité remonte au geste de folie de Guillaume II..., — ce n'est que par une action de tous les instants, aussi diverse que patiente, qu'on peut amener ces esprits à des appréciations plus équitables. Mais, au delà de ces circonstances du moment, l'œuvre entreprise a une utilité plus large encore : à des hommes qui étaient restés sentimentalement Français, mais qui vivaient depuis trop longtemps séparés de la mère-patrie, par la langue, par les relations économiques, par l'effort de la « publicité » allemande en l'honneur de tout ce qui était allemand —, à ces hommes elle réapprend la France.

B. — LA PRESSE.

Le service de la Presse a été créé au début du mois de février 1919.

L'activité du service de la Presse peut se diviser en trois catégories :

1° Dépouillement de la presse locale et régionale;

2° Transmission de notes et communiqués à la presse;

3° Rapports avec les journalistes et les correspondants des journaux.

I. — Le dépouillement de la presse locale et régionale a été dès le début et est encore une des principales attributions du service de la Presse. Les articles importants sont découpés et analysés ou signalés dans une *Revue de presse* quotidienne. Cette revue qui, au début, n'était destinée qu'au Haut-Commissaire et aux membres de son cabinet, est reproduite aujourd'hui en une centaine d'exemplaires et expédiée aux Directeurs et chefs de service de Strasbourg et des trois départements, ainsi qu'aux bureaux dont la compétence, à Paris, s'étend aux questions d'Alsace et de Lorraine.

Le service de la Presse est chargé, en outre, de toutes les traductions dont le Cabinet du Commissaire général peut avoir besoin.

Depuis le 1ᵉʳ avril 1919, le même service a été chargé de la rédaction du *Bulletin* (quotidien) *de la presse allemande*. Ce bulletin a fait, jusqu'au 15 mars 1920, partie intégrante du service de la Presse. Depuis lors, il mène une existence indépendante et ses fascicules sont imprimés au lieu d'être simplement reproduits au multiplicateur en un nombre d'exemplaires nécessairement limité.

II. — Le service de la Presse transmet aux journaux les notes, les communiqués et, en général, tous les documents que le Cabinet ou les diverses Directions jugent utile de porter à la connaissance du grand public.

Particulièrement absorbant avant la création de la *Correspondance de Strasbourg*, ce travail impose, aujourd'hui encore, au service de la Presse une activité souvent très intense, notamment au cours des sessions du Conseil supérieur et, après lui, du Conseil consultatif, etc., etc.

III. — Enfin, le service entretient des rapports personnols avec les journalistes et les correspondants de journaux des trois départements, de l'intérieur et de l'étranger. Il est superflu d'insister sur l'utilité de ces rapports, grâce auxquels bien des difficultés peuvent être aplanies et des malentendus évités.

CHAPITRE IX

TRAVAUX PUBLICS

L'ADMINISTRATION des travaux publics a dû, d'abord, reconstituer les cadres du personnel, désorganisé par la guerre, puis par le départ des fonctionnaires allemands ; elle a préparé l'introduction progressive de la législation française et assuré provisoirement l'application des lois locales ; elle dirige l'exploitation des services existants ; enfin, elle étudie un programme de grands travaux de restauration et d'extension de l'outillage économique, dont elle a, aussitôt, commencé la réalisation.

I. — ORGANISATION

Les cadres du personnel des services actifs ont été reconstitués en faisant à l'élément alsacien et lorrain une part aussi large que le permettent les possibilités du recrutement. Ainsi, pour les routes et chemins vicinaux, il y avait, sous le régime allemand, 2 ingénieurs alsaciens et 20 allemands, 72 conducteurs alsaciens et 49 allemands; aujourd'hui, 3 ingénieurs sont alsaciens, 10 originaires de l'intérieur, 84 conducteurs alsaciens et lorrains, 16 des autres départements; de même, pour la navigation : sous le régime allemand, 2 ingénieurs alsaciens et 4 allemands, 25 conducteurs alsaciens et 22 allemands, aujourd'hui, 3 ingénieurs et 20 conducteurs alsaciens, 3 ingénieurs et 5 conducteurs originaires de l'intérieur.

Le personnel alsacien et lorrain doit se perfectionner dans la langue française et s'assimiler notre réglementation, le personnel venu de l'intérieur doit, parallèlement, s'adapter à une législation qu'on ne peut pas faire disparaître brutalement, et pratiquer une langue qui est encore celle d'une grande partie de la population. Tous rivalisent de bonne volonté pour assurer le service et faire progresser la fusion au mieux des intérêts communs de la France et de ses départements recouvrés.

II. — LÉGISLATION

Nous avons retrouvé encore en vigueur la plupart des lois intéressant les travaux publics et antérieures à l'annexion : lois du 30 mai 1851 sur la police du roulage, du 15 juillet 1845 sur la police des chemins de fer, du 21 mai 1836 sur les chemins vicinaux, du 3 mai 1841 sur l'expropriation, etc..

Néanmoins, nous devons tenir compte, d'une part, de l'évolution des lois locales, d'autre part, de l'évolution de la législation française depuis 1870.

Certaines dispositions législatives adoptées par suite de la guerre de 1914-1918, sont déjà étendues à l'Alsace et à la Lorraine : maintien des travaux publics exécutés pendant la guerre (arrêté du 10 juin 1919), procédure d'urgence pour l'exécution des travaux publics (arrêté du 26 août 1919).

Mais un droit administratif nouveau est venu depuis 1870 réglementer en France des matières entièrement nouvelles : ainsi, pour prendre un exemple, la loi française du 15 juin 1906 sur les distributions d'énergie électrique. L'absence de toute législation organique en matière de distributions d'énergie électrique était apparue dès avant la guerre comme une grave lacune dans le régime administratif de l'Alsace et de la Lorraine. Un règlement allait être mis à l'étude en 1914, mais la guerre ne lui a pas permis de voir le jour. Depuis l'armistice, les conditions économiques et, notamment, la rareté et la cherté des combustibles ont conduit tous les pays à chercher dans le développement de l'utilisation de l'électricité les moyens de satisfaire aux exigences de l'industrie. La nécessité d'une législation appropriée est, par suite, devenue plus urgente en Alsace et en Lorraine. Mais, en même temps, le retour de ces deux provinces à la mère-patrie a rendu inutile tout règlement spécial : l'extension de la loi du 15 juin 1906 était évidemment la seule solution possible. Les résultats que cette loi a permis d'obtenir en France depuis quinze ans, conduisent d'ailleurs à penser qu'elle facilitera et favorisera la mise en valeur des ressources qu'offrent à ce point de vue nos trois départements recouvrés. C'est à cette solution que s'est arrêté le Conseil supérieur d'Alsace et de Lorraine dans sa session de février 1920, et un décret du 12 avril suivant a rendu applicable la loi du 15 juin 1906. Ainsi se trouve établi un régime permettant : à l'État, d'une part, d'organiser et de développer l'utilisation des ressources du pays; aux entreprises de production et de distribution, d'autre part, de jouir de privilèges de droit public, notamment du droit d'expropriation, et d'être protégées contre les concur-

rences abusives; aux consommateurs, enfin, d'être
entendus préalablement à toute concession et d'être
assurés de l'égalité de traitement.

D'autres lois françaises sont ou seront introduites peu
à peu : décret du 18 novembre 1882 sur les adjudications
et marchés passés du nom de l'État, loi du 31 juillet 1913
sur les chemins de fer d'intérêt local, loi du 16 octobre 1919
sur les forces hydrauliques et diverses lois ultérieures sur
le même objet. La directive générale est d'unifier la législation sur tout le territoire, d'assurer aux Alsaciens et
Lorrains les garanties du régime français, mais avec
toutes les dispositions transitoires et toutes les modalités propres à éviter qu'il soit apporté aucun trouble au
développement économique que l'initiative et le travail
de leurs enfants avaient assuré à l'Alsace et à la Lorraine.

III. — EXPLOITATION DES SERVICES PUBLICS

1° *Navigation.* — La longueur des canaux et rivières
navigables en Alsace et en Lorraine est de 560 kilomètres.

Pour faire face aux difficultés particulières de l'époque
actuelle, l'exploitation des canaux a dû être organisée par
la création de services nouveaux : bureau d'affrètement
pour les charbons à Strasbourg, service du halage sur les
canaux, etc. L'administration d'Alsace et de Lorraine a,
d'autre part, prêté son concours technique à l'autorité
militaire pour la création d'organisations analogues dans
le territoire de la Sarre (bureau d'affrètement de Sarrebrück et remorquage sur la Sarre).

2° *Chemins de fer d'intérêt local et tramways.* — Leur
longueur totale représente 420 kilomètres.

Les administrateurs-séquestres désignés par l'autorité
judiciaire ont assuré l'exploitation des lignes suivantes,
appartenant à des sociétés allemandes : Rosheim-Saint-

Nabor; Tramways de Thionville et de la vallée de la Fentsch; Thionville-Mondorf; Hagondange aux aciéries Thyssen; Novéant-Gorze.

L'exploitation est assurée dans des conditions normales, malgré la désorganisation dans laquelle les concessionnaires avaient laissé leurs lignes. L'administration arrêtera prochainement les bases de la reprise de ces concessions et du régime définitif d'exploitation.

IV. — ÉTUDES ET TRAVAUX

1° *Routes*. — La longueur des routes d'État est de 1 250 kilomètres; celle des routes départementales et chemins de grande communication, de 7 500 kilomètres.

Un programme des travaux de remise en état des routes détruites ou endommagées par la guerre est en voie de réalisation. Pour les routes nationales, la dépense totale prévue est de 4 800 000 francs, dont 1 260 000 francs ont été imputés au budget de 1919; pour les routes départementales et les chemins vicinaux, 17 400 000 francs, dont 3 575 000 francs sur le même budget.

Le service des Ponts et Chaussées a, d'autre part, utilisé les chômeurs du Haut-Rhin pour remettre en état et améliorer le réseau de chemins militaires créés par l'armée française dans les hautes Vosges, et le relier aux chemins classés et aux chemins établis par l'armée allemande.

Pendant la guerre de tranchées qui immobilisa le front durant quatre ans, de nombreuses routes stratégiques avaient été, on le sait, aménagées par les armées en présence. Une statistique établie par le service des Ponts et Chaussées évalue à plus de 500 kilomètres la longueur des chemins existants transformés en routes et à plus de 50 kilomètres la longueur des routes construites de toutes pièces. Parmi ces routes, quelques-unes offrent encore maintenant un grand intérêt, soit qu'elles relient entre elles des vallées jusqu'alors sans liaison directe, soit qu'elles ouvrent au tourisme automobile des coins des Vosges jusqu'ici inaccessibles.

Dès son installation en Alsace, le service des Ponts et Chaussées affecta à l'entretien de ces routes une partie de l'abondante main-d'œuvre des chômeurs. Un programme fut établi portant sur 150 kilomètres de routes. Plus de 200 hommes ont été employés, pendant la bonne saison de 1919, à déblayer les éboulements, à rétablir l'écoulement des eaux, à remettre en état la chaussée; quelques cylindrages ont été effectués. Les dépenses se sont élevées à environ 300 000 francs entièrement payés par l'État.

De son côté, le Conseil général du Haut-Rhin a décidé, dans sa session du mois de mars 1920, d'entreprendre les études de réfection et de classement des routes qui ont paru les plus intéressantes. Mais, sans attendre que ces études aient abouti, il a assumé pour l'année 1920 l'entretien des routes, de manière à permettre à la circulation automobile de continuer à les parcourir.

Les principales sont les suivantes : de Sewen au Ballon d'Alsace; de Massevaux à Bitschwiller (dite route Joffre); de Hofen au lac de la Lauch, Markstein, Drehkopf, Rheinkopf, col de la Schlucht et le Bonhomme (dite route des Crêtes), avec accès à partir des vallées de Thann, Munster et Kaysersberg, des Trois-Épis au Linge et au Wetzstein; de Pairis à la route des Crêtes; de Rimbach à Mollau.

Lorsque ces routes, construites hâtivement, auront été refaites, que leurs déclivités auront été adoucies et leurs tournants améliorés, que l'écoulement des eaux y aura été assuré par des ouvrages définitifs, le département du Haut-Rhin deviendra, plus encore qu'il ne l'est dès aujourd'hui, un merveilleux centre d'attraction pour le grand tourisme automobile.

Les inondations de Noël 1919 et des 11 et 12 janvier 1920 ont, d'autre part, causé des destructions profondes représentant environ 3 millions et demi de francs et dont on entreprend, dès maintenant, la réparation.

2° *Chemins de fer d'intérêt local.* — En dehors de la reprise des exploitations sous séquestre, l'administration a préparé le rachat de la ligne de Colmar à Kaysersberg, dont les Chemins de fer d'Alsace et de Lorraine assurent dès maintenant la remise en état et l'exploitation provisoire.

La remise en exploitation des lignes : Munster à la Schlucht, Erstein à Ottrott, est subordonnée à la reconstitution des voies et du matériel. L'administration a engagé les pourparlers nécessaires.

3° *Chemins de fer d'intérêt général. Les percées des Vosges.* — L'administration française a eu l'heureuse idée de reprendre des projets de percées des Vosges, qui remontaient au « temps français » d'avant 1870 et dont l'autre guerre avait brusquement empêché l'exécution.

La communication par voie ferrée de Paris avec l'Alsace était assurée, depuis 1851-52, par la ligne Paris-Nancy-Strasbourg et, depuis 1857-58, par la ligne Paris-Belfort-Mulhouse. Entre les tunnels de Saverne et la trouée de Belfort s'étendaient 150 kilomètres de montagne, dont on avait également pensé, dès le premier moment, à interrompre par d'autres percées la barrière trop longue et continue. Vers la fin de 1860, un comité se constitua et divers projets furent élaborés. En 1868, une Commission dite d'enquête du Haut-Rhin sur la percée des Vosges, présidée par M. Lefébure, député au Corps législatif, eut à examiner ces projets. Le raccordement Bussang-Krut-Wesserling (c'est-à-dire, par ce moyen, Remiremont-Colmar-Mulhouse) reçut l'approbation du gouvernement, et la concession définitive fut accordée à la Compagnie de l'Est par décret du 3 août

1870. Qu'on s'arrête un instant à cette date, et l'on ne sera pas surpris que le projet ait été, du fait des circonstances, remis *sine die*. De national qu'il était, il devenait international, mais entre deux nations ennemies hier, non réconciliées, dont l'une affectait de craindre des velléités de revanche de la part du vaincu, tandis que l'autre n'avait que trop de raisons de redouter les surprises préméditées d'un vainqueur insatiable.

Malgré tout, l'idée continuait de vivre, latente, jusqu'à ce que certain apaisement, au moins apparent, lui permît de reparaître au jour. En 1904, la Chambre consultative des Arts et Manufactures de l'arrondissement de Saint-Dié, puis, avec elle, le conseil municipal de Saint-Dié, émirent un vœu en faveur de la création d'une voie ferrée entre Saint-Dié et Sainte-Marie-aux-Mines. D'autres démarches suivirent, corroborant la première : initiative analogue de la municipalité de Sainte-Marie-aux-Mines, appuyée par la Société industrielle et commerciale de Sainte-Marie, approbation, par le conseil municipal de Sainte-Marie, de l'envoi d'une pétition au Reichstag en faveur du raccordement projeté. Peines inutiles : la commission des pétitions du Reichstag décide de passer à l'ordre du jour. La Société industrielle de Mulhouse ressuscite la question en proposant le raccordement Wesserling-Bussang, avec un rapport à l'appui de M. Seyrig, au mois de septembre 1907. En même temps, la Chambre consultative de Saint-Dié reprenait à nouveau le projet Saint-Dié-Sainte-Marie. Enfin, en 1908, M. J. Bourgeois, président de la Société industrielle et commerciale de Sainte-Marie, attira particulièrement sur la percée des Vosges l'attention de M. Pierre Baudin, président du Comité commercial franco-allemand. D'où plusieurs projets, et de longues discussions dans la presse, la question militaire soulevée dans le *Temps* (1909), qui concluait : « *Quare censeo,*

conservons intacte la barrière qui nous est imposée »,
les réponses opposées des *Débats*, de l'*Est républicain*,
du *Nouvelliste de Colmar*, même un voyage d'études dans
les Vosges du ministre allemand des travaux publics,
M. de Breitenbach, au mois d'août 1909[1]. On hésitait, on
tergiversait, on se regardait les uns les autres, avec des
inquiétudes et des nervosités, par-dessus les Vosges, on
tâtait le fer. Rien ne se décidait... Rien ne se décida. On
était moins avancé le jour de l'attentat de Sarajevo que
le jour de la dépêche d'Ems.

Mais, quatre ans après, les Vosges redevenaient montagne française sur leurs deux versants, la seule cause
d'hésitation et d'atermoiement disparaissait,

Un arrêté du 20 septembre 1919 a déclaré d'utilité
publique les travaux de la ligne de Saint-Maurice à
Wesserling. La Compagnie des chemins de fer de l'Est a
été chargée d'exécuter les travaux, d'accord entre le
Commissaire général et le Ministère des Travaux publics.
Les travaux comporteront un tunnel très important
(8 km. 200).

Les travaux de la ligne de Saint-Dié à Saales, commencés au moment de l'armistice par le génie militaire,
ont été repris sans interruption par la Compagnie des
chemins de fer de l'Est et d'accord avec le Ministère des
Travaux publics.

De nouvelles liaisons entre le département de la Moselle
et la Sarre, d'une part, la Lorraine et Paris, d'autre part,
ont fait l'objet d'études entre les deux administrations et
d'un projet de loi actuellement soumis au Parlement.
L'avant-projet de la ligne de Lérouville à Metz sera prochainement mis à l'enquête.

1. Cf. « *La Percée des Vosges* », Rapport général... par le *Comité commercial franco-allemand* de Paris et le *Deutsch-Französisch Wirtschaftsverein*
de Berlin, Exposé historique par M. Lucien Coquet, secrétaire général
du Comité commercial franco-allemand.

Enfin, la question de la percée médiane des Vosges a fait l'objet de conférences entre les représentants des régions intéressées et d'un accord de principe sous réserve des voies et moyens.

4° *Navigation*. — Le service des Ponts et Chaussées a assuré la remise en état des voies navigables dont l'entretien avait été à peu près interrompu pendant la guerre, les dragages, l'enlèvement des épaves, etc.

Toutes les grandes questions susceptibles d'intéresser l'amélioration du réseau navigable ont été mises à l'étude, quelques-unes sont déjà à l'instruction; l'exécution aura lieu dans la mesure des crédits disponibles.

Les projets les plus importants sont les suivants :

a) Extension du port de Strasbourg (qui fera l'objet, plus loin, d'une étude spéciale).

b) Études de l'aménagement du Rhin au double point de vue de la navigation et de la force motrice, par création d'un canal latéral de Huningue à Strasbourg. Concession et construction du premier tronçon, de Huningue à Kembs.

L'ensemble de ce programme donnera à la navigation un canal de 124 mètres de largeur au plan d'eau, 6 à 7 mètres de profondeur, des écluses de 170 mètres de longueur et 25 mètres de largeur, accessibles aux mêmes convois qui remontent actuellement le Rhin de Mannheim à Strasbourg, mais ne peuvent poursuivre jusqu'à Bâle que dans des périodes très courtes de l'année et après des allégements importants. D'autre part, on disposera ainsi d'une puissance instantanée de plus de 700 000 chevaux.

La concession de Kembs va permettre de réaliser une première section de 8 kilomètres et d'établir une usine de 80 000 chevaux.

L'instruction ouverte en vertu d'une décision du Commissaire général du 8 juillet 1919, est en cours, les avis

les plus favorables ont été donnés par toutes les assem-
blées appelées à en délibérer. La réalisation est donc
maintenant prochaine.

c) Prolongement de la canalisation de la Moselle de
Metz à Thionville, avec embranchement vers Hayange et
vers Moyeuvre (projet à l'étude).

d) Amélioration des canaux de la Marne au Rhin et des
houillères de la Sarre (projet à l'étude).

La dépense prévue pour l'ensemble des travaux indiqués
aux deux derniers paragraphes est de 250 millions, dont
55 millions à l'est de l'ex-frontière.

Enfin, parmi les réalisations immédiates, il convient de
signaler la mise au gabarit normal du canal du Rhône au
Rhin, qui n'était à ce gabarit que jusqu'à Deluz (15 kilomètres à l'est de Besançon) et ne l'était pas sur le parcours
alsacien, c'est-à-dire sur une longueur de 32 kilomètres.
Après un examen de quelques semaines, le travail fut
entrepris d'urgence, dès février 1919; l'exécution se poursuivait en même temps que l'étude. Le résultat, c'est que
le travail a été complètement achevé, en Alsace, dès les
premiers mois de 1920; la dépense a été d'environ 8 millions de francs. On a, d'autre part, considérablement
avancé la remise en état des autres voies navigables existantes et du matériel qui n'avaient, pour ainsi dire, pas
été entretenus pendant la guerre. On a également poursuivi les travaux engagés par l'administration allemande
pour la mise au gabarit normal du canal de Huningue et
la construction d'un quai à Huningue. Ces travaux, dont
la dépense totale, y compris l'aménagement du terre-plein
en arrière du quai, s'élèveront à 3 millions de francs
environ, sont en voie d'achèvement.

V. — LE PORT DE STRASBOURG

Historique sommaire. — Le port de Strasbourg se rattache à la plus lointaine histoire de la ville.

Strasbourg était, en effet, le point de jonction de voies de communication très importantes, les routes de Paris et des grands marchés de la Flandre, les routes d'Allemagne qui descendaient de la Forêt-Noire, les routes qui franchissaient les Alpes, venant de Venise et de Gênes. Dès l'époque carolingienne, les voyages des bateliers strasbourgeois s'étendaient jusqu'à l'embouchure du Rhin. Réunis en corporation presque au début du xiv⁰ siècle, ils obtenaient officiellement en 1417 la première place dans la hiérarchie des corporations strasbourgeoises. Les bateliers étrangers n'étaient autorisés qu'après un apprentissage chez les bateliers de Strasbourg à entreprendre des voyages aussi longs que les expéditions de ceux-ci.

Les bouleversements de l'histoire, les progrès de la navigation maritime, les modifications douanières, etc., agirent à maintes reprises et diversement sur la prospérité du port de Strasbourg; mais ce n'est point le lieu de relater en détail cette correspondance étroite entre les faits généraux et ce fait particulier. Il suffira de rappeler ici : 1° qu'au milieu du xix⁰ siècle, les travaux entrepris pour la correction du fleuve (construction de digues, suppression de certaines sinuosités particulièrement gênantes pour la navigation, etc.) n'eurent pas des résultats également heureux : par suite de ces travaux mêmes, le courant était devenu trop rapide pour les vapeurs de cette époque, les frais d'exploitation se trouvèrent de ce fait singulièrement augmentés, et, comme des voies de chemins de fer s'étaient établies sur les deux rives du fleuve, la navigation rhénane fut bien obligée de renoncer à tenir tête à l'autre moyen de transport; —

2° ensuite, que, depuis 1832, le canal du Rhône au Rhin, depuis 1853, le canal de la Marne au Rhin reliaient étroitement Strasbourg à Lyon et Marseille, d'une part, à Paris, de l'autre. Ainsi, de conséquence en conséquence, à la veille de 1870, il ne restait au port de Strasbourg que le trafic des canaux français, et ce trafic englobait complètement l'Alsace dans la zone d'influence des ports de mer français.

Aussi, quand survint le traité de Francfort, de nouveaux problèmes se posèrent-ils tout à coup pour l'avenir du port du Rhin. L'Alsace était privée désormais de ses anciens débouchés. Il fallait, par contre, la raccorder par une voie fluviale à l'Empire allemand. On discuta la question de savoir si l'Alsace se relierait au Rhin moyen par un canal latéral ou par l'aménagement du fleuve; on la discuta longtemps, passionnément.... La ville prit un parti énergique. Elle créa un port.

Ce fut le port de la porte d'Austerlitz, juste à la sortie de la ville, sur le canal de jonction qui relie entre eux et avec le Rhin les deux canaux de la Marne au Rhin et du Rhône au Rhin. Le nouveau port fut inauguré en 1892. Le trafic, qui n'était que de 11 000 tonnes la première année, avait dépassé 350 000 tonnes quatre ans plus tard. Ce premier port était désormais insuffisant. On en créa un second, un peu plus loin de la ville, un peu plus près du Rhin, à l'Ile des Épis, sur 125 hectares de superficie, dont 31 d'eau, et qui fut ouvert au trafic en 1901 : c'est le port du Rhin actuel. Le trafic total représentait, en 1913, 1 989 000 tonnes (soit l'équivalent de Calais ou de Dunkerque), et comportait, plus particulièrement, au départ de Strasbourg, des sels de potasse et des minerais de fer, à l'arrivée, de la houille et du blé.

Malgré le brillant progrès de sa carrière la plus récente, le port du Rhin n'a pas oublié son passé plus modeste, qui n'est point étranger, d'ailleurs, à son essor actuel.

Strasbourg, port rhénan, reste, en même temps, le centre d'un important réseau de canaux. D'où un double avantage : débouché des marchandises arrivant sur le Rhin vers toutes les régions de la haute Alsace, de la Lorraine, de toute la France de l'Est et du Sud-Est, — et mouvement inverse. L'échange des marchandises entre Strasbourg et le réseau de canaux s'élevait en 1913 à 414 000 tonnes au départ et 144 000 tonnes à l'arrivée[1].

Mais cette magnifique activité même, tant d'efforts et tant de réalisations, n'étaient pas sans entraîner certaine conséquence qui pouvait être dangereuse pour Strasbourg. En effet, sur la rive droite du Rhin, Kehl avait compris l'intérêt et la portée de l'œuvre accomplie par l'antique cité des bateliers rhénans, tout le regain de jeunesse, toute la vie nouvelle qui en résultait pour elle et pour l'Alsace entière. L'émulation badoise s'échauffa, au point d'en prendre un air de jalousie. Kehl, depuis 1897, avait son port, puissamment outillé, politiquement et économiquement soutenu par l'Empire, et qui pouvait devenir une menace pour Strasbourg. A plus forte raison en serait-il ainsi, du jour où, en face de l'Allemagne de nouveau limitée par le Rhin, la rive gauche du fleuve, Strasbourg, le port de Strasbourg redevenaient français.

Le traité de paix et ses conséquences. — L'article 65 du traité de Versailles a été l'aboutissement normal de cette situation. Il a constitué les ports de Strasbourg et de Kehl en un organisme unique au point de vue de l'exploitation, avec un directeur unique (de nationalité française, nommé par la Commission centrale du Rhin et révocable

---

1. *Notice sur le port de Strasbourg et ses terrains industriels,* publiée par l'Administration municipale des ports de la Ville de Strasbourg. Une brochure in-16, Strasbourg, 1914. — Cf. également les études de MM. Émile Bourgeois, Emm. de Martonne, L. Gallois, dans : *L'Alsace-Lorraine et la frontière nord-est* (Travaux du Comité d'études, t. I), Paris, Imp. Nat., in-4°, 1918.

par elle). Les dispositions prises, conformément au traité, par la France et l'Allemagne, permettent d'installer des Français dans le port de Kehl, au besoin par expropriation provisoire des propriétaires allemands. Elles donnent au directeur la police de l'exploitation et de la navigation, ainsi qu'un contrôle sur toutes les opérations de gestion des chemins de fer allemands, propriétaires du port. Elles fixent la répartition des dépenses entre la France et l'Allemagne et prévoient les mesures nécessaires pour que les Français installés à Kehl puissent importer en France ou en exporter, sans intervention de la douane allemande, dans des conditions analogues à celles qu'ils trouveraient dans le port de Strasbourg. Une convention spéciale pour l'exploitation des chemins de fer et l'exécution des travaux nécessaires pour permettre d'utiliser provisoirement le port de Kehl comme une extension du port de Strasbourg, a été passée entre le directeur des ports et les chemins de fer allemands.

Aussitôt le fait acquis, des conséquences s'imposaient à l'attention et à l'activité de l'administration française, conséquences si diverses qu'on ne saurait les exposer clairement sans les grouper sous les rubriques suivantes [1].

A. — *La question douanière.*
La surtaxe d'entrepôt. — Lorsque, par le décret du 30 janvier 1919, le régime douanier français a été rendu applicable à l'Alsace et à la Lorraine, le but poursuivi était le rétablissement intégral de l'ancien territoire douanier français.

Une exception, toutefois, s'imposait à la règle ainsi établie : l'Alsace et la Lorraine doivent une partie de leur

<hr>

1. Cf. *Les Ports de Strasbourg et de Kehl*, Conférence faite par M. Detœuf, Ingénieur en chef des Ponts et Chaussées, Directeur des Ports de Strasbourg et Kehl, le 16 mai 1920, à l'Association régionale des Ingénieurs d'Alsace et de Lorraine. Une brochure in-8°, Strasbourg, 1920.

prospérité actuelle au fait qu'elles ont su, au prix de grands sacrifices, se procurer l'accès de la voie du Rhin. Mais, ce fleuve ayant ses embouchures en pays étranger, le décret du 30 janvier 1919 aurait eu des conséquences désavantageuses pour le trafic rhénan de Strasbourg, si les marchandises arrivant dans ce port n'avaient pas été exonérées des taxes instituées par l'article 2 de la loi du 11 janvier 1892 pour la protection de nos ports maritimes nationaux.

Tel est l'objet du décret du 23 décembre 1919, dont la disposition essentielle est que les marchandises arrivant à Strasbourg par Anvers et la voie du Rhin sont considérées comme provenant en droiture du lieu d'expédition.

Ce n'est pas sans difficultés et sans de longues discussions qu'est intervenu ce décret attendu depuis longtemps en Alsace. Il constitue, en effet, dans la législation douanière française, une innovation, dont les répercussions sont importantes tant en France qu'à l'étranger. Il touche à des intérêts nombreux, qui ont dû s'incliner, pour placer le port de Strasbourg dans une situation équivalente à celle de tous nos ports maritimes et fluviaux. Il convient, d'ailleurs, de constater à cet égard de quels sentiments patriotiques, de quel souci de l'intérêt général et de quelle amicale fraternité avec les Chambres de Commerce d'Alsace ont fait preuve les Chambres de Commerce de nos ports de l'Ouest et celle de Paris, en s'accordant pour demander au gouvernement l'adoption de ce qu'elles considéraient comme une mesure d'équité.

Cette réglementation nouvelle aura des conséquences importantes et une influence qui peut être considérable pour le développement du port de Strasbourg et la prospérité commerciale de l'Est de la France.

Tout d'abord, elle a supprimé pour les marchandises visées l'obligation de payer la surtaxe d'entrepôt et la surtaxe d'origine. On sait que ces surtaxes, établies pour protéger la création et le développement de nos ports et marchés nationaux, offrent un caractère à peu près prohibitif par l'élévation de leurs tarifs.

La surtaxe d'entrepôt est appliquée à toutes les marchandises d'origine extra-européenne qui, au lieu de parvenir en France en droiture, y arrivent après une manutention ou un séjour dans un pays étranger. La surtaxe d'origine frappe un certain nombre de marchandises d'origine européenne, qui ont également subi dans un pays étranger des opérations constituant une interruption de voyage.

Le port de Strasbourg ne pouvant recevoir directement par le Rhin que des marchandises provenant de Belgique, de Hollande, d'Allemagne ou de Suisse, les marchandises en provenance de tout autre pays et arrivant dans le port de Strasbourg se voyaient frappées, jusqu'à la promulgation du décret en question, de la surtaxe d'entrepôt ou de la surtaxe d'origine.

Il suffira de donner quelques chiffres, pour montrer tout l'intérêt qu'offre la suppression de ces taxes : les minerais, le charbon, paient 36 francs par tonne, le café paie 100 francs, le thé paie 600 francs. Malgré l'élévation des prix de toutes choses résultant de la guerre, il est certain que de telles charges auraient été pour le développement du port une lourde entrave. La mesure prise constitue donc une véritable libération.

Mais l'effet du décret ne se limite pas à la suppression de ces surtaxes. Certaines marchandises provenant de France ou des colonies françaises doivent trouver leur voie la plus économique de pénétration dans l'Est de la France par le Rhin et Strasbourg. On peut citer, à titre d'exemple frappant, les vins de Bordeaux et d'Algérie, les phosphates tunisiens. Si le passage par Anvers était considéré comme interruptif de droiture, ces marchandises, à leur arrivée dans le port de Strasbourg, se trouveraient soumises au droit de douane comme provenant d'un pays étranger. Le décret leur permet d'utiliser cette voie comme une voie entièrement française et supprime toutes distinctions au point de vue douanier entre un transport de Bordeaux à Rouen, par exemple, et un transport de Bordeaux à Strasbourg par la mer et le Rhin.

Remarquons aussi que le décret prévoit la possibilité d'allégements en cours de route sur le Rhin, le chargement d'un chaland pouvant se trouver réparti sur plusieurs chalands, si les nécessités de la navigation l'exigent, sans que l'interruption de droiture en résulte. Il suffit que le transport soit fait avec connaissement direct d'Anvers à Strasbourg.

Le décret exige, d'autre part, le connaissement direct du port d'origine jusqu'à Strasbourg pour les laines, cotons, cafés, cacaos, poivres et épices. C'est là une mesure, qui a paru s'imposer pour que le régime exceptionnel accordé au port de Strasbourg réservât dans une mesure équitable la situation antérieure des marchés commerciaux, dès maintenant établis dans nos ports du Nord et de l'Ouest.

Certains auraient désiré que le bénéfice de la droiture ne fût pas limité aux marchandises passant par Anvers. Mais on ne saurait s'étonner que la dette réciproque contractée entre la France et la Belgique ait conduit à réserver à celle-ci le bénéfice de l'avantage résultant de la mesure prise. Toutefois, pour sauvegarder les intérêts de l'importation rhénane française, le gouvernement belge s'est préalablement et sans restriction astreint à opérer gratuitement le remorquage entre Anvers et Dordrecht, et vice-versa, des bateaux allant prendre à Anvers, ou transportant d'Anvers à Strasbourg, des marchandises en provenance de navires de mer. Ainsi se trouvent égalisés les frais de remorquage à supporter à partir des divers ports maritimes reliés au Rhin. En outre, des mesures plus importantes sont attendues du gouvernement belge (ainsi, la question de construction du canal d'Anvers à Moerdijck et d'Anvers au Rhin) pour amener progressivement la voie Anvers-Strasbourg à être la plus économique de toutes celles qui relient Strasbourg à la mer. Si, par impossible, ces mesures n'étaient pas prises, le régime actuel pourrait être révisé.

Le régime douanier français ne s'applique qu'imparfaitement aux ports rhénans, le régime de l'entrepôt réel, seul applicable à toutes marchandises, doit, en effet, d'après la loi française, faire l'objet d'une concession à une collectivité. Les ports du Rhin sont, au contraire, disposés de manière à permettre l'exploitation d'entrepôts placés sur les quais mêmes, par des sociétés privées. La possibilité pour les sociétés de navigation d'exploiter des entrepôts de douane a été provisoirement maintenue, en attendant la mesure définitive indispensable.

B. — TRAVAUX ET INSTALLATIONS CONCERNANT LE PORT.
Amélioration de l'entrée du port de Strasbourg. — L'entrée du port de Strasbourg, mal disposée pour recevoir des convois venant du Rhin, a donné lieu à de nombreuses difficultés. Il a été depuis longtemps reconnu que cette entrée devrait être remaniée de façon que le chenal à suivre fît un angle sensiblement plus faible avec le chenal du fleuve. Le travail a été décidé par la ville de Strasbourg dès le début de 1919. Grâce au concours du gouvernement, il est actuellement en cours d'exécution et on peut compter sur son achèvement pour l'été de 1921. La modification donnera, en outre, dans le port, une longueur de rive supplémentaire, où pourront être installés de nouveaux appareils de manutention.

Amélioration du canal de jonction, et aménagement de quais le long de ce canal. — La nécessité de ce travail résulte de l'insuffisance actuelle du port de Strasbourg.

La construction d'un nouveau port demandera plusieurs années, l'amélioration du canal de jonction dont il a été question plus haut (canal de jonction entre les canaux de la Marne au Rhin et du Rhône au Rhin, et de ces deux canaux avec le Rhin) peut, au contraire, être réalisée dans un court délai, et permettra d'attendre l'achèvement des grands travaux à entreprendre dans le port même. Cette amélioration est, d'ailleurs, indispensable pour permettre l'établissement d'un chantier français de constructions rhénanes. Elle sera réalisée pour le début de 1922.

Extension du port de Strasbourg. — Cette extension prévue par le traité de paix, se manifeste comme indispensable dans le plus court délai, nombreuses étant les demandes d'industriels désireux de s'installer sur le port de Strasbourg, et auxquels satisfaction ne peut être immédiatement donnée. Le projet est achevé, et la mise à exécution sera bientôt entreprise. La presque totalité des terrains nécessaires est dès maintenant acquise par la ville de Strasbourg.

Liquidation des installations charbonnières du port. — Les installations charbonnières du port ont été cédées à la ville de Strasbourg, qui doit louer ces installations aux négociants et industriels intéressés. Les revenus que la ville tirera des opérations seront obligatoirement employés à l'amélioration du port de Strasbourg. La répartition de ces installations entre les divers demandeurs a été faite par une commission nommée par le Commissaire général de la République. L'exploitation par les bénéficiaires est commencée. Il a été imposé à ceux-ci l'exécution de manutentions minima par an, l'obligation de travailler pour des tiers à des tarifs fixés par l'administration, enfin, celle de doubler l'importance de l'outillage à eux remis, dans un délai correspondant à l'achèvement des travaux du nouveau port. L'ensemble des Sociétés ainsi installées sur le port représente la presque totalité des négociants en charbon et consommateurs de charbon de l'Alsace, de l'Est et du Sud-Est de la France.

Gare provisoire de triage. — La gare de triage du port du Rhin a été reconnue insuffisante. En attendant l'établissement de la gare de triage du nouveau port, une extension provisoire de la gare actuelle a été décidée par le Commissaire général de la République. Elle permettra d'accroître de 50 0/0 environ le rendement du port actuel. Les travaux sont en cours et doivent être très prochainement terminés.

Installation de grues supplémentaires pour la manutention des charbons dans le port de Strasbourg. — Cet établissement est justifié par l'attente des fournitures de charbon à faire par l'Allemagne, en exécution du traité de paix. Les six grues ont été fournies par le service central des ports maritimes; des conventions ont été passées avec les usagers du port pour l'installation et l'exploitation de deux d'entre elles sur appontements, les quatre autres seront établies sur pontons-grues en béton armé, actuellement en construction par les soins de la ville de Strasbourg.

C. — *DISPOSITIONS RELATIVES A LA NAVIGATION RHÉNANE.*
Constitution d'une flotte rhénane française à Strasbourg. — Le traité de paix, par plusieurs de ses articles, assure la cession à la France de matériel rhénan allemand, de parts dans les sociétés allemandes de navigation du Rhin. Les besoins de la France ont été étudiés par la Direction des ports, qui est représentée dans les négociations franco-allemandes engagées depuis plusieurs mois. L'importance et les modalités des cessions seront fixées par un arbitre américain.

Construction de matériel rhénan. — L'insuffisance certaine des livraisons de bateaux à faire par l'Allemagne conduit à envisager la construction de bateaux rhénans. Des propositions ont été faites au ministre des Travaux

publics pour la présentation d'un projet de loi tendant à
la construction, pour le compte du gouvernement, de
150 000 tonnes de chalands et des remorqueurs correspondants. Ces bateaux devront être commandés principalement au chantier de Strasbourg, de manière à permettre
à celui-ci de se constituer fortement pour résister à la
concurrence des chantiers allemands. Ce chantier sera
construit par une société au capital de 40 millions de
francs, dans laquelle les usagers du port de Strasbourg
interviennent pour 60 p. 100; le terrain nécessaire a été
cédé par la ville de Strasbourg. La société compte pouvoir être en état de mettre en construction des chalands
et des remorqueurs dans un délai d'un an.

Formation de personnel rhénan. — La France ne disposant pas de mariniers rhénans, il est nécessaire qu'on se
préoccupe de former un tel personnel. Des pourparlers
ont été entrepris par la Chambre de Commerce de Strasbourg pour la location de remorqueurs devant servir
d'école de pilotage. Des mesures plus importantes devront
être prises au moment où la France se trouvera en possession d'une partie du matériel rhénan qui doit lui être
cédé.

*Liquidation des compagnies de navigation allemandes et
de leurs entrepôts.* — Tous les entrepôts ont été loués à
des compagnies françaises qui en assurent le fonctionnement. La liquidation ne paraît pouvoir être envisagée
qu'au moment où la répartition du matériel rhénan
obtenue par application du traité de paix aura permis de
déterminer l'importance relative et les droits des différentes
compagnies existant à ce moment, les compagnies
actuelles ne disposant d'aucun matériel et ne pouvant
être considérées que comme des embryons des compagnies
à créer.

*Société d'études pour la navigation du Rhin et organes
consultatifs du gouvernement.* — La ville de Strasbourg

constitue un groupe des usagers français de la navigation haut-rhénane; elle a demandé pour elle-même et pour ce groupe le droit d'être représentée dans les organes consultatifs du Ministère des Travaux publics, parmi lesquels il faut citer notamment la Société d'études pour la navigation du Rhin.

CHAPITRE X

LES CHEMINS DE FER

I. — LE RÉGIME DES CHEMINS DE FER D'ALSACE ET DE LORRAINE

LA convention d'armistice du 11 novembre 1918 stipulait dans son article 7 la remise à la France des chemins de fer d'Alsace-Lorraine, dotés du personnel et du matériel qui leur étaient organiquement affectés. Ces lignes constituent, en Alsace et en Lorraine, un réseau de 1970 kilomètres, auxquels s'ajoutent 37 kilomètres en territoire sarrois. L'administration des chemins de fer d'Alsace et de Lorraine est, en outre, chargée de l'exploitation du réseau Guillaume-Luxembourg dans le grand-duché de Luxembourg (213 kilomètres).

Quelques jours après l'armistice, une commission de chemins de fer de campagne, constituée par arrêté du président du Conseil, ministre de la Guerre, en date du

30 novembre 1918, et secondée par une section de chemins
de fer de campagne dont les éléments furent empruntés
à la plupart des grands réseaux français, prit possession
du réseau. Le personnel de la direction générale allemande des chemins de fer d'Alsace-Lorraine se mit à sa
disposition. Ce régime dura jusqu'au 1er juin 1919. A
cette date, un arrêté du président du Conseil rattacha les
chemins de fer d'Alsace et de Lorraine à l'administration
générale des territoires libérés. Usant des pouvoirs qui
lui étaient ainsi conférés, le Commissaire général de la
République institua, par arrêté du 19 juin 1919, l'administration des chemins de fer d'Alsace et de Lorraine et
la dota d'un statut conforme, dans ses grandes lignes, à
celui des chemins de fer de l'État français.

Depuis lors, un décret du 30 novembre 1920 a transféré au ministre des Travaux publics les attributions du
Commissaire général, sous réserve des pouvoirs généraux de police de ce dernier et de son avis dans divers cas.

II. — REMISE EN ÉTAT DU RÉSEAU

La commission de chemins de fer de campagne et
l'administration civile qui lui succéda eurent pour premier devoir de remettre en état de fonctionnement
normal le réseau, gravement détérioré dans ses installations et dans son matériel, que leur cédait l'administration allemande, de prendre en matière administrative
et financière, ainsi que dans le domaine de l'exploitation
technique et de l'exploitation commerciale, les mesures
nécessitées par le retour de l'Alsace et de la Lorraine à la
France, enfin, d'élaborer les projets relatifs à l'extension
de diverses gares, à la construction de nouvelles gares de
douane et à l'établissement de nouvelles communications
entre le territoire national et les provinces recouvrées.

Dans toute la zone de l'ancien front des armées, les principales artères de communication avec la France, Mulhouse à Montreux-Vieux, Cernay à Sewen, Sarrebourg à Avricourt, Sarralbe à Chambrey et Moncel, Metz à Pagny-sur-Moselle, avaient subi de graves dommages. En de nombreux points, les voies principales et secondaires, les bâtiments, les installations de sécurité, les appareils téléphoniques et télégraphiques étaient détruits en totalité ou en partie. Divers ouvrages d'art, tels que le viaduc de Badricourt et le viaduc de la Largue près de Dannemarie, le pont sur l'Ill près d'Illfurt et le pont sur la Doller près de Burnhaupt, devaient être reconstruits. Sur plusieurs lignes, Metz à Château-Salins, Strasbourg à la frontière du Luxembourg, Strasbourg à Saales, Colmar à Metzeral, Bollwiller à Lautenbach, Lutterbach à Kruth, Dannemarie à Pérouse, Altkirch à Ferrette, nombre d'installations, atteintes par les bombardements par canon ou par avion, exigeaient une réfection totale ou partielle.

Les travaux les plus urgents de remise en état, et, notamment, ceux qui affectaient les lignes de jonction avec le réseau de l'Est, furent exécutés par des sapeurs de chemins de fer, des éléments empruntés aux armées ou à la 12ᵉ section de chemins de fer de campagne, des équipes du réseau et des chômeurs alsaciens et lorrains. Ces travaux, et, ultérieurement, les travaux classés en deuxième urgence, furent poursuivis aussi rapidement que le permettaient les difficultés d'exécution et notamment la pénurie de matériaux. A la fin de 1919, la plus grande partie du programme de restauration complète des dommages causés par la guerre, notamment la reconstruction des importants viaducs de Badricourt et de la Largue, était réalisée.

Pendant que se poursuivaient ces travaux, de nombreux projets furent mis à l'étude après réorganisation des services de construction; la rectification complète de la ligne de Rothau à Saales, qui est la conséquence de l'établissement de la nouvelle ligne de Saales à Saint-Dié, pourra ainsi être commencée prochainement, de même que l'extension de la gare de triage de Metz-Sablon et la construction de plusieurs gares de douane à la nouvelle frontière.

Divers travaux en cours avant 1914, comme le remaniement de la gare de Sarrebourg, furent repris. Après mise au point des projets, une amélioration de la gare de triage actuelle du port du Rhin à Strasbourg fut entreprise pour faire face à l'augmentation du trafic par la voie fluviale.

Enfin, diverses études importantes furent commencées, notamment pour la rectification et le doublement de la ligne de Thann à Wesserling comme conséquence de la nouvelle traversée des Vosges de Saint-Maurice à Wesserling, pour la reconstruction de la gare des voyageurs de Mulhouse, pour l'établissement d'un nouveau port du Rhin à Strasbourg.

III. — LE MATÉRIEL

Le matériel roulant, s'il n'avait pas, comme les installations immobilières voisines de la frontière, souffert des bombardements, était dans un état de délabrement qui exigeait d'importants travaux de réfection. Près de la moitié de l'effectif des locomotives était hors de service et le nombre de machines disponibles, ainsi que leur état d'entretien, ne permettaient pas d'assurer une exploitation régulière. Le service intensif effectué pendant la guerre, la pénurie des matières les plus indispensables, telles que le cuivre, l'étain et l'huile, et l'insuffisance de la main-d'œuvre avaient contraint l'administration allemande à négliger l'entretien de ses locomotives, ou à

employer des moyens de fortune, tels que le remplacement des foyers en cuivre par des foyers en acier. Les
voitures à voyageurs et les wagons exigeaient, comme les
locomotives, d'importants travaux de réfection.

Le matériel livré à la commission de chemins de fer de
campagne n'était pas seulement en mauvais état, il était,
en outre, incomplet. Sur un effectif normal de 1 442 locomotives et 41 351 voitures et wagons, il manquait 20 locomotives et 17 013 voitures et wagons.

Pour remédier à cette situation dans le délai le plus
court possible, la commission de chemins de fer de campagne demanda et obtint l'attribution au réseau de 270
locomotives allemandes, 83 locomotives américaines et
9 700 voitures et wagons provenant du lot attribué aux
alliés par la convention d'armistice. Elle exigea de
l'Allemagne la restitution du complément de matériel
nécessaire pour compléter le parc. Les ateliers de construction de matériel roulant existant en Alsace furent largement mis à contribution pour la fourniture de matériel
neuf et pour les travaux de réparation. L'outillage des
ateliers du réseau fut complété par des acquisitions provenant de la liquidation des stocks américains. Ces
mesures permirent de donner une vive impulsion aux travaux de restauration et de rétablir des roulements réguliers dans l'emploi des locomotives, dont le coefficient
d'immobilisation fut ramené en quelques mois de 51 %
à 43 %.

D'autre part, la construction de grands ateliers de
chaudronnerie à Montigny et à Bischheim fut étudiée
d'urgence; les travaux sont actuellement en cours d'exécution. Simultanément, les dispositions nécessaires
furent prises pour remédier aux difficultés créées par le
rapatriement en Allemagne de 900 mécaniciens ou agents
autorisés à les remplacer, d'un grand nombre d'ouvriers
des ateliers et de la majorité du personnel dirigeant.

IV. — L'EXPLOITATION. LE RÉTABLISSEMENT DU TRAFIC, SES CONDITIONS NOUVELLES

La remise en état du réseau et de son matériel permit d'améliorer progressivement les conditions du trafic des voyageurs et des marchandises. Pendant la durée de la guerre, l'exploitation commerciale avait été subordonnée aux exigences des transports militaires. La victoire des armées françaises créait une situation nouvelle, en présence de laquelle il y avait lieu de s'inspirer des nécessités économiques qu'entraînait le retour de l'Alsace et de la Lorraine à la France, ainsi que des nécessités militaires résultant de l'occupation de la Rhénanie. Des relations directes par trains-express furent instituées entre les principales villes du réseau, ainsi qu'entre les villes de Paris, d'une part, Lyon, Marseille et Nice, d'autre part. Des trains-express en correspondance avec ceux qui viennent de Paris, furent mis en marche entre Strasbourg, Metz et les principales villes des territoires occupés. Des communications avec la Suisse, la Belgique et l'Angleterre, viâ Ostende, furent reprises et améliorées. Des trains directs furent créés entre Amsterdam et Milan, viâ Bruxelles, Luxembourg, Metz, Strasbourg et Bâle. Ces trains correspondirent à Milan avec l'express de Paris-Milan-Bucarest, ainsi qu'avec les trains de la direction de Rome et de Brindisi. Enfin, pour mettre Paris en communication avec la Pologne, la Tchéco-Slovaquie et l'Autriche, des négociations furent entamées, qui ont abouti à la création, en juin 1920, d'un train de luxe Paris-Prague-Varsovie, viâ Strasbourg, dont une rame se détache à Strasbourg à destination de Vienne. Des voitures directes venant d'Ostende rejoignent ces deux trains à Strasbourg.

En ce qui concerne les marchandises, l'organisation d'avant la guerre dut être modifiée profondément après l'armistice, en raison de la suppression presque complète du trafic de ou vers l'Allemagne non occupée, et de la création d'un trafic intense en provenance ou à destination de l'intérieur de la France. Le ravitaillement de l'Alsace et de la Lorraine, des pays rhénans et du Palatinat occupé, et, inversement, les transports vers la France des charbons et des cokes des bassins de la Sarre et de la Ruhr et des potasses de la région de Mulhouse, nécessitèrent une organisation nouvelle.

Les transports en grande vitesse furent également développés; des trains spéciaux de messageries furent créés entre Paris et Metz, Paris et Strasbourg, Paris et Mulhouse, ainsi que dans l'intérieur du réseau.

S'il était possible d'adapter le service des trains aux circonstances nouvelles, il ne pouvait être question de substituer immédiatement la tarification française à la tarification allemande et d'instituer le trafic direct avec les réseaux français. Le maintien de la législation allemande et l'impossibilité de mettre rapidement au courant des tarifs français le personnel alsacien, habitué à une tarification plus simple, obligeaient à ménager une période de transition et à procéder par étapes. Tenant compte de ces difficultés, l'arrêté du président du Conseil en date du 30 novembre 1918 décida que les tarifs existant au moment de l'armistice resteraient en vigueur, sauf en ce qui concerne les transports militaires. Ces tarifs furent purement et simplement convertis en monnaie française au change de 1 fr. 25 pour 1 mark. Toutefois, un tarif direct pour les voyageurs fut établi, dès le 12 décembre 1918, avec un certain nombre de gares du réseau de l'Est. Un peu plus tard, un tarif analogue fut créé avec le réseau P.-L.-M.

Pour les marchandises, la convention internationale de Berne continua, à titre provisoire, à servir de base aux relations entre le réseau d'Alsace et de Lorraine et les autres réseaux français.

En trafic international, la situation était dominée par l'incertitude des changes qui compliquait les règlements de comptes. Cependant, le trafic direct des voyageurs et des bagages fut établi successivement, pour des relations limitées, avec la Belgique, les pays rhénans, la Suisse, l'Italie, les Pays-Bas et l'Angleterre.

Aussitôt que fut réalisée la réforme monétaire dans les conditions fixées par l'arrêté du président du Conseil du 26 novembre 1918, les transports de marchandises vers l'Allemagne furent taxés au prix des tarifs intérieurs de part et d'autre de la frontière. Les conditions furent celles de la convention internationale de Berne, sous réserve des restrictions imposées provisoirement par les circonstances, c'est-à-dire avec affranchissement obligatoire jusqu'à la frontière et suppression des débours, remboursements et intérêt à la livraison. Le trafic avec la Belgique, la Suisse, l'Italie et les Pays-Bas fut repris dans des conditions analogues.

Le trafic de transit ne fut pas négligé. Dès le mois de mars 1919, un trafic fut établi entre les grands réseaux français et les pays rhénans occupés. Au mois de juin 1919, un accord signé à Trèves créa un trafic direct entre la France et les pays rhénans. A la même époque, des trafics suisse, rhénan, italo-rhénan, belgo-suisse et belgo-italien furent établis en transit par le réseau d'Alsace et de Lorraine.

Les efforts accomplis pour favoriser la reprise des transports furent couronnés de succès. Le tonnage des marchandises transportées, qui était tombé à 535 000 tonnes en décembre 1918, atteignait, en décembre 1919, 2 377 000 tonnes. La recette correspondante progressait de 2 393 000 francs à 12 435 405 francs.

Si rapide qu'ait été la reprise du trafic, les recettes ne pouvaient, étant donné la hausse énorme des prix, équilibrer les dépenses. En dépit d'une légende savamment entretenue par l'administration allemande, l'exploitation du réseau n'avait jamais été rémunératrice. En 1917 et 1918, les recettes de l'exploitation furent inférieures aux dépenses. L'augmentation des traitements, des salaires et des prix s'accentua encore en 1919. La nécessité s'imposait de relever les tarifs. Ce relèvement fut opéré aussitôt qu'une mesure analogue fut prise par les autres réseaux français, au début de l'année 1920. Combiné avec les développements du trafic, il eût permis de rétablir l'équilibre entre les recettes et les dépenses de l'exploitation, si les frais de personnel et de matières n'avaient poursuivi depuis lors leur marche ascendante. Le budget d'Alsace et de Lorraine alloua à celui des chemins de fer les avances nécessaires pour parer aux insuffisances de l'exploitation et pour procéder aux travaux de premier établissement et complémentaires, aux acquisitions de matériel et aux réparations de dommages de guerre. Le montant définitif de ces subventions ne pourra être fixé que lorsqu'une entente sera intervenue avec l'Allemagne sur la part qu'elle devra supporter dans le coût des travaux nécessaires pour remettre le réseau en état normal d'entretien.

V. — LE PERSONNEL

L'administration française n'aurait pu mener à bien sa tâche si elle n'avait pu compter sur le dévouement et l'expérience professionnelle du personnel alsacien et lorrain. Le rôle de ce personnel était d'autant plus difficile à remplir que le rapatriement d'un grand nombre d'agents allemands creusait dans les cadres des vides qu'il fallait combler dans un laps de temps très limité. Sur 47 000 agents, 6 000 furent rapatriés. Cette opération eût été accomplie sans difficultés graves, si la proportion de l'effectif du personnel allemand avait été la même dans tous les emplois. Mais il s'en fallait de beaucoup qu'il en fût ainsi. La proportion des agents allemands atteignait 64 % de l'effectif des mécaniciens, 70 % de celui des sous-chefs de gare, 56 % de celui des chefs de gare. La presque totalité du personnel de l'administration centrale et, notamment, du personnel supérieur, était de nationalité allemande. L'administration allemande n'ignorait pas l'attachement que la population d'Alsace et de Lorraine gardait à ses origines françaises. Jalouse de maintenir sous une direction purement allemande un réseau-frontière d'une importance prépondérante en cas de guerre avec la France, elle réservait les principaux emplois à ses nationaux et frappait d'ostracisme les Alsaciens et les Lorrains.

Cette situation comportait des difficultés considérables pour l'administration nouvelle comme pour les agents alsaciens ou lorrains. Mais elle permit d'améliorer sensiblement la situation d'un grand nombre de ces agents; 3 682 d'entre eux bénéficièrent d'un avancement de grade dans divers emplois pour lesquels la moyenne des avancements annuels n'est que de 743. La presque totalité des emplois supérieurs, précédemment attribués à des Allemands, fut confiée à des enfants du pays. Ce ne fut qu'à défaut de candidats alsaciens ou lorrains aptes à occuper les places vacantes que l'administration française fit appel au personnel des réseaux de l'intérieur. Dans l'ensemble, le nombre d'agents recrutés jusqu'ici dans ces réseaux ne dépasse pas 112.

L'obligation s'imposant de faire aux mutilés de la guerre une place aussi large que possible, 2 026 de ces mutilés d'origine alsacienne ou lorraine furent admis dans des emplois compatibles avec leurs infirmités.

La situation pécuniaire de l'ensemble du personnel fut largement améliorée. Pour l'appréciation des mesures à prendre dans cet ordre d'idées, l'administration française suivit attentivement les travaux de la commission constituée au Ministère des Travaux publics pour la fixation des traitements et salaires du personnel des grands réseaux français. Elle s'y fit représenter et le personnel y envoya un délégué. Le principe fut posé que le personnel du réseau d'Alsace et de Lorraine jouirait des mêmes avantages que celui des autres réseaux. Dans l'attente des décisions définitives de la commission, des avances sur les augmentations de traitement en préparation furent accordées à diverses reprises. Des gratifications furent distribuées à tout le personnel. Certains frais de déplacement et diverses indemnités de cherté de vie furent augmentés. Ces diverses mesures entraînèrent aussitôt, pour le compte d'exploitation de l'exercice 1919, une charge supplémentaire de plus de 100 millions de francs.

D'autres avantages encore furent accordés au personnel : un service de ravitaillement fut constitué pour le soustraire dans la mesure du possible aux conséquences de l'augmentation du prix des vivres et du combustible; des avances furent accordées à une Société coopérative; enfin, des permis de circulation sur le réseau d'Alsace et de Lorraine et sur les autres réseaux français furent délivrés à tous les agents après trois mois de service, ainsi qu'aux membres de leurs familles.

CHAPITRE XI

EAUX ET FORÊTS

I. — SERVICE DES FORÊTS

LES *forêts en Alsace et en Lorraine.* — Sur une étendue totale de 1 450 000 hectares, la surface boisée de l'Alsace et de la Lorraine est de 440 000 hectares, ce qui donne le taux de boisement très élevé de 30,3 %, soit près du tiers du territoire total ; c'est une proportion bien plus forte que dans le reste de la France, où elle n'atteint pas le cinquième du territoire, et même que dans l'Allemagne d'avant 1918, où elle ne dépassait guère le quart du territoire. Mais, si l'on compare l'étendue boisée au chiffre de la population, on compte 23 ares de forêt par tête d'habitant en Alsace et en Lorraine, chiffre presque identique à ceux des autres régions de la France (24 ares) et du territoire allemand tel qu'il était quand l'Alsace-Lorraine en faisait partie (22 ares). D'où il ressort qu'il ne faut pas être surpris que l'Alsace et la Lorraine, malgré leurs magnifiques richesses forestières, loin d'avoir un excès de bois, soient obligées d'en importer. Il résulte, en effet, de données acquises, qu'un pays ne devient exportateur que lorsqu'il renferme au moins 36 à 40 ares de forêt par tête d'habitant.

Il convient d'ajouter que l'industrie du bois est très développée en Alsace; aussi, pour fournir à toutes les commandes de l'extérieur, notamment aux commandes très importantes de sciages résineux, cette région doit-elle recourir aux forêts voisines, particulièrement à celles de la Forêt-Noire.

Le département de la Moselle est sensiblement moins boisé que ceux de l'Alsace; son taux de boisement est de 25,5 %, celui du Bas-Rhin de 33,6 % et celui du Haut-Rhin de 34,3 %. Il n'y a que cinq départements qui soient relativement plus boisés : ce sont les Vosges, la Gironde, le Var, l'Ariège et les Landes; encore est-il que, dans certaines de ces régions, de vastes étendues rocheuses sont comptées comme forêts.

La contenance boisée totale de l'Alsace et de la Lorraine a peu varié depuis 1871. Les principales diminutions proviennent de défrichements pratiqués dans un intérêt militaire; 958 hectares de la forêt de Haguenau ont été défrichés pour l'agrandissement d'un polygone d'artillerie, et plusieurs milliers d'hectares dans le pays de Bitche pour le même objet; 697 hectares de riches forêts ont été détruits dans l'intérêt de la défense de la place forte de Strasbourg. Ces défrichements ont été partiellement compensés par des reboisements de terrains vagues.

Les forêts d'Alsace et de Lorraine soumises au régime forestier occupent une surface totale de 355 000 hectares, savoir : 138 000 hectares de forêts domaniales, 16 200 hectares de forêts indivises entre l'État et les communes, 198 000 hectares de forêts communales, 2 400 hectares de forêts d'établissements publics.

L'administration forestière. — Le personnel. — Cette surface était, sous le régime allemand, répartie entre trois Conservations dirigées chacune par un conservateur (*Oberforstmeister*), assisté de deux inspecteurs (*Forsträte*). La conservation de Basse-Alsace était divisée en 24 cantonnements (*Oberforstereien*), celle du Haut-Rhin en 17, celle de la Moselle en 24, soit, au total, 65 circonscriptions, ayant chacune à leur tête un *Oberforster*. Le nombre total des fonctionnaires allemands du cadre supérieur était de 78, non compris une trentaine d'élèves gardes généraux (*Forstassessoren* et *Forstreferendare*).

Comme il lui parut possible d'augmenter l'étendue des circonscriptions en demandant un travail plus grand à ses agents, l'administration française en a, du moins provisoirement, réduit le nombre à 33, avec un cadre d'environ 40 officiers des forêts. Il existe actuellement 3 conservateurs, 13 inspecteurs, dont 3 adjoints aux conservateurs, 25 inspecteurs-adjoints et gardes généraux. Les inspecteurs-adjoints gèrent seuls deux anciens cantonnements, les inspecteurs, assistés d'un garde général, en gèrent quatre.

Des agents forestiers en fonctions sous le régime allemand, il n'a été conservé que 6 *Oberförster* nés en Alsace-Lorraine de parents alsaciens ou lorrains; 61 Allemands ont été congédiés. En outre, 3 chefs de cantonnement ont été pris parmi les assesseurs agréés avant la guerre.

En ce qui concerne le personnel subalterne, les changements ont été beaucoup moins importants. Les brigadiers et gardes forestiers étaient en majeure partie alsaciens ou lorrains et le nombre des expulsions qui se sont imposées a été restreint. Les gardes congédiés ont été remplacés par des apprentis alsaciens, par des Alsaciens ayant servi dans l'armée française pendant la guerre et par quelques gardes venus des départements de l'intérieur.

Le personnel des officiers se recrute actuellement, à

titre transitoire, par l'envoi à l'École nationale des Eaux et Forêts de Nancy, d'élèves alsaciens et lorrains ayant commencé leurs études forestières sous le régime antérieur.

Les candidats aux emplois de garde subissent un examen sommaire, à la suite duquel ils peuvent être admis à faire dans le service forestier un stage de deux années, dont l'une à titre gratuit. Ils ne sont nommés dans les cadres que si leur service a été satisfaisant pendant leur stage et après un deuxième examen portant principalement sur leur instruction technique. Les candidats sont nombreux et le choix peut s'exercer facilement. Une partie des emplois est réservée aux mutilés de guerre.

D'autre part, étendant aux provinces recouvrées la loi française du 30 octobre 1919, un décret du 21 décembre 1919, ratifié par une loi ultérieure, a « domanialisé » le personnel des brigadiers et gardes forestiers communaux; c'est-à-dire que, maintenant, l'État nomme et rétribue ce personnel. Les frais sont remboursés par diverses contributions des communes. La fusion des préposés domaniaux et communaux, si désirée de ceux-ci, est devenue un fait acquis. C'est une récompense des bons services rendus et une grande satisfaction accordée. C'est aussi une réelle décharge pour le budget des communes d'Alsace et de Lorraine. Le maximum des contributions communales prévues par la loi introduite se trouve, en effet, inférieur aux sommes payées jusqu'alors par bon nombre de communes pour la gestion de leurs forêts. Dans l'état actuel des choses, cette diminution n'est pas inférieure à 600 000 francs par an ; elle constitue pour les 1 245 communes et établissements publics intéressés une réduction moyenne annuelle de 500 francs.

La différence des méthodes. — Le service forestier a éprouvé au début de nombreuses et sérieuses difficultés.

L'administration forestière allemande étant différente en bien des points de la nôtre, il a été nécessaire d'en étudier tous les rouages. Afin de les comparer aux méthodes françaises, les méthodes allemandes de gestion et d'exploitation ont été conservées jusqu'à présent. Les coupes, généralement vendues sur pied dans les autres départements, continuent en Alsace et en Lorraine à être exploitées en régie, sous la surveillance des préposés forestiers; le bois est mis en adjudication après façonnage. Cette différence pourrait, à première vue, paraître secondaire; en fait, elle entraîne, pour les mesures d'exécution, des conséquences très importantes. Le service forestier alsacien ne se contente pas de surveiller les exploitations, il y procède lui-même au moyen de bûcherons, qu'il recrute, qu'il dirige et qu'il paie, sous sa responsabilité directe. Une organisation financière spéciale a dû être établie pour acquitter les dépenses et pour percevoir les recettes : ce sont les *Caisses forestières*, qui sont gérées par les receveurs de l'enregistrement et dont les opérations sont effectuées sur les indications du service forestier. Cet organe très souple fonctionne d'une manière nettement distincte, qui n'a pas d'équivalent à l'ouest des Vosges. Son maintien est indispensable à la bonne marche de l'exploitation en régie, telle qu'elle est actuellement pratiquée.

L'administration forestière de l'intérieur a décidé de faire, cette année, un essai dans chaque Conservation pour peser les avantages et les inconvénients des deux méthodes, qui ont chacune leurs partisans. Il convient d'attendre les résultats de cette expérience avant de prendre parti. Toutefois, il semble, *a priori*, qu'il y aurait intérêt à laisser aux agents d'exécution une certaine liberté dans le choix du mode d'exploitation et de vente, qui pourrait varier suivant les régions et d'après les circonstances locales,

Si, sur ce point, il y a lieu de réserver pour le moment un avis définitif, il paraît bien, d'autre part, que les méthodes culturales françaises soient très nettement supérieures aux méthodes importées d'Allemagne par des forestiers instruits dans les diverses Universités d'outre-Rhin.

Parmi les nouveautés ainsi introduites, l'une d'elles, d'origine prussienne, a été particulièrement fâcheuse; c'est la coupe rase des peuplements, suivie de véritables reboisements artificiels. La généralisation des coupes rases opérées en Prusse est certainement le motif principal du retard des progrès de la sylviculture dans ce pays, qui se plaçait justement, de ce point de vue, au dernier rang des pays de l'Empire, avant 1918.

L'incompétence technique de certains des forestiers venus de Prusse en Alsace a entraîné, surtout pendant les premières années de l'occupation allemande, des conséquences très regrettables. La régénération naturelle, qui a donné en France, y compris l'Alsace et la Lorraine avant 1870, des résultats si justement admirés, a été systématiquement écartée lors de l'arrivée des Allemands. Malgré le soin dont on entourait les travaux de repeuplement et le succès très réel qu'on obtenait, on a appauvri la forêt, en substituant aux essences spontanées d'autres essences souvent moins bonnes et croissant très généralement moins bien. D'autre part, les âges d'exploitation ont été abaissés; les volumes abattus ont été augmentés pour des motifs budgétaires, sans égard aux considérations culturales.

Il apparaît nettement que, si l'administration allemande avait persévéré dans ses méthodes de culture et d'exploitation, nos richesses forestières auraient été très diminuées en volume et surtout en valeur. Un des chefs du service forestier en Alsace-Lorraine a déclaré, dans un écrit rendu public, que ses compatriotes avaient trouvé, dans

les forêts de l'État, un matériel « effroyablement excessif »
(*ein ungeheurer Ueberschuss*). Cet effroi n'a plus de motif.

Les futaies feuillues renfermaient, dans presque toutes
leurs parties, des gros chênes disséminés, qui formaient
une magnifique réserve. Ils ont été tous exploités sans
remplacement. Si parfois, dans certaines sapinières, des
réalisations s'imposaient, elles ont été singulièrement
exagérées. C'était à ce point qu'au début de l'occupation
allemande, beaucoup de marchands de bois alsaciens se
réjouissaient de ces coupes, croyant y voir un indice du
peu de confiance des Allemands eux-mêmes dans la durée
de leur domination.

En résumé, les Allemands ont obtenu pendant quelques
années un rendement élevé, mais cela au détriment du
capital.

Le rendement. — Les chasses. — Les droits d'usage. —
Au cours de la guerre de 1914-18, les Allemands, qui
ont intentionnellement ménagé les territoires d'Alsace et
de Lorraine, n'y ont pas pratiqué d'exploitations forestières abusives. Par suite, il a été possible de conserver
les aménagements en vigueur, de sorte que le rendement
des forêts en matière est resté sensiblement le même
qu'avant la guerre. Toutefois, le prix des bois augmentant sans cesse, le rendement en argent qui était de
5 756 000 francs en 1913, s'est élevé en 1918, par exemple,
à 18 911 000 francs, en 1919 à 28 750 000 francs.

Les révisions d'aménagement et l'amélioration des
méthodes culturales ne pourront être entreprises que
progressivement. C'est un travail de longue haleine.

La surveillance et la répression des délits de chasse et
du pillage des bois ont dû être exercées énergiquement;
les habitudes du temps de guerre avaient entraîné un
relâchement auquel il était urgent de mettre fin.

Sous le régime antérieur, la plupart des chasses domaniales étaient exploitées en régie; cette méthode ne présentait pas, comme pour l'exploitation des bois, certains avantages. Le chef de cantonnement (*Oberförster*) exerçait gratuitement le droit de chasse, comme une de ses attributions; il vendait le gros gibier au profit de l'État et retenait à son profit le menu gibier, pour lequel il versait une taxe déterminée pour chaque pièce. Il touchait une indemnité pour frais de munitions, entretien d'armes, etc. Il possédait, en outre, un canton de chasse personnel, qui lui était réservé dans la forêt de l'État. Ce privilège, contre lequel le Parlement d'Alsace-Lorraine avait protesté à diverses reprises, n'était pas compatible avec les usages administratifs français.

D'autre part, certaines forêts étaient aménagées plus spécialement en vue de la chasse. Bien que très riches en belles futaies, les produits ligneux, considérés comme tout à fait secondaires, y étaient complètement négligés. C'est ainsi que, dans la vallée de la Bruche, l'important massif de Haslach, comprenant plusieurs milliers d'hectares, avait été entouré, à grands frais, d'épais et solides grillages, installés avec un luxe inconnu ailleurs. De vastes prairies avaient été englobées dans l'enceinte, en vue de nourrir le gibier; des maisonnettes avaient été construites pour y abriter et y distribuer, l'hiver, des réserves de fourrage. Ce parc, dont l'entretien était des plus dispendieux, avait été mis à la disposition de Guillaume II, qui n'en a jamais profité. Le statthalter en a seul bénéficié pendant plusieurs années, puis, son successeur étant moins amateur de la chasse, le parc a été progressivement délaissé. En 1014, le gibier était devenu bien moins abondant.

Un des premiers actes de gestion de l'autorité française a été de mettre les chasses des forêts domaniales en adjudication publique.

Les déboisements effectués dans les régions de

Haguenau et de Bitche, pour des établissements militaires, ont été pratiqués surtout au détriment des forêts domaniales. En vue de compenser ces diminutions, le gouvernement allemand a effectué à la Caisse des Dépôts et Consignations, au compte de l'administration forestière, des versements représentant la valeur des propriétés défrichées. Ces sommes, qui constituaient le « fonds de Bitche », étaient destinées à l'achat des terrains les mieux appropriés au recomplètement du domaine forestier de l'État. La vente des biens séquestrés, qui comprennent quelques massifs forestiers particuliers importants, permettra sans doute d'employer utilement le « fonds de Bitche ».

L'administration forestière française aura à terminer la difficile affaire des droits d'usage, très spéciaux et très curieux du point de vue juridique, que possèdent les habitants des communes de l'ancien comté de Dabo sur la vaste forêt domaniale voisine. L'époque de la constitution de ces droits se perd dans la nuit des temps; un acte des comtes de Dabo, daté de 1613 et portant règlement général, implique que leur origine remonte bien plus loin.

Ces droits d'usage, très nombreux et très compliqués, grèvent lourdement le domaine de l'État; ils en rendent la gestion difficile. Aussi, depuis longtemps, l'administration a-t-elle cherché à en libérer la forêt par la cession en toute propriété d'importantes parties du domaine forestier. Sous le régime français antérieur à 1870, plusieurs communes avaient ainsi vu leurs droits s'éteindre, soit à l'amiable, soit par règlement judiciaire. Pendant les quarante-sept années de l'occupation allemande une seule commune a cédé ses droits. Actuellement il ne reste plus que trois communes usagères, celles de Dabo, Walscheid et Engenthal. La question a été reprise aussitôt après l'armistice par l'administration française; elle suit pour le moment son cours.

Enfin, un travail important resté à mener à bien : la remise en état des forêts qui furent témoins des quatre années de guerre. C'est une œuvre qui nécessitera bien des efforts et qui sera longue à achever. Il est cependant nécessaire que le manteau forestier dont se couvrent les Vosges soit réparé le plus tôt possible; les inondations de l'hiver 1919-1920 montrent qu'il n'est pas trop épais, ni trop étendu.

Aussi la conclusion s'impose-t-elle pour l'Alsace et pour la Lorraine, comme pour la plupart des pays de civilisation ancienne, qu'il y a un immense intérêt, non seulement à sauvegarder la forêt, mais à l'enrichir et à la développer partout où les circonstances le permettent.

II. — AMÉLIORATIONS AGRICOLES

Objet du Service. — Le service des Améliorations agricoles d'Alsace et de Lorraine, créé en 1876, correspond au service du Génie rural français, tel que celui-ci a été organisé par les décrets des 5 avril 1903 et 26 décembre 1918.

Il est chargé, en premier lieu, des améliorations foncières proprement dites, comprenant l'ensemble des travaux entrepris en vue d'augmenter d'une façon permanente la production du sol ou de faciliter l'exploitation des terres : assainissement, drainage, irrigation, chemins ruraux et chemins d'exploitation, remembrement. A ces travaux on peut rattacher ceux qui, ayant pour objet l'amélioration des conditions d'existence des agriculteurs, contribuent à rattacher ceux-ci à la terre et constituent ainsi, de façon indirecte, un facteur important de la production agricole. . Dans cette catégorie il faut ranger notamment les travaux d'adduction d'eau potable pour

les communes rurales et l'assainissement de ces mêmes
localités par l'établissement de canalisations destinées à
assurer l'évacuation des eaux pluviales et des eaux usées.

Pour permettre d'apprécier le développement pris par
ces entreprises grâce aux circonstances exceptionnellement favorables rencontrées en Alsace et en Lorraine,
et surtout grâce à l'esprit d'initiative des habitants, il
suffit de rappeler que, depuis la création du service, il
a été constitué dans les trois départements recouvrés
1 216 associations syndicales, dont 160 de remembrement
et 480 de chemins d'exploitation, intéressant une surface
de 80 000 hectares, que les travaux d'adduction d'eau
exécutés pendant la même période intéressent 467 communes, avec 597 000 habitants, et représentent une
dépense de 34 millions de francs.

Contrairement à ce qui a lieu dans le reste de la France,
c'est également aux agents des Améliorations agricoles
qu'a été confié le service hydraulique, c'est-à-dire la
police des eaux et l'entretien des cours d'eau non navigables ni flottables, ainsi que la surveillance de la pêche
et la pisciculture. Dans les autres départements français, le
service hydraulique relève du Ministère de l'Agriculture,
mais il est assuré jusqu'à nouvel ordre par les fonctionnaires de l'administration des Ponts et Chaussées. Quant
à la surveillance de la pêche et à la pisciculture, elle
rentre dans les attributions de l'administration des Eaux
et Forêts.

Il convient de signaler que, dans les provinces libérées,
le service hydraulique présente une importance particulière en raison du développement considérable pris parallèlement dans les dernières années par l'agriculture et
l'industrie et qui a eu pour résultat des besoins en eau
toujours plus grands.

Nombreuses sont donc les affaires dont le service des
Améliorations agricoles doit s'occuper, concernant les

curages et faucardements, la réglementation des barrages, prises d'eau et déversements d'eaux résiduaires, la rectification des cours d'eau.

L'administration a favorisé dans la mesure du possible la formation des groupements prévus par la loi de 1891 pour l'entretien des cours d'eau non navigables d'une certaine importance, tels que la Seille, la Nied, la Bruche, la Doller, etc. A l'heure actuelle, il n'existe pas moins de 31 syndicats fluviaux constitués à cet effet.

Pour les entreprises d'améliorations foncières, le service est chargé des études préliminaires, de la rédaction des projets, de la direction et de la surveillance des travaux. Il doit aussi son concours aux propriétaires pour la constitution et l'administration des syndicats fluviaux et des associations syndicales d'améliorations. En principe, son intervention est gratuite, à condition que les travaux intéressent une collectivité, commune ou association. Des subventions peuvent être allouées à ces collectivités, si l'affaire présente un caractère d'intérêt général de nature à justifier le concours financier de l'État.

Organisation. — Personnel. — Le service est assuré par des ingénieurs placés à la tête de circonscriptions territoriales et aux bureaux desquels sont attachés des géomètres, des conducteurs, des commis-comptables et des employés auxiliaires. Chaque circonscription d'ingénieur se partage elle-même en un certain nombre de subdivisions, à la tête desquelles se trouve, pour chacune, un conducteur, assisté, le cas échéant, d'un ou de plusieurs aspirants conducteurs. Par analogie avec l'organisation dans le reste de la France, le personnel des services extérieurs relève de la Direction des Eaux et Forêts.

Après l'armistice, l'administration française a maintenu sans modification essentielle l'organisation existante qui avait donné de bons résultats et ne différait pas, dans ses grandes lignes, de l'organisation française. Toutefois, le nombre des circonscriptions d'ingénieurs a été réduit de 7 à 3, correspondant aux trois départements, et le rôle des conducteurs subdivisionnaires, dont le nombre est resté fixé à 22, a été notablement élargi.

La principale difficulté rencontrée au début provenait de l'insuffisance numérique du personnel, par suite du départ de nombreux agents de nationalité allemande. C'est ainsi que sur les 11 fonctionnaires constituant le cadre supérieur, 3 seulement sont restés en fonctions. A l'heure actuelle, bien que le cadre des conducteurs ait pu être en partie reconstitué grâce aux dernières promotions de l'École nationale technique de Strasbourg, le déficit total atteint encore 25 %, de l'effectif normal, fixé à 112 agents. Il faut noter que tout le personnel appartient au cadre local, à l'exception de deux fonctionnaires venus de l'intérieur.

Activité du Service depuis l'armistice. — Malgré toutes les difficultés inhérentes à la période de transition, l'année 1919 a accusé une reprise extrêmement rapide de l'activité du service, qui avait été fortement ralentie pendant les hostilités. De 1910 à 1914, le montant annuel des travaux d'améliorations exécutés s'élevait à environ 3 millions de francs. Ce total, qui était tombé à moins de 1 million depuis 1916, a été largement dépassé en 1919, et on a enregistré une nouvelle progression pour l'année 1920. Les efforts ont porté d'abord sur les travaux d'entretien négligés pendant la guerre, faute de matériaux et de main-d'œuvre. D'autre part, les hauts prix pratiqués pour les produits agricoles ont incité les propriétaires à réaliser des améliorations foncières permanentes, même au prix de lourds sacrifices pécuniaires. Seuls les travaux d'adduction d'eau potable accusent, par rapport à la période qui a précédé les hostilités, un ralentissement très marqué. Ce fait est dû à l'augmentation considérable des prix, à la difficulté de se procurer les matériaux nécessaires et à la situation financière relativement peu favorable de la plupart des communes.

En dehors de ses attributions normales, le service des Améliorations agricoles est actuellement chargé de prêter son concours au service de reconstitution des régions dévastées, pour l'exécution des travaux destinés à faciliter la réinstallation des populations rurales dans l'ancienne zone du front. C'est à lui qu'incombe notamment la réfection des chemins ruraux et le rétablissement des adductions d'eau potable dans les communes détruites, la remise en état des cours d'eau et des ouvrages d'irrigation. Le total des devis dressés dans le courant de l'année 1919, pour les seuls dégâts de guerre, s'est élevé à la somme de 1 767 000 francs.

En outre, on a entrepris la réparation des dégâts causés par les crues de l'hiver 1919-1920, nécessitant une dépense de 4 millions de francs, à répartir sur trois exercices.

Législation. — En ce qui concerne la législation intéressant spécialement le service des Améliorations agricoles, on constate que les dispositions en vigueur en Alsace et en Lorraine sont très semblables, pour le fond, à celles qui régissent la matière dans le reste de la France. Les deux législations, qui ont même origine, ont évolué dans le même sens de part et d'autre de la frontière de 1871. Par exemple, la législation locale relative aux associations syndicales a toujours pour base l'ancienne loi française de 1865 et se rapproche beaucoup des textes actuellement en vigueur dans les autres départements.

Pour le remembrement, la loi française du 27 novembre 1918 ne diffère que par certains détails de la loi locale du 30 juillet 1890. Quant à la loi de 1891 sur le régime des eaux en Alsace-Lorraine, elle n'est guère que la réunion d'anciens principes du droit français. Cependant, ces lois renferment des dispositions d'ordre pratique comportant des différences sensibles avec celles qui sont contenues dans les règlements français. Certaines d'entre elles sont intéressantes et méritent d'être retenues; leur extension à l'ensemble du territoire a déjà été envisagée. Dès que cette mesure aura été prise, l'introduction des lois françaises dans les provinces recouvrées ne pourra soulever aucune objection.

En résumé, la similitude que l'on constate dans la législation comme dans l'organisation des deux services est de nature à faciliter le passage d'un régime à l'autre. Elle permettra de réaliser rapidement l'assimilation, réclamée par les intéressés eux-mêmes, du personnel du cadre local avec le cadre général, puis l'application complète du système français qui pourra se faire sans heurter ni les habitudes ni les goûts des populations rurales d'Alsace et de Lorraine, tout en leur apportant le bénéfice de méthodes qui sont, sur plusieurs points, nettement supérieures aux méthodes antérieurement pratiquées.

CHAPITRE XII

AGRICULTURE

Au moment de l'armistice, l'administration de l'Agriculture faisait partie du Ministère de l'Agriculture et des Travaux publics d'Alsace-Lorraine.

L'administration française de l'Agriculture en Alsace et en Lorraine a pris possession des services le 27 novembre 1918, d'abord sous le nom d'inspection générale des services de l'Agriculture, ensuite, à partir du 26 avril 1919, sous le titre de Direction de l'Agriculture.

Au fur et à mesure des possibilités, les fonctionnaires et le personnel allemands furent congédiés et remplacés par du personnel du cadre local.

Rapidement organisée, l'administration française de l'Agriculture s'occupa, avant tout, de venir en aide aux agriculteurs éprouvés par la guerre et dont la plupart manquaient totalement des ressources nécessaires pour mettre leurs terres en état de culture. A cet effet, et grâce au bienveillant concours des services du ravitail-

lement du Ministère de l'Agriculture, les semences nécessaires : blé, orge, avoine, pommes de terre, affluèrent, et
les ensemencements purent être effectués dans des conditions, sinon normales, tout au moins très satisfaisantes.

La Direction de l'Agriculture trouva auprès de l'Association centrale des comices agricoles et de ses filiales le
concours le plus empressé pour assurer les distributions
de ces semences. C'est ainsi qu'à elle seule, l'Association
centrale des comices agricoles d'Alsace et de Lorraine,
dirigée par M. Heinrich, assura la répartition de :
1 340 tonnes de blé de printemps, 610 tonnes d'avoine,
1 770 tonnes d'orge, 1 740 tonnes de pommes de terre.
Dans ces chiffres ne sont pas comptées des quantités
importantes de semences diverses, provenant également
du Ravitaillement, et dont la distribution fut assurée par
les soins des directeurs des services agricoles du Haut-
Rhin et de la Moselle.

D'autre part, il fut fait appel à la main-d'œuvre et aux
attelages militaires qui constituèrent une aide précieuse
pour l'exécution rapide des travaux culturaux.

Enfin, les cultivateurs les plus éprouvés et notamment
ceux des régions dévastées reçurent, sur le matériel agricole enlevé par les Allemands et récupéré, tous les instruments agricoles : charrues, rouleaux, faucheuses,
matériels divers, qu'il fut possible de retrouver.

C'est grâce à ces efforts combinés que la terre d'Alsace
et de Lorraine put être remise en un état à peu près
satisfaisant de production.

I. — ENSEIGNEMENT AGRICOLE

Directions départementales des services agricoles. —
Sous l'ancienne administration, l'enseignement agricole
était assuré par des professeurs d'agriculture dans les dif-

férents cercles d'Alsace et de Lorraine ; cette organisation fut conservée autant que possible, mais, dès le mois de janvier 1919, et conformément à ce qui existe dans le reste de la France, une direction des services agricoles fut créée dans chacun des trois départements.

Professeurs d'agriculture. — Le corps des professeurs d'agriculture, correspondant à peu près aux professeurs d'arrondissement des autres départements, était réduit à neuf au moment de l'armistice. L'administration nouvelle l'a porté à seize par diverses nominations faites exclusivement parmi des fonctionnaires d'origine alsacienne, parlant les deux langues, aptes, par conséquent, à se faire parfaitement comprendre des populations rurales et pourvus, au reste, des diplômes agricoles nécessaires. A l'heure actuelle, la répartition est la suivante : sept professeurs pour la Moselle, six pour le Bas-Rhin, trois pour le Haut-Rhin. Les professeurs d'agriculture sont, en même temps, directeurs des écoles d'hiver.

Le règlement les concernant faisait d'eux, autrefois, surtout des agents des comices agricoles. La Direction de l'Agriculture a tenu à modifier cet état de choses. Tout en leur laissant la charge de conseillers et, dans bien des cas, de secrétaires des comices, elle a voulu que, par des conférences, des rapports plus étroits avec les agriculteurs de leur circonscription, ils remplissent le même rôle que leurs collègues du reste de la France : celui de véritables missionnaires agricoles. Un nouveau règlement, préalablement discuté avec les principaux représentants des professeurs d'agriculture, a été élaboré et mis en vigueur ; ce règlement est analogue à celui qui régit ailleurs les chaires d'arrondissement et qui y donne les meilleurs résultats. Enfin, les professeurs ont été placés, comme dans les autres départements aussi, sous le contrôle des directeurs des services agricoles, dont ils sont devenus les collaborateurs. Ainsi, le corps professoral de l'enseignement nomade de l'agriculture se trouve normalement constitué.

Écoles d'agriculture d'hiver. — Les écoles d'agriculture d'hiver complètent heureusement l'enseignement des professeurs d'agriculture. Elles ont pour but de donner aux fils des cultivateurs un enseignement théorique suffisant pour leur permettre de suivre avec profit les indications pratiques qui leur sont données par leurs parents. Les jeunes gens fréquentent ces écoles pendant deux années consécutives, à raison de quatre mois par an, de novembre à mars.

Délaissées, ou à peu près, durant la guerre, les écoles d'agriculture d'hiver étaient fermées au moment de l'armistice. La Direction de l'Agriculture s'occupa immédiatement de leur réorganisation et de leur réouverture, de telle sorte que, dès le mois de décembre 1918, dix écoles sur douze purent fonctionner d'une manière à peu près normale. La réorganisation fut poursuivie, et dès la session 1919-1920, treize écoles étaient en plein fonctionnement : dans le Bas-Rhin, à Strasbourg, Erstein, Sélestat et Bouxwiller; dans le Haut-Rhin, à Colmar et Mulhouse; dans la Moselle, à Metz, Wissembourg, Sarrebourg, Sarreguemines, Thionville, Château-Salins et Boulay.

Cette organisation sera complétée, de manière à adjoindre, autant que possible, une école d'agriculture d'hiver à chaque professeur d'agriculture d'arrondissement, dont l'action s'exercera ainsi d'une manière continue, non seulement sur les cultivateurs, mais aussi sur leurs enfants, pour les instruire et les attacher à la vie rurale.

Écoles d'agriculture de Rouffach et de Château-Salins. — L'École d'agriculture de Rouffach est restée ouverte pendant la guerre, mais avec un effectif fort réduit et un personnel insuffisant. De 1914 à novembre 1919, le nombre des élèves ne fut que de 20 à 30 chaque année.

Dès le mois de décembre 1918, un directeur provisoire y fut placé, en remplacement du directeur d'origine allemande, expulsé, et l'école fut dotée de tout le personnel enseignant nécessaire; les cours recommencèrent alors et l'école compta, pour l'année scolaire 1918-1919, 67 élèves. Durant les vacances de 1919, toutes les dispositions utiles furent prises pour que l'école pût fonctionner à nouveau normalement dès la rentrée d'octobre. L'établissement compte maintenant 108 élèves, dont 43 internes.

On constate donc avec satisfaction que l'établissement suit une marche ascendante, et il est permis d'espérer des résultats chaque jour meilleurs, dès que la zone dévastée aura été reconstituée et que les conditions de la culture seront redevenues normales (pendant l'année scolaire 1913-14, c'est-à-dire au moment de la plus grande prospérité, l'école comptait 156 élèves, dont 96 internes). Par arrêté du 7 mai 1919, le Commissaire général de la République a reconstitué le comité de surveillance et de perfectionnement qui avait toujours été attaché à l'école. Ce comité s'est déjà réuni à plusieurs reprises et a manifesté très vivement son désir d'orienter de plus en plus l'enseignement de l'école vers la pratique de l'agriculture. A cet effet, la ferme-école de Judenmatt, d'une superficie de 30 hectares et annexée à l'école, est pourvue de tous les moyens de démonstration nécessaires. Un jardin et un champ d'expérience de viticulture permettent d'initier les élèves à la pratique de l'horticulture et de la culture de la vigne.

L'École d'agriculture de Rouffach est aujourd'hui assimilée aux autres écoles pratiques d'agriculture de France et l'équivalence a été prononcée entre son diplôme et le leur.

L'École d'agriculture de Château-Salins est appelée à jouer pour la Lorraine le même rôle que l'École d'agriculture de Rouffach pour l'Alsace. Malheureusement, cet établissement est resté fermé pendant toute la durée de la guerre à cause de sa proximité de la ligne de feu et a été fort endommagé par les bombardements. Aussi n'a-t-on pu le rouvrir que peu à peu, au fur et à mesure des réparations, nouveaux aménagements, asséchement des peintures, assainissement des locaux, etc. Malgré ces difficultés, tout a été prêt dès la rentrée d'octobre 1919, et l'école, instamment réclamée par les agriculteurs de la région, fonctionne depuis lors dans les meilleures conditions.

Cours d'arboriculture. — Sous l'ancienne administration, il existait des cours nomades d'arboriculture et la réorganisation de ce service a également préoccupé la Direction de l'Agriculture. Deux professeurs ont été nommés, l'un pour le Haut-Rhin, l'autre pour le Bas-Rhin, et une semblable organisation vient également d'être réalisée pour le département de la Moselle. De plus, un enseignement spécial d'arboriculture fonctionne à l'École d'agriculture de Rouffach. Ces cours d'arboriculture ne sont pas destinés seulement aux cultivateurs, mais les agents des Ponts et Chaussées, du Service forestier et des Améliorations agricoles, qui ont à s'occuper de l'entretien des plantations fruitières sur les routes, sont également appelés à y assister, à des sessions particulières.

Écoles ménagères. — Si la création d'écoles d'agriculture d'hiver pour les fils des agriculteurs, est une œuvre éminemment utile, l'instruction pratique à donner aux jeunes filles ne l'est pas moins. Aussi a-t-on organisé, depuis un certain nombre d'années, dans toute la France, des écoles ménagères et ambulantes où les jeunes filles reçoivent une instruction pratique spécialement dirigée vers les études ménagères, l'hygiène et le rôle que doit jouer la femme dans le domaine agricole. Ces écoles, suivies régulièrement, ont donné d'excellents résultats. Il est désirable de les voir introduites également en Alsace et en Lorraine. La Direction de l'Agriculture a pu organiser une de ces écoles à Colmar à titre d'essai, avec 35 élèves, et, s'il est possible, il en sera ouvert une dans le Bas-Rhin et une autre dans la Moselle.

L'enseignement des écoles ménagères ainsi prévu aurait lieu pendant les quatre mois d'hiver, au chef-lieu du département ou dans l'une des sous-préfectures. Pendant l'été, l'école deviendrait ambulante, et deux sessions de trois mois chacune seraient tenues à tour de rôle dans les communes rurales ou industrielles.

II. — STATIONS AGRONOMIQUES ET VITICOLES

Stations agronomiques. — Les Stations agronomiques de Colmar et de Metz, dont l'activité, pendant la guerre, avait été presque nulle, ont été entièrement réorganisées et pourvues d'un personnel de choix, en remplacement de l'ancien personnel allemand.

C'est ainsi qu'à Colmar a été nommé un chimiste distingué, d'origine alsacienne, ancien directeur de la Station agronomique de l'Est et collaborateur de l'éminent agronome Grandeau. Il lui a été adjoint trois préparateurs : un pour la partie chimique, un pour la section biologique, un pour la station d'essais de semences.

La Station dirige, sur une surface d'une vingtaine d'hectares, des expériences du plus haut intérêt pour l'amélioration des diverses variétés de plantes; elle prête son concours à la Société pour l'amélioration des semences qui a déjà obtenu les résultats les plus remarquables. C'est ainsi, notamment, qu'à l'aide de variétés de blé sélectionnées à la Station, le président du Comice agricole de Colmar a obtenu, sur son domaine de Wihr-en-Plaine, un rendement moyen en blé dépassant 38 quintaux métriques à l'hectare. Des travaux analogues sont en cours pour l'amélioration des variétés d'orge, d'avoine et de pommes de terre.

Il existe également, à Metz, une Station agronomique pour la Lorraine; celle-ci était, sous l'ancien régime, une filiale de la Station de Colmar. Il a semblé plus rationnel de lui donner son autonomie et c'est un chimiste alsacien qui en assure la direction. Pour le moment, il ne possède qu'un seul préparateur, le travail de la Station de Metz étant actuellement moins important que celui de la Station de Colmar. Toutefois, et en raison même du développement progressif que semble devoir prendre la Station agronomique de Metz, il y a lieu d'y prévoir, dans un avenir prochain, la nécessité de la nomination de plusieurs collaborateurs.

Stations viticoles. — Un éminent viticulteur alsacien, Oberlin, prit l'initiative de créer, en 1897, un champ d'études viticoles qui ne tarda pas à se faire une renommée universelle par les travaux et les découvertes qui y furent réalisés. L'Institut viticole Oberlin fut encouragé et subventionné par le conseil municipal de Colmar et par le gouvernement d'Alsace-Lorraine. L'Institut est aujourd'hui sous la direction d'un viticulteur alsacien distingué, M. Kuhlmann, qui fut, dès les premières années, le collaborateur d'Oberlin. La Direction de l'Agriculture a continué à l'Institut les subventions et les encouragements qui lui avaient été accordés. L'Institut et ses annexes couvrent une superficie de plus de six hectares. La récolte de l'Institut Oberlin est vinifiée par les soins du directeur de la Station agronomique, dans des caves fort bien installées, qui appartiennent à la ville de Colmar. Le vin est ensuite vendu aux enchères, au bénéfice de la ville. Ces travaux annuels de vinification pratique permettront à la Station la réalisation d'intéressantes études et de directions utiles pour les vignerons. Elle prépare des levures sélectionnées des cépages d'Alsace qui sont mises à la disposition des viticulteurs.

Il existe, d'autre part, en Lorraine, un Institut viticole de l'État à Laquenexy, avec des annexes à Villers-l'Orme et à Jouy-aux-Arches; le tout sous la direction d'un excellent viticulteur lorrain, M. Aubriot. La Direction de l'Agriculture a la haute direction de l'Institut viticole de Laquenexy, qui fonctionne d'une manière satisfaisante. La surface de l'Institut viticole de Laquenexy et de ses annexes est d'environ six hectares.

Les viticulteurs d'Alsace et de Lorraine attachent la plus grande importance à ces deux institutions, d'où ils tirent de précieux conseils et d'excellents enseignements pour la reconstitution des vignobles. Il convient, non seulement de les conserver, mais encore de les consolider et de leur fournir des moyens d'action de plus en plus efficaces.

Nous devons prévoir, en effet, une extension rapide des ravages du phylloxéra, la loi allemande qui régit la défense contre ce parasite (en ordonnant des traitements d'extinction sur place et en interdisant la plantation des vignes américaines) ayant été abrogée par un arrêté du Commissaire général en date du 16 avril 1919. La liberté complète de plantation est ainsi rendue aux viticulteurs d'Alsace et de Lorraine, conformément à ce qui existe partout en France, où le système adopté a permis de reconstituer nos vignes françaises greffées sur pieds américains pendant la période même où elles disparaissaient sous les atteintes du fléau. Il importe de procurer à nos vignerons des plants porte-greffes ou producteurs directs convenant au climat et au sol de notre pays. Cette recherche a déjà été entreprise avec succès par les deux Stations précitées et il est désirable que cette œuvre se poursuive [1].

III. — SERVICE VÉTÉRINAIRE

Organisation. — Au moment de l'armistice, le service vétérinaire de l'État comprenait : un vétérinaire principal, chef du service, l'inspecteur de l'élevage, le chef de la station bactériologique, l'adjoint au vétérinaire principal, vingt-cinq vétérinaires d'arrondissement, huit vétérinaires cantonaux, six vétérinaires de frontière. Les villes d'une certaine importance avaient, en outre, des vétérinaires municipaux chargés principalement de la surveillance des abattoirs et de l'inspection des viandes. En dehors de ces fonctionnaires, l'Alsace-Lorraine comptait environ quarante praticiens faisant de la clientèle.

Les cadres du service vétérinaire de l'État ont été ramenés à un vétérinaire principal, un chef de la station bactériologique, vingt-trois vétérinaires d'arrondissement, six vétérinaires cantonaux. Les appointements et les

1. On a réuni ci-dessous les subventions accordées pour l'enseignement agricole et expérimental sous toutes les formes :

SERVICES	SOMMES ATTRIBUÉES	
	en 1913.	depuis l'armistice jusqu'au 1er février 1920.
	Francs.	Francs.
Professeurs d'agriculture	76 750	91 500
Écoles d'hiver.	40 000	22 500
École de Rouffach.	168 000	135 900
Station agronomique de Colmar. . . .	101 600	172 400
Station agronomique de Metz.	33 500	19 800
Institut viticole Oberlin	9 250	10 200
Institut viticole de Laquenexy et annexes	25 500	37 500
Totaux	457 600	412 800

indemnités de déplacements et autres ont été relevés par assimilation avec ceux des médecins d'arrondissement.

Le service vétérinaire, depuis l'armistice, a conservé ses attributions : service des épizooties, admission des étalons et des taureaux reproducteurs et contrôle des taureaux communaux, contrôle de l'inspection des viandes pour lesquelles environ cinq cents vérificateurs ont été conservés, enseignement de l'hygiène des animaux dans les écoles d'agriculture.

Le service de frontière, remanié et organisé conformément aux lois françaises, comprend aujourd'hui 24 postes et 8 titulaires.

Sur les trois écoles de maréchalerie, seule l'école de Strasbourg a pu être réouverte.

Service des épizooties. — Le service des épizooties est fait d'après les lois locales, plus avantageuses pour les propriétaires d'animaux que les lois françaises. Parmi les maladies contagieuses des animaux, la morve, la dourine, la péripneumonie, la fièvre aphteuse et la gale ont été l'objet des soins du service.

Les cas constatés de morve et de dourine étaient la conséquence d'importations de chevaux de réforme de l'armée allemande. La première a été très facilement réduite; la dourine, par contre, a causé de fortes pertes dans les arrondissements de Sélestat, Erstein, Ribeauvillé et Guebwiller, pour lesquelles il a été distribué 274 000 francs d'indemnités.

La péripneumonie a été introduite, dans les environs de Metz, par du bétail enlevé par les Allemands en Roumanie; l'abatage de la totalité des animaux malades et suspects a permis d'éteindre rapidement le foyer; les dépenses se sont élevées de ce chef à près de 160 000 francs.

La fièvre aphteuse a été importée au cours de l'été 1919 par du bétail de boucherie provenant du marché de la

Villette; elle s'est, très vite, considérablement étendue à la suite des agissements de nombreux marchands de bestiaux qui, malgré toutes les prescriptions sanitaires, ont colporté par tout le pays des animaux malades ou contaminés à la suite des premières infections. L'épizootie qui sévit encore actuellement a été très meurtrière et a atteint plus de douze cents communes de nos deux provinces et causé des pertes qui ne sont pas inférieures à cinquante millions de francs. A l'heure actuelle, cette épidémie paraît en voie de décroissance et ne s'étend plus que sur cinq cents communes environ. La Lorraine a été un peu moins frappée.

La gale a été introduite dans de nombreuses écuries par des chevaux de troupe de passage ou achetés à la suite de leur réforme; le traitement, très difficile par suite de la pénurie des médicaments appropriés, a été pratiqué avec beaucoup de peine.

Le total des indemnités payées par la caisse de l'État pour les pertes d'animaux morts ou abattus à la suite de maladies contagieuses a été, depuis l'armistice, de 44 718 fr. 60; environ 300 000 francs d'indemnités pour les cas encore en suspens restent à payer.

Les subventions accordées précédemment aux caisses locales d'assurance contre la mortalité du bétail (46 250 fr.) ont été fortement augmentées.

La section vétérinaire de l'Institut bactériologique s'est, en plus de ses travaux habituels de contrôle, occupée surtout de l'étude de la dourine au point de vue diagnostic, traitement et prophylaxie.

Ravitaillement en viande. — Le service vétérinaire qui, pendant la guerre, avait assuré le service de ravitaillement en viande, a continué après l'armistice. Restreint pendant quelques semaines au service du Bas-Rhin, il s'étend actuellement au Haut-Rhin et à la Moselle, mais ne comprend plus que la répartition de la viande frigorifiée et l'entretien du stock de réserve.

Les fonds provenant des économies do gestion faites pendant la guerre par le service des viandes et dont le total dépasse aujourd'hui six millions, ont pu, lors du départ des Allemands, être mis en sûreté, grâce à l'initiative et au dévouement du vétérinaire principal Zundel, chef du service. Le Commissaire général a autorisé, par décision du 31 juillet 1919, un prélèvement de un million sur ces fonds, pour la reconstitution du cheptel et la distribution de subventions aux sociétés d'élevage.

Encouragement à l'élevage et taureaux reproducteurs. — D'après les lois locales, c'est le service vétérinaire qui s'occupe, en effet, de la surveillance de l'élevage et de la reconstitution du cheptel. Dans ce dessein, le service s'est efforcé, conformément aux instructions de la Direction de l'Agriculture, d'assurer l'observation des lois particulières des provinces libérées sur l'élevage, lois relatives à la révision périodique des étalons et des taureaux reproducteurs.

La loi sur les taureaux reproducteurs, du 9 juillet 1900, et l'arrêté du même jour qui en assure l'exécution, sont particulièrement précieux pour l'amélioration du bétail bovin. Ils obligent les communes à entretenir, en régie, le nombre des taureaux reproducteurs correspondant au chiffre des bovins femelles de la commune, ou à assurer cet entretien par un contrat passé avec un cultivateur de la localité. Les révisions des étalons et des taureaux ont eu lieu partout en temps voulu. Il y a eu, par contre, en quelques endroits, des difficultés pour obtenir l'observation de la loi sur l'entretien des taureaux; les récalcitrants se réclament de l'état de choses actuel dans le reste de la France, où l'on ne possède pas encore de dispositions légales de ce genre; les difficultés seront certainement aplanies.

Une subvention de 45 000 francs a été distribuée entre les comices agricoles pour subvenir aux frais des achats de taureaux effectués par les comices, l'administration centrale n'achetant directement que les reproducteurs de choix. Une somme de 30 000 francs est encore disponible et sera distribuée aux syndicats d'élevage de bêtes bovines sur la présentation de leurs comptes de fin d'année.

En présence de la diminution du cheptel bovin et de la difficulté de se procurer les taureaux reproducteurs de choix qui étaient nécessaires, leur recherche a dû être effectuée, particulièrement en Suisse, à l'aide des sommes prises sur le prélèvement de un million dont il a été question plus haut.

Toutefois, la mauvaise situation sanitaire et la hausse des changes ont empêché la réalisation immédiate et complète des achats projetés de reproducteurs, de telle sorte que, jusqu'à ce jour, le service n'a pu se procurer qu'environ 80 taureaux de choix, de race Simmenthal, qu'il a achetés en Suisse au prix de 300 000 francs. Un second achat de même importance a eu lieu depuis.

L'achat de 25 étalons et de quelques pouliches, par les syndicats d'élevage du cheval ardennais-lorrain, a été facilité par une avance de 200 000 francs sur les mêmes fonds.

IV. — SERVICE DES HARAS

Le service des haras est installé au dépôt des étalons de Strasbourg et comprend : un directeur, un sous-directeur, agent comptable, un brigadier-chef et un brigadier, vingt-sept palefreniers.

L'effectif du dépôt qui est normalement de 76 étalons dont un pur-sang, n'était plus que de 63 unités au moment de l'armistice. Cet effectif a encore été réduit de 10 unités par l'épizootie de dourine.

L'effectif a été partiellement reconstitué par l'achat de 15 étalons en Normandie, en Bretagne et en Belgique; il a été dépensé, de ce fait, une somme de 172 635 francs, ce qui met le prix de l'unité à 11 500 francs.

En tenant compte des réformes nécessaires d'étalons usés, mais maintenus faute de mieux, il y a lieu de prévoir encore l'achat prochain de 10 à 12 étalons.

Une somme de 11 550 francs a été distribuée en primes aux étalonniers privés, propriétaires d'étalons approuvés. Une somme d'égale importance a été employée pour les concours de juments, de pouliches et de poulains.

V. — SERVICE DE LA RÉPRESSION DES FRAUDES

Au moment de l'armistice, le service de la répression des fraudes, conformément aux règlements locaux, était assuré, pour l'ensemble des denrées alimentaires, par les polices municipales. Les fraudes sur les vins étaient surveillées par trois inspecteurs des vins, un pour chaque département.

Le service de la répression des fraudes a été rattaché à la Direction de l'Agriculture par arrêté du Commissaire général de la République du 7 octobre 1919.

Par le décret du 25 novembre 1919, la loi française du 1er août 1905 sur la répression des fraudes a été rendue applicable à l'Alsace et à la Lorraine; dès lors, et après entente avec le Ministère de l'Agriculture, une organisation analogue à celle des autres départements a été réalisée.

Il a été nommé un inspecteur divisionnaire, chef du service, chargé en même temps de l'inspection départementale du Bas-Rhin, un inspecteur départemental pour le

Haut-Rhin, en résidence à Colmar ; un inspecteur départemental pour la Moselle, en résidence à Metz.

L'analyse des échantillons est assurée, en première ligne, par les Stations agronomiques de Metz et de Colmar, avec le concours du laboratoire municipal de Mulhouse et du laboratoire de l'Institut d'hygiène et de bactériologie de l'Université de Strasbourg.

VI. — COMICES ET ASSOCIATIONS AGRICOLES, CRÉDIT AGRICOLE, ETC.

Tout en s'occupant avec la plus grande activité de la réorganisation des services, la Direction de l'Agriculture prit contact avec les comices, sociétés et syndicats agricoles d'Alsace et de Lorraine, associations puissantes dont elle étudia tous les détails et reconnut l'excellente organisation. Aussi se garda-t-elle d'apporter des modifications dans leur fonctionnement. Elle se borne à assurer l'entière liberté de leur marche et à favoriser leurs initiatives ; elle chercha, non seulement à maintenir ces différents groupements, mais encore à les développer et à les encourager par l'attribution de toutes les subventions qui leur étaient accordées sous le régime précédent et, dans beaucoup de cas, en les augmentant. Le tableau ci-dessous[1]

[1]. TABLEAU DES SUBVENTIONS ACCORDÉES AUX COMICES ET ASSOCIATIONS AGRICOLES D'ALSACE ET DE LORRAINE.

SOCIÉTÉS SUBVENTIONNÉES.	MONTANT DES SUBVENTIONS.	
	en 1913.	depuis l'armistice jusqu'au 1er avril 1920
	Francs.	Francs.
Comice agricole d'Altkirch	9 670	16 310
— — de Colmar	6 650	20 060
— — Guebwiller	7 350	17 020
— — Mulhouse.	7 050	16 310
— — Ribeauvillé.	8 650	16 500
À reporter	39 140	86 530

montre la répartition de ces subventions et permet en même temps de comparer l'année normale 1913 avec le temps écoulé depuis l'armistice jusqu'au 1er avril 1920.

Crédit agricole et assurances. — Par tous les moyens, la Direction de l'Agriculture a cherché à favoriser les institutions de crédit agricole, si nécessaires aux cultivateurs. Le tableau précédent montre que ces subventions ont été accordées dans la plus large mesure, limitées seulement par les nécessités budgétaires.

De même, le service s'est efforcé de faire ressortir les

SOCIÉTÉS SUBVENTIONNÉES.	MONTANT DES SUBVENTIONS.	
	en 1913.	Depuis l'armistice jusqu'au 1er avril 1920.
	Francs.	Francs.
Report	39 400	86 330
Comice agricole de Thann	6 060	8 580
— — Erstein	6 840	16 180
— — Haguenau	7 690	19 455
— — Molsheim	8 250	14 595
— — Sélestat	8 930	17 840
— — Strasbourg-ville	2 385	6 080
— — Strasbourg-campagne	10 920	24 050
— — Wissembourg	8 810	17 495
— — Saverne I	7 850	18 245
— — Saverne II	7 660	16 375
— — Boulay	8 860	12 165
— — Château-Salins	5 810	14 310
— — Thionville-Est	5 075	14 315
— — Thionville-Ouest	2 935	6 565
— — Forbach	4 830	12 470
— — Metz	9 370	21 610
— — Sarrebourg	5 870	18 660
— — Sarreguemines	5 420	15 545
Association des arboriculteurs et viticulteurs d'Alsace et de Lorraine		10 250
Société des planteurs de houblon	2 875	8 000
Association Centrale des Comices agricoles	12 750	65 460
Fédération des Syndicats agricoles	5 000	43 620
Société d'hygiène publique (Jardins ouvriers)		500
Société d'apiculture d'Alsace et de Lorraine	2 500	2 500
A reporter	186 090	496 225

avantages de la mutualité sous toutes ses formes. Dans cet ordre d'idées, il a puissamment aidé à la création, à Strasbourg, au cours de l'année 1919, de la Société d'assurance mutuelle contre la mortalité du bétail, en lui accordant une subvention de 46 250 francs.

La Société d'assurance contre la grêle a reçu, de son côté, une subvention de 58 750 francs.

Journal agricole. — Depuis quarante-huit ans, l'Alsace-Lorraine dispose d'un organe important, le *Journal agricole*, qui s'occupe des intérêts de l'agriculture des deux provinces et qui est, en même temps, l'organe de

SOCIÉTÉS SUBVENTIONNÉES.	MONTANT DES SUBVENTIONS.	
	en 1913.	Depuis l'armistice jusqu'au 1er avril 1920
	Francs.	Francs.
Report	186 000	496 225
Société d'horticulture du Bas-Rhin . . .	1 250	1 250
Société de prévoyance sociale	1 250	11 875
Association des viticulteurs d'Alsace. .	15 000	29 800
Société des semences d'Alsace, à Colmar.	1 250	4 750
Société des semences lorraines.	1 250	4 750
Fédération des aviculteurs d'Alsace et de Lorraine	14 710	10 250
Fédération de l'élevage des chèvres . .		7 750
Société des courses d'Alsace et de Lorraine	2 500	6 000
Société hippique d'Alsace et de Lorraine.	11 010	6 500
— de pisciculture de la Lorraine.	1 875	1 250
— — — de l'Alsace. . . .	2 500	5 000
Société de laiterie		625
Associations des sociétés mutuelles d'assurance du bétail		46 250
Société d'assurance contre la grêle . . .	50 000	58 750
Office régional du Travail	4 650	5 450
Ville de Colmar : encouragement de la viticulture.	5 750	4 750
Élevage ovin	6 000	
Syndicats d'élevage du cheval		3 600
Concours de poulinières.		11 760
Approbation d'étalons.		11 630
Concours de bêtes bovine		50 000
Subventions à la motoculture		330 000
Totaux	305 085	1 158 135

toutes les sociétés agricoles du pays. Ce journal, dont le tirage s'élève à 45 200 exemplaires, reçoit, tous les ans, une subvention de 45 000 francs. En outre, la direction de ce journal publie, tous les ans, un *Almanach agricole* formant un fascicule illustré de 150 pages, qui contient, avec les faits les plus saillants de l'année, les documents pratiques les plus intéressants sur l'économie rurale. L'Almanach est tiré à 45 000 exemplaires.

L'ensemble des efforts dont on vient de faire un résumé, sera, d'ailleurs, utilement secondé par la mise en vigueur en Alsace et en Lorraine de la loi du 26 octobre 1919, créant et organisant des Chambres d'Agriculture. Ces chambres sont réclamées depuis longtemps par le monde rural de nos deux provinces, et le régime précédent n'avait donné à ce désir qu'une satisfaction incomplète par la constitution d'un Conseil supérieur, à pouvoirs restreints, et uniquement autorisé à émettre des vœux.

CHAPITRE XIII

TRAVAIL, LÉGISLATION OUVRIÈRE
ET ASSURANCES SOCIALES

*I. Objet et cadre de la Direction du travail. — II. Organisation du travail.
III. Réglementation du travail. — IV. Assurance et prévoyance.*

I. — OBJET ET CADRE DE LA DIRECTION DU TRAVAIL

LA Direction du Travail, de la Législation ouvrière et
des Assurances sociales a reçu, dans le cadre de
l'Alsace et de la Lorraine, toutes les attributions correspondant à celles qu'avait, à la date où elle a été constituée, le Ministère du Travail et de la Prévoyance sociale[1].
De même que la constitution de ce département ministé-
riel distinct avait, en son temps, voulu marquer la place
que le gouvernement français donnait aux questions du
travail, de même l'institution, dans l'organisation du
Commissariat général, d'une Direction consacrée à ces

[1]. On sait qu'avec le Ministère du 20 janvier 1920 présidé par M. Millerand, il a été constitué un Ministère de l'Hygiène, de l'Assistance et
de la Prévoyance sociales auquel ont été transférés une partie des
services du Ministère du Travail, tel qu'il était constitué antérieurement. La Direction du Travail au Commissariat général a continué
d'assumer les mêmes attributions, en liaison respective avec les deux
départements ministériels nouveaux.

matières témoignait déjà par cela seul de l'intérêt qu'y portaient, dans les départements recouvrés, l'État français et son représentant.

Ce fait était d'autant plus significatif ici que, ni dans l'organisation générale de l'Empire allemand, ni dans l'organisation administrative du Pays d'Empire, ces matières n'avaient été attribuées à une organisation administrative ainsi constituée à part et avec une pareille importance. Dans l'organisation de l'Empire il existait sans doute des services notables spéciaux à telle ou telle part de ces matières, mais ils n'étaient pas réunis en un ministère propre. Et, dans l'organisation administretive allemande du Pays d'Empire, quelques fonctionnaires de rang plus ou moins modeste, compris dans le vaste ensemble du sous-secrétariat de l'Intérieur, formaient la seule part d'administration centrale dans ce domaine.

La Direction du Travail créée au Commissariat général a reçu, au contraire, dès sa constitution, en même temps qu'un ensemble défini d'attributions et référence directe au Commissaire général, un cadre destiné à embrasser toute l'action variée prévue par l'organisation française correspondante.

Sommairement présentée, la Direction du Travail, de la Législation ouvrière et des Assurances sociales comprend à ce jour les services suivants :

A. Administration centrale : Service général (affaires générales ou réservées). — *1er bureau :* Organisation du travail; — *2e bureau :* Réglementation du travail; — *3e bureau :* Assurance et prévoyance. Les titres de ces trois bureaux serviront tout naturellement de titres aux trois chapitres qui vont suivre.

B. Services extérieurs, rattachés respectivement à l'un ou à l'autre des services d'administration centrale ci-dessus : *Office de statistique d'Alsace et de Lorraine, Office régional de placement, Inspection du travail d'Alsace et de Lorraine, Office général des assurances sociales, Institut des mutilés, réformés et veuves de guerre d'Alsace et de Lorraine.*

A cette direction ainsi formée une double tâche était dévolue : tâche d'ordre législatif ou réglementaire, tâche d'administration courante.

La première était de travailler à réaliser, aussi vite et aussi favorablement que possible, une adaptation entre la législation ou la réglementation française et la législation ou la réglementation établie sous le régime allemand, soit dans le cadre de l'Empire, soit dans le cadre régional. Et ce travail devait s'appliquer, non seulement à la législation et réglementation protectrices du travail, au sens étroit du mot (durée du travail, emploi des femmes et des enfants, hygiène et sécurité, etc.), mais encore à toute la législation des conventions relatives au travail, à toute « la matière » de la condition ouvrière, à celle des associations et des juridictions professionnelles, et encore à toute la matière des assurances (assurances sociales, assurances privées), ainsi qu'à celle des institutions diverses de prévoyance.

Dans ce domaine, on le sait, l'intervention de l'État s'était fort développée, notamment au cours des années antérieures à la guerre de 1914-18, dans les grands pays européens, et, on peut le dire, non sans quelque parallélisme entre eux : ce développement parallèle était favorisé, en effet, par les échanges d'informations et d'idées, par les tendances communes et l'action concourante de divers groupements et de diverses associations. Il se manifestait cependant de notables différences de l'un à l'autre pays, et, notamment, dans le cas présent, entre l'ensemble de la législation et des institutions existant en France à la date de l'armistice, et l'ensemble de la législation et des institutions correspondantes trouvées en vigueur en Alsace et Lorraine.

Pour une partie, celles-ci présentaient des organisations constituées et des avantages établis auxquels les intéressés étaient attachés. Il y avait donc à maintenir, d'une part, dans les départements recouvrés, ces organisations et ces avantages, à les faire connaître, d'autre part, dans le reste du pays, et à attendre, pour l'unification de la législation, que, pour l'ensemble de la France, fût réalisée, sur un type peut-être encore plus nouveau et profitant de toute l'expérience acquise, une organisation assurant des avantages égaux ou même supérieurs.

Pour une autre partie, la législation et l'organisation trouvées de l'un et de l'autre côté, présentaient respectivement des avantages ou des inconvénients qui, dans l'ensemble, se balançaient : il y avait à faire ici une accommodation progressive, ménageant les habitudes, s'efforçant de conserver ce qui était une supériorité, tout en faisant bénéficier en même temps de ce que les institutions françaises présentaient elles-mêmes de supérieur.

Sur d'autres matières, la législation française générale était manifestement en attente de révision et d'amélioration prochaines; ici, il y avait lieu d'attendre cette législation nouvelle, en laissant jusque-là subsister la législation locale pour ne pas avoir à changer à deux reprises, en peu de temps, les conditions de l'industrie alsacienne et lorraine.

Enfin, sur d'autres matières encore, la législation française, soit antérieure, soit toute récente, présentait des éléments supérieurs ou plus nouveaux : il importait d'en faire bénéficier, le plus tôt possible, les intéressés alsaciens et lorrains, en tenant compte toutefois des conditions particulières et en assurant les transitions désirables.

Tel a donc été, dans l'ordre de la législation et réglementation, le programme proposé et approuvé. Mais ce n'était pas le programme seul qui importait; c'était, en même temps, et peut-être davantage encore, l'esprit dans lequel ce programme devait être entrepris et réalisé. Il s'agissait ici, en effet, encore plus peut-être qu'en tout autre domaine, de faire sentir la différence entre un régime de domination, plus ou moins atténuée ou même plus ou moins heureuse dans son action, et un régime de pleine liberté, de gouvernement par soi-même, d'institutions valant par le consentement et la participation de ceux qui devaient en bénéficier.

La Direction du Travail s'est donc attachée avant tout à ne rien commencer ni exécuter de cette tâche qu'en liaison et, plus même, en accord avec les intéressés, avec les organisations patronales et ouvrières, avec les représentants qualifiés des catégories de personnes concernées par son action. Si elle peut ne pas y avoir toujours et intégralement abouti, elle peut dire, en tout cas, qu'elle a toujours travaillé en confiance avec tous ces intéressés. Mais le plein accord a été de beaucoup le cas le plus fréquent.

Au travail d'ordre législatif s'ajoutait, d'autre part, une tâche d'administration courante, particulièrement importante et délicate dans les circonstances et dans la période où se produisait cette rentrée dans la communauté française.

La guerre à peine finie, tous les États de l'Europe, même les États victorieux, se trouvaient aux prises avec des problèmes économiques dépassant de beaucoup, par leur ampleur et leur gravité, ceux qu'avaient présentés même les plus graves crises du siècle dernier. La reprise économique en Alsace et Lorraine n'échappait pas à ces énormes difficultés, bien que présentant en elle-même certaines conditions favorables à une solution moins lente ou moins pénible que dans d'autres régions. Mais il s'y ajoutait une complication inévitable dans les rapports entre les institutions, entre les groupements, entre les catégories de population intéressées, complication tenant au passage de la domination allemande à la souveraineté française et au changement de relations économiques et d'orientation générale qui en résultaient ou devaient en résulter.

En même temps que la Direction générale du Commerce abordait ces difficultés du point de vue industriel général, et en liaison, du reste, avec elle, la Direction du Travail avait à s'en préoccuper plus spécialement du point de vue de la situation ouvrière et à rechercher les conditions souhaitables, tant dans l'intérêt de toutes les parties que dans l'intérêt général, c'est-à-dire les conditions susceptibles d'assurer tout à la fois pleine vie, plein travail et plein rendement.

La vie industrielle, même peu à peu reprise dans des conditions plus normales, n'allait pas cependant, ici comme ailleurs, sans frottements et sans heurts. De ces difficultés courantes aussi, la Direction du Travail devait se tenir informée avec soin, afin d'aviser, le cas échéant, aux actions préventives ou aux atténuations possibles. Sans entraver, dans le cadre légal, les débats d'intérêts légitimes, elle devait se préoccuper d'aider, en tout cas, à maintenir ou à rétablir la bonne marche de la production : la conciliation, les conventions collectives, les institutions établies et durables de règlement pacifique des différends ont donc retenu toute son attention et paru mériter toute aide et tout encouragement possibles.

Enfin, indépendamment des adaptations de leur régime législatif, les diverses institutions du travail, de l'assurance, de la prévoyance, dans leur fonctionnement même, appelaient normalement, et, plus encore, dans la situation complexe ou souvent difficile où les plaçaient les conditions de cette période, une action administrative de sollicitude, de soutien et de progrès.

Mais il importe d'ajouter qu'ici encore, dans toutes les parties de cette tâche d'administration, aussi bien que dans la tâche d'ordre législatif, ce qui a pu être fait, ne l'a été qu'en liaison avec les intéressés, organisations patronales et ouvrières, représentations des personnes ou institutions concernées et, on peut le dire aussi, autant que possible en accord et, en tout cas, en confiance avec eux.

Ainsi, pour l'administration de chaque jour, comme pour la préparation et la réalisation de l'ordre législatif nouveau et de l'adaptation entre ce pays et le reste de la France, il a paru importer par-dessus tout que, dans cette maison où l'on voulait travailler *pour eux, avec eux,* tous les intéressés se sentissent *chez eux.* Si ce résultat a été atteint, c'est à eux, c'est à leur adhésion, mieux même à leur collaboration, que l'œuvre, entreprise, en cours ou déjà réalisée, doit d'être ce qu'elle est, c'est à eux qu'en doivent être rapportés les mérites — et les critiques.

II. — ORGANISATION DU TRAVAIL

Sous ce titre commun d'organisation du travail, nous comprendrons ici l'œuvre législative ou réglementaire, d'une part, et l'action administrative, d'autre part, concernant : le problème de la main-d'œuvre; la législation des conventions relatives au travail; les différends collectifs et les juridictions professionnelles; les associations professionnelles; les informations et documentations correspondantes.

A. — LE PROBLÈME DE LA MAIN-D'ŒUVRE.

Pendant la guerre, ici, comme dans l'intérieur de la France, le problème de la main-d'œuvre avait appelé une action de l'administration plus directe et plus étendue qu'elle n'était auparavant pratiquée en temps normal. La guerre terminée a imposé encore ce problème à l'administration sous de nouvelles formes et avec le nouvel objet de remettre en route les industries et productions de la paix et dans des conditions transformées. Il y a eu à remédier à un chômage exceptionnel résultant du brusque passage de l'état de guerre à l'état de paix et des difficultés économiques de cette période ; il y a eu à assurer le replacement de la main-d'œuvre en correspondance avec les conditions nouvelles de la production ou de l'industrie ; il y a eu, enfin, à chercher de nouvelles sources de main-d'œuvre pour parer au manque résultant de la guerre.

Chômage. — Au milieu de l'année 1919 sévissait encore en Alsace et en Lorraine, surtout en Alsace, un chômage considérable, conséquence de la démobilisation soudaine, de la crise de matières premières, de la destruction par la guerre d'un certain nombre d'établissements industriels et, en général, des difficultés de la reprise de la vie économique. Dès l'armistice, et même, pour une part, avant cette date, les administrations d'État et les administrations communales avaient dû accorder d'importants secours de chômage et avaient eu recours, pour enrayer le mal, à l'organisation d' « ateliers publics pour chômeurs ». Quoique la situation se fût améliorée dans la première moitié de l'année 1919, les mesures prises par l'administration antérieure et continuées sous l'administration française comportaient encore, vers le milieu de l'année, tant pour l'État que pour les municipalités, des dépenses considérables, et des inconvénients économiques ou sociaux peut-être encore plus dommageables que ces dépenses mêmes. Aussi, dès le mois de mai 1919, la Direction du Travail avait-elle étudié les moyens de réduire progressivement ces travaux et les dépenses de chômage et établi un programme qui, approuvé par le Conseil supérieur en sa session d'août, comportait plusieurs ordres de mesures :

a) Réintégration des chômeurs ayant antérieurement une profession dans leurs métiers respectifs, au fur et à mesure des besoins signalés dans ces métiers.

b) Organisation des travaux *sur un type industriel*, substituée à une organisation de pure assistance ou même à une absence de toute organisation.

c) Politique de salaires, tendant à substituer à des rémunérations ayant un caractère de secours ou d'allocations sans base industrielle, des rémunérations correspondant à un travail effectif et à un rendement efficace et prenant le caractère de salaire industriel proprement dit.

d) Emploi à l'intérieur de la France.

Des envois de chômeurs d'Alsace ont été organisés sur des points de l'intérieur de la France où se manifestaient des appels importants de main-d'œuvre, et, notamment, sur les chantiers des départements dévastés. Mais, pour obtenir cet exode et le rendre durable et efficace, il importait que des conditions satisfaisantes de salaires, d'habitation, de nourriture fussent assurées à ces travailleurs, non seulement par l'engagement même, mais dans la pratique effective. Il importait que ces travailleurs fussent bien accueillis et que, notamment, de fâcheux malentendus provenant surtout de la difficulté de s'exprimer en bon français, signalés sur divers points, fussent évités. A cet effet, une inspection de ces chantiers employant des Alsaciens a été organisée par la Direction du Travail et assurée par M. le général Auger, puis par M. le général Streicher, avec le plus grand succès. Il paraît nécessaire de maintenir un contrôle de cet ordre, si l'on veut conserver des effectifs importants de main-d'œuvre alsacienne à l'intérieur de la France et jusqu'à adaptation suffisante.

e) Participation variable de l'État selon les catégories de dépenses.

Il a paru que la participation de l'État aux dépenses relatives aux chômeurs, qui était très considérable et inconditionnée, devrait être au plus tôt soumise à une révision et à des conditions conformes au programme ci-dessus indiqué.

Toutefois, le traitement des diverses questions impliquées par ce programme étant resté, jusqu'en mars 1920, divisé entre plusieurs services et sans spécification définie, ces mesures diverses n'ont pu, au cours de l'hiver dernier, être poursuivies qu'en fait, et par action officieuse ou entente personnelle, et dans le seul cadre du Bas-Rhin : le résultat paraît en avoir été que le nombre des chômeurs des chantiers du Bas-Rhin est tombé de plus de 10 000 au milieu de l'année 1920 à quelques centaines à ce jour.

Un arrêté du 4 mars 1920 ayant donné à la Direction du Travail la charge de l'ensemble des questions du chômage et la gestion des crédits correspondants, il a été fait aussitôt effort pour que le programme ci-dessus rappelé fût appliqué, avec les adaptations convenables, dans l'ensemble de l'Alsace et de la Lorraine, notamment dans le Haut-Rhin, où le nombre des chômeurs était encore considérable au printemps de 1920 et où la situation des Ateliers dits « de chômage », spécialement des ateliers communaux, paraissait présenter des inconvénients croissants dans le temps même où le maintien de tels ateliers pouvait de moins en moins se justifier.

Par l'action d'une commission comprenant des représentants des divers services centraux ou locaux, ainsi que des intéressés, et par un service de contrôle temporairement organisé à cet effet, ces ateliers ont pu être progressivement réduits ou, en tout cas, la participation de l'État a été de plus en plus diminuée. Si bien que, passé le milieu de l'année 1920, on pouvait dire que cette institution du temps de crise avait pris fin et qu'il subsistait seulement en Alsace et Lorraine cette part de chômage limité ou temporaire, que comporte régulièrement une vie industrielle moderne.

Placement. — L'organisation du placement, assez ancienne en Alsace et Lorraine, avait déjà atteint un haut degré d'efficacité qui lui a permis de rendre de très grands services.

Le nombre des placements effectués par les offices municipaux et l'Office régional d'Alsace et de Lorraine, pour l'année 1919, s'est élevé à 66 281. Pour le mois de décembre 1919, le rapport entre les placements effectués et les demandes d'emploi était de 26,03 p. 100.

Pour réduire les dépenses des communes qui ont créé et qui entretiennent un bureau de placement, et aussi pour intéresser à ce service les communes qui n'en possèdent pas, il a été décidé que les communes comprises dans la zone d'activité d'un bureau public de placement gratuit participeraient, au prorata du chiffre de leur population, aux dépenses engagées par la commune qui aura établi et fera fonctionner ce bureau.

Pour étendre l'action des offices de placement et pour obtenir une égalisation plus sûre et plus rapide de l'offre et de la demande sur le marché du travail, un plan, dont l'exécution a commencé en février 1920, institue la collaboration de la gendarmerie avec les offices municipaux de placement, les bureaux de gendarmerie et les patrouilles de gendarmes devant aider à atteindre et à orienter la main-d'œuvre errante. Cette organisation a déjà donné des résultats fort intéressants.

La création d'offices départementaux de placement est envisagée.

La Direction du Travail s'est également proposé de faire bénéficier les offices de placement d'Alsace et de Lorraine des dispositions favorables de la réglementation française; par exemple, d'instituer, conformément au décret du 12 mars 1916, un système de subvention aux communes pour le remboursement des frais supportés par elles pour le service public de placement; et, d'une façon générale, de prendre toutes mesures qui puissent servir à rapprocher et, plus même, à unifier le régime et le fonctionnement des offices publics de placement en Alsace et Lorraine et des offices de placement dans le reste de la France.

Une prévision de crédits a été introduite à cet effet dans le budget de 1920-1921.

Main-d'œuvre étrangère. — Quoique, jusqu'au cours même de 1920, il ait subsisté en Alsace et Lorraine, et surtout en Alsace, comme on vient de le voir, un nombre encore considérable de chômeurs ou soi-disant tels, ou d'ouvriers employés hors de leur profession, il s'est manifesté cependant des besoins de main-d'œuvre importants dans l'agriculture et dans la grande industrie lorraine, et aussi pour certains des travaux de reconstruction.

L'effort le plus grand a été fait et se continue régulièrement pour employer, dans toute la mesure possible et au prix même de quelques encouragements spéciaux, les disponibilités de main-d'œuvre alsacienne à satisfaire à ces divers besoins. Mais, pour un certain nombre de professions qualifiées, il est apparu comme impossible de trouver dans ces chômeurs les éléments formés. Il y a donc à envisager une immigration de main-d'œuvre étrangère. Celle-ci doit, toutefois, être organisée de façon à éviter toute introduction d'ouvriers qu'on pourrait trouver

sur place, et être réalisée sous les conditions d'emploi
et de contrôle, hygiéniques, sociales, politiques, qui sont
prévues pour l'immigration de la main-d'œuvre étrangère dans le territoire français en général, mais qui
s'imposent peut-être encore davantage quand il s'agit
de l'Alsace et de la Lorraine. L'Office régional de
placement est étroitement associé à cette organisation,
d'accord avec les services d'administration générale et de
police.

B. — LÉGISLATION DES CONVENTIONS RELATIVES AU TRAVAIL.

La législation française et la législation allemande
locale comprenaient l'une et l'autre un certain nombre de
dispositions touchant les conventions relatives au travail.

Il y avait lieu de comparer ces textes et de voir si l'introduction des textes français devait être immédiatement
envisagée et dans quelles conditions. D'autre part, des
dispositions fort utiles, tant dans leur application directe
que par leurs conséquences indirectes, étaient présentées,
pour tous les travaux de l'État, des départements ou des
communes, par la réglementation française, et n'avaient
pas d'analogues dans la réglementation locale. Il a donc
été procédé à leur introduction, avec adaptations et compléments.

Apprentissage. — Il n'a paru y avoir aucun intérêt à
introduire le titre I du livre Ier du Code du travail relatif
au contrat d'apprentissage, étant donné que ce texte se
borne, on le sait, à reproduire la loi désuète de 1851 et
que la législation locale contient, au contraire, sur la
matière, un ensemble de dispositions beaucoup plus
modernes et plus efficaces. On n'a donc pas touché au
texte de la *Gewerbeordnung* à ce sujet, ni aux institutions
qui y correspondent (apprentissage organisé, dans la petite
industrie, sous le contrôle de la Chambre de Métiers et,

dans la grande industrie, suivant des dispositions assez adaptées aux conditions du développement industriel moderne).

Contrat de travail et salaires. — La question de l'introduction de la législation française concernant le contrat de travail et matières connexes, incorporée dans plusieurs titres du livre Ier du Code du travail, a été examinée dès le milieu de l'année 1919 et a fait l'objet d'un rapport au Conseil supérieur (session d'octobre). L'avis du Conseil supérieur, conforme aux conclusions de l'administration, se résume dans les considérations suivantes :

Titre II du livre Ier du Code du travail, Contrat de travail. — Les règles sur le louage de services figurant dans ce titre sont, pour les plus importantes, tirées du Code civil. Elles seront donc naturellement introduites avec ce code. Le texte sur le marchandage n'a pas grand intérêt dans la situation actuelle. Les articles récents (loi du 18 octobre 1917) sur le cautionnement sont un peu spéciaux et pourront être introduits en même temps que les règles ci-après relatives au salaire.

Titre III intitulé « Du salaire ». — Les dispositions des chapitres II, III, IV de ce titre relatives au paiement des salaires, aux retenues sur les salaires, à la saisie-arrêt et à la cession, seraient à plusieurs égards à introduire avec avantage ici, la législation locale étant déficiente sur plusieurs points et n'étant pas supérieure sur les autres. Mais, d'une part, sur les points les plus urgents, le résultat à obtenir peut être atteint par recommandation officieuse; d'autre part, ces textes contiennent des références assez nombreuses au Code civil ou au Code de commerce et n'auraient donc pas grand sens avant que les textes de ces codes soient introduits.

En estimant donc que l'introduction des textes en cor-

'rélation étroite avec des textes de la législation générale (Code civil, Code de commerce) devait être ajournée jusqu'à l'introduction de ces derniers, le Conseil supérieur a seulement retenu comme désirable l'introduction prochaine des dispositions sur le salaire des ouvrières à domicile dans l'industrie du vêtement, en même temps que de celles qui sont relatives au décompte du salaire dans les industries textiles (loi du 10 juillet 1915 formant le chapitre I du même titre III).

Mais cette introduction n'a pas laissé, à un examen précis, de soulever des difficultés d'adaptation ou de coordination avec la législation locale antérieure, qui ont demandé une étude et une mise au point assez délicates, travail aujourd'hui terminé.

Conditions du travail dans les marchés passés au nom de l'État, des départements et des communes et établissements publics de bienfaisance en Alsace et Lorraine. — Trois arrêtés du Commissaire général en date, le premier, du 28 septembre, les deux autres du 25 novembre 1919, ont introduit en Alsace et Lorraine, mais avec adaptations et compléments, les dispositions des trois décrets du 10 août 1899 sur les conditions du travail dans les marchés passés au nom de l'État, au nom des départements et au nom des communes ou établissements publics de bienfaisance.

Les adaptations portent sur des points où apparaissait nécessaire une mise en concordance avec la législation actuelle ou avec l'organisation administrative présente de l'Alsace et de la Lorraine.

Plus importantes sans doute sont les stipulations nouvelles introduites sous les points 5° et 6° de l'engagement prévu à l'article 1er et sous les articles 5 et 6 :

engagement de traiter avec les « délégations ouvrières » (dont l'institution est rendue obligatoire dans les cas et sous les conditions précisées dans l'article 5 pour tous les objets qui leur sont dévolus par la législation locale et par les usages;

engagement, en cas de différend collectif, de se soumettre à une procédure de conciliation ou d'arbitrage qui sera désignée dans le marché, et qui pourra être notamment la procédure organisée soit par la législation locale sur les Conseils de prud'hommes, soit par les accords entre organisations patronales ou ouvrières; mais cela, sous bénéfice d'un engagement réciproque, de la part des ouvriers ou employés, de se soumettre à la même procédure, engagement constitué dans les conditions prévues à l'article 6.

Ainsi sont organisées, pour l'exécution des marchés d'État entre l'entrepreneur et ses ouvriers et employés, des relations susceptibles d'assurer la régularité et la bonne marche du travail, d'éviter les interruptions et conflits, ou, s'il venait à s'en produire néanmoins, d'en assurer une solution amiable et pacifique.

Il est vrai que, d'informations récentes fournies par les divers services de l'État susceptibles de passer des marchés, il semble ressortir que les prescriptions de l'arrêté du 28 septembre 1919 n'ont été encore qu'imparfaitement mises en pratique. Mais il faut espérer que cette application sera progressivement mieux assurée et contribuera aux résultats qui sont attendus d'elle pour la stabilisation des conditions du travail et pour la prévention ou la solution des difficultés.

C. — DIFFÉRENDS COLLECTIFS. CONSEILS DE PRUD'HOMMES.

Différends collectifs. — La Direction du Travail s'est attachée à suivre de près tous les mouvements ouvriers en Alsace et Lorraine. Elle se tient en liaison de façon régulière et directe avec les organisations patronales, avec les organisations ouvrières, et les organisations d'employés, des diverses industries ou divers groupes d'industries et des diverses tendances existantes.

En règle générale, en cas de différends collectifs, la première action, officieuse ou officielle, sollicitée par l'une des deux ou par les deux parties, ou spontanée, est laissée, comme il convient, aux autorités locales administratives (sous-préfet, préfet) ou judiciaires (voir ci-dessous : *Conseils de prud'hommes*). L'administration centrale d'Alsace et de Lorraine n'intervient, directement ou indirectement, et d'accord, bien entendu, avec ces autorités locales, qu'en seconde instance, en cas de conflit particulièrement important ou s'étendant sur plusieurs circonscriptions administratives. Tel a été le cas, au cours de l'année 1919, pour divers mouvements importants : grève des mines de potasse, grève des chemins de fer, grèves minières et métallurgiques de Lorraine, etc.

En réponse à un vœu émis par plusieurs membres du Conseil supérieur, un projet d'organisation permanente de conciliation et d'arbitrage dans les exploitations de l'État ou dépendant de l'État avait été préparé dès le mois d'octobre 1919. Mais les administrations en question (Postes et télégraphes, Chemins de fer, etc.) ont estimé qu'une organisation de ce genre ne pouvait guère s'établir dans le cadre seul de l'Alsace et de la Lorraine, et le projet est resté en l'état. On sait que, depuis, un projet de loi sur la matière a été présenté au Parlement pour l'ensemble de la France.

Dans un certain nombre d'industries importantes, spécialement en Alsace, des *contrats collectifs* portant sur les salaires et conditions du travail pour une certaine durée, ont été conclus ou renouvelés, notamment dans le second semestre de 1919, et encore dans le premier semestre de 1920. La Direction du Travail s'est régulièrement intéressée à l'élaboration de ces accords et en suit le développement avec une particulière attention. La plupart de ces accords contiennent une clause instituant une organisation de conciliation ou d'arbitrage, en cas de différend sur la matière ou sur l'application du contrat, ainsi que des délais de dénonciation ou de préavis.

Au cours même de l'exécution de ces contrats, mais sans dénonciation, les ouvriers ont présenté des demandes de suppléments de salaires, en les motivant par l'augmentation des prix des denrées survenue depuis la conclusion de ces contrats; et, dans plusieurs cas, il a été donné, par accord entre les parties, une certaine suite à ces demandes.

D'autre part, les dénonciations prévues par eux ont été jusqu'ici régulièrement observées. Il est permis d'espérer que le renouvellement de ces contrats pourra, dans plus d'un cas, être assuré sans grève, par discussion entre les représentants des parties.

Ainsi qu'il a été indiqué ci-dessus, on a ajouté aux conditions à insérer dans les marchés de l'État, des départements ou des communes, une clause concernant la conciliation et l'arbitrage, en cas de différend collectif, dans l'exécution de ces marchés.

Délégations ouvrières. — La législation locale prévoit dans les grandes industries et au moins pour les exploitations un peu importantes, l'institution de délégations ouvrières par établissement. Cette institution, qui avait été généralisée et rendue obligatoire par la législation de guerre, demeure, en législation normale, obligatoire pour certaines industries; et les arrêtés ci-dessus indiqués sur les conditions du travail dans les marchés de l'État, des départements et des communes, l'ont prescrite également dans les ateliers et chantiers travaillant à l'exécution de ces marchés.

Il ne semble pas toutefois qu'actuellement ces délégations soient constituées et fonctionnent, comme il est prévu et désirable, dans tous les cas où elles sont obligatoires ni dans tous ceux où elles étaient antérieurement pratiquées et vraiment recommandables, et il apparaît donc qu'un effort pourrait être fait en ce sens.

Conseils de prud'hommes. — La législation locale des Conseils de prud'hommes comportait des Conseils de prud'hommes industriels (loi du 30 juin 1901) et des Conseils de prud'hommes commerciaux (loi du 6 juillet 1904), organisés sur des bases et avec des attributions à certains égards différentes de celles des Conseils de prud'hommes de la législation française actuelle. Les pouvoirs des tribunaux encore en fonctions après l'armistice expirant le 23 avril 1920, il y avait lieu d'assurer la reconstitution de cette juridiction vivement appréciée de tous les intéressés.

Elle a été réalisée par le décret du 27 avril 1920. La solution consiste essentiellement à maintenir à titre provisoire la législation locale, en y apportant toutefois quelques modifications indispensables, mais toutes empruntées à la législation française.

Ce maintien de la législation locale a eu principalement pour raisons : d'une part, la nécessité d'assurer au plus tôt le fonctionnement effectif de cette juridiction (alors que l'introduction du régime français, supposant un personnel formé et des conditions non réalisées, n'aurait pu avoir aussi vite l'efficacité désirable); d'autre part, et surtout, l'intérêt que paraissaient présenter particulièrement à cette heure les attributions dévolues par la législation locale à ces conseils en matière de différends collectifs. Aux termes de cette législation, en effet, le président du Conseil de prud'hommes peut être saisi, ou même, dans certains cas, peut se saisir lui-même des différends collectifs survenus dans la circonscription,

Pour résoudre ces différends, il peut siéger en conciliation seul, ou en arbitrage avec le concours d'assesseurs spécialement désignés par les parties. Plusieurs exemples récents en Alsace, spécialement auprès du Conseil de prud'hommes industriel de Strasbourg, ont montré toute l'heureuse efficacité pratique que peut avoir un judicieux emploi de ces attributions.

Le décret du 27 avril 1920 a donc laissé subsister les parts d'organisation qui paraissaient indispensables au fonctionnement rapide et au maintien des attributions de ces conseils (notamment quant à la nomination du président). Mais les règles plus favorables que présentait la législation française, pour l'électorat, ainsi que pour la compétence *ratione personæ* et *ratione materiæ* et que pour la répartition des assujettis entre les Conseils industriels et les Conseils commerciaux, ont été rendues applicables par ce décret.

Sur ces bases, il a été procédé aussitôt à la reconstitution des tribunaux de prud'hommes existant en Alsace et en Lorraine à la fin de la guerre.

Enfin, la création de nouveaux Conseils de prud'hommes, notamment dans les régions industrielles de la Moselle qui en sont à ce jour dépourvues, est vivement demandée par des représentants des intéressés et paraît appelée à une réalisation prochaine.

D. — ASSOCIATIONS PROFESSIONNELLES ET OUVRIÈRES.

Il a déjà été indiqué que la Direction du Travail n'avait pas manqué de se tenir en liaison avec les organisations professionnelles, tant patronales qu'ouvrières et de toutes tendances, pour suivre les difficultés économiques et le rôle que ces associations pouvaient jouer dans leur solution. C'est surtout par l'action de ces associations professionnelles, et plus souvent entre association patronale et association ouvrière, qu'ont été conclues les conventions collectives dont on a indiqué plus haut l'importance et les heureux effets.

D'autre part, il a été de plus en plus considéré, dans tout le domaine de la législation protectrice du travail (ainsi qu'on le verra spécialement dans la matière de la loi de huit heures), que l'administration devait avoir le souci essentiel d'opérer, dans cet ordre de prescriptions ou de mesures, en liaison régulière, et, autant que possible, en accord complet, avec les organisations professionnelles intéressées.

Pour ces raisons donc, il a paru que, afin d'assurer ce caractère à toute l'œuvre entreprise de législation ou de réglementation sociales, il importait, au premier chef, d'aider, autant qu'il peut dépendre de la législation ou de l'administration, au développement des associations professionnelles, dans le cadre légal et pour les objets qui répondent à leur rôle propre. Telle a été la raison de l'introduction qui, on va le voir, est réalisée à ce jour, de la législation française sur cette matière.

En second lieu, d'autres espèces encore d'associations ouvrières qui rentrent dans le domaine d'action du Ministère du Travail, et par conséquent de la Direction du Travail en Alsace et Lorraine, ont paru mériter l'attention : ce sont les associations coopératives, coopératives de consommation, coopératives de production. On va voir plus loin ce qui a été fait ou tenté à leur égard.

Syndicats professionnels. — La législation locale, telle qu'elle existait à l'armistice, peut être ainsi résumée :

1° Les syndicats ouvriers ne pouvaient, en Alsace et en Lorraine, se constituer que sous le régime de la loi sur les associations du 19 avril 1908. Cette loi, qui n'est pas spéciale aux associations professionnelles, ne leur conférait pas la personnalité civile.

2° Certaines associations professionnelles avaient un

statut légal : ce sont les associations prévues par les lois des 13 juillet 1881 et 26 juillet 1897 incorporées dans le Code industriel du 26 juillet 1900 *(Gewerbeordnung)*.

Ces associations, dites *Corporations (Innungen)*, ont ordinairement un caractère patronal. Elles sont circonscrites à un territoire déterminé de peu d'étendue. Elles n'englobent, en principe, que des artisans de métiers similaires. Elles peuvent, depuis la loi du 26 juillet 1897, si certaines conditions sont remplies, être rendues obligatoires. Qu'elles soient obligatoires ou facultatives, leur régime ne paraît vraiment s'adapter qu'aux conditions de l'organisation professionnelle de la petite industrie.

3° Les organisations qui se rapprochent le plus de ce que sont les syndicats agricoles dans le reste de la France, étaient régies par le texte très général de la loi sur les associations coopératives de production et de consommation du 1er mai 1889, modifiée en 1900.

Ainsi, sous cette législation locale, les syndicats ouvriers, aussi bien que les associations des patrons de la grande industrie, pouvaient se constituer librement, mais ne jouissaient pas de la personnalité civile.

Il y avait donc grand intérêt à introduire, pour ces diverses associations, la législation française. La question a été posée, toutefois, et examinée par le Conseil supérieur, à sa session d'octobre 1919, de savoir si, la loi de 1884 sur les syndicats professionnels étant en instance de révision au Parlement, il ne convenait pas d'attendre cette révision pour introduire, en une fois, les nouveaux textes en Alsace et Lorraine. Cette révision n'étant pas intervenue avant la fin de la précédente législature, la loi de 1884 a été, en attendant, introduite par décret du 3 décembre 1919, telle qu'elle se comportait alors. Le texte modificatif de celui de 1884, définitivement adopté par le Parlement au début de la nouvelle législature et devenu la loi du 12 mars 1920, a été ensuite également rendu applicable en Alsace et Lorraine par décret du 27 avril 1920.

Ainsi l'ensemble de la législation française sur les syndicats professionnels est désormais en vigueur en Alsace et Lorraine. L'administration a pris à tâche de faire connaître à tous les intéressés les conditions dans lesquelles elle s'applique, les avantages qu'elle prévoit et les formalités à remplir pour en bénéficier.

Et d'abord, il est à bien noter que le décret du 27 avril 1920, tout comme celui du 3 décembre 1919, a explicitement maintenu en vigueur la législation locale sur les mêmes matières ou matières concourantes.

Il en résulte notamment : qu'il n'est rien changé aux textes de cette législation, concernant les corporations d'artisans ou *Innungen* (lois des 18 juillet 1881 et 26 juillet 1897); que les associations agricoles, d'autre part, peuvent continuer à fonctionner sous le régime de la loi locale du 1er mai 1889 sur les sociétés coopératives; enfin, que la loi locale sur les associations du 19 avril 1908, ainsi que les dispositions du Code civil local relatives aux associations (tant que ce Code reste en vigueur) n'étant pas touchées par cette introduction de la loi française sur les syndicats professionnels, peuvent continuer à être invoquées par les associations qui désireraient être régies par elles.

Ainsi, les intéressés peuvent continuer, autant qu'ils le désirent, à bénéficier des avantages que pouvait offrir la législation locale préexistante.

Mais les avantages considérables présentés par les lois françaises introduites donnent à penser que les intéressés, lorsqu'ils en seront pleinement informés, ne manqueront pas de se placer sous cette législation. La question pourra se poser, du reste, ici comme dans l'ensemble du pays, de savoir si les associations professionnelles proprement dites, ayant le caractère de syndicats professionnels, auront toute liberté de choisir entre le régime général des associations et celui de la loi qui leur est spécialement destinée. Ce qui est sûr, en tout cas, c'est que la loi de 1884 modifiée, si elle impose aux syndicats professionnels certaines formalités, d'ailleurs très simples, de constitution, et certaines règles, d'ailleurs très larges, pour leur objet et leur fonctionnement, leur donne, en revanche, une personnalité civile très étendue qui les incitera sans doute à en rechercher au plus tôt le bénéfice, surtout depuis le texte nouveau. En effet, ces associations reçoivent des droits très considérables qui leur ouvrent des possibilités d'action et de développement dans tout le champ de l'étude et de la défense des intérêts économiques collectifs qui leur est attribué par cette loi. — Du texte du 12 mars 1920 également, les unions de syndicats reçoivent les mêmes droits que les syndicats simples.

Il est à espérer qu'après avoir pris connaissance de toutes les dispositions de cette législation, les associations professionnelles actuellement existantes en Alsace et Lorraine en reconnaîtront tout l'intérêt pour elles et s'empresseront d'accomplir les formalités qui y sont prévues, afin de pouvoir assurer et développer leur action légitime à la faveur de ces importantes lois françaises.

Un crédit a été porté au budget de 1920 pour permettre des encouragements aux syndicats ouvriers, notamment sous la forme d'envois d'ouvrages pour leurs bibliothèques ou leurs cours. Ces envois les aideront dans la tâche qui leur est ouverte, et qu'ils sont certainement disposés à assumer, de culture générale, de culture française et de développement technique tout à la fois.

Sociétés coopératives de consommation. — A l'époque de l'armistice, les Sociétés coopératives de consommation, assez fortes en Alsace, étaient à peu près inexistantes en Lorraine.

Au moment surtout où les institutions de guerre du régime allemand concernant la répartition et la vente des denrées de consommation usuelle étaient destinées à disparaître à plus ou moins bref délai et la liberté du commerce appelée à un rétablissement progressif, il a paru indispensable de mettre la coopération de consommation en Alsace et Lorraine en situation de rendre les services qu'on peut attendre d'elle dans la lutte contre la cherté de la vie.

Les Sociétés coopératives de consommation, en effet, présentent, on le sait, le grand avantage d'apporter, sur les conditions d'approvisionnement, sur la nature, sur la qualité et sur les prix des denrées, le contrôle direct et efficace du consommateur. Mais, d'autre part, comme elles suivent dans la mesure convenable les prix du commerce, elles ne portent pas entrave au commerce honnête et aux bénéfices raisonnables, comme le feraient des cessions de denrées au public par des organisations placées en dehors des conditions normales du commerce. Elles ne constituent donc pas une concurrence qui ne puisse être soutenue par le bon commerçant. Mais, à l'encontre du commerce de spéculation, elles peuvent avoir une action régulatrice des prix, et cette action est d'utilité, non seulement pour les membres de ces sociétés, mais encore pour tous les acheteurs des mêmes marchandises.

Toutefois, cette influence s'exerce de façon plus sûre et plus étendue si les coopératives peuvent ne pas vendre exclusivement à leurs sociétaires, et si, d'autre part, elles peuvent, par des installations de vente plus nombreuses, pénétrer dans le plus de quartiers ou de localités possibles. C'est pour contribuer à cette action, dans ces conditions et avec cet objet, que deux ordres de mesures ont été prises au cours de l'année 1919.

1° Tout en maintenant dans leur ensemble les dispositions de la loi locale du 1er mai 1889, il a été admis, par arrêté du 17 juillet 1919, que les Sociétés coopératives qui, d'après cette loi, ne pouvaient vendre qu'à leurs membres, pourraient dorénavant vendre au public, sous la condition empruntée à la législation française d'accepter de « recevoir comme associés tous ceux qu'elles ont déjà admis comme clients habituels ». L'arrêté du Commissaire général prescrit, en outre, que les bonis provenant de la vente au public ne peuvent, en aucun cas, être répartis entre les sociétaires, conformément à la pratique suivie par les Sociétés coopératives françaises.

2° Par arrêtés des 26 juillet et 10 août 1919, une organisation de crédit analogue à celle qui fonctionnait déjà pour les Sociétés coopératives dans le reste de la France, a été instituée en faveur des Sociétés d'Alsace et de Lorraine, sous la forme d'un fonds de dotation destiné à permettre de leur consentir, après avis d'une commission spéciale, des prêts à faible intérêt.

C'est dans ces conditions qu'ont déjà été accordées à un certain nombre de Sociétés coopératives des avances importantes remboursables en cinq années. Tout en donnant aux petites ou moyennes sociétés l'appui qu'elles paraissaient mériter, l'emploi de ce fonds a pourtant été de préférence affecté à favoriser le développement des grandes sociétés à succursales multiples, en raison des supériorités que présente ce type de sociétés pour la gestion, pour l'esprit commercial, pour l'économie des frais généraux, pour le bon aménagement des approvisionnements et des prix.

On a évité d'accorder ces prêts pour des opérations immobilières ou à longue échéance; mais, au contraire, conformément aux raisons d'institution de ce fonds, tout l'effort a porté sur le développement immédiat, notamment sur l'ouverture de nouvelles succursales susceptibles de servir au plus tôt à lutter contre la cherté de la vie.

Les résultats obtenus, tels qu'on les connaît déjà, sont des plus encourageants. En Alsace, les sociétés existantes ont pris un nouveau développement. En Lorraine, où le mouvement coopératif n'était représenté par aucune organisation, l'Union des coopérateurs de Metz, fondée en septembre 1919, a déjà ouvert et doit ouvrir encore un nombre notable de succursales, tant à Metz que dans les régions industrielles de Thionville et de Forbach.

La question a été posée de l'introduction en Alsace et Lorraine de la législation française interdisant les « Économats » (livre Ier du Code du travail, articles 75 à 77), et la commission consultative de répartition du fonds de dotation a émis, dans sa séance de février 1920, un vœu en ce sens, sous condition de délais d'application analogues à ceux qu'avait fixés, en France, la loi du 25 mars 1910 incorporée dans ces articles du Code du travail.

Une enquête a été ouverte sur cette question, en correspondance avec une enquête ordonnée par le ministre du Travail dans l'ensemble de la France sur les institutions de guerre tolérées ou même encouragées en dehors des termes de la législation qui vient d'être rappelée. Les résultats de cette enquête permettent d'aviser, en connaissance de cause, à l'introduction des prescriptions de la législation française, sous réserve des accommodations et mesures de transition nécessaires.

Sociétés coopératives de production. — Il n'existe pas pour l'instant de Sociétés coopératives de production, au sens français du mot, en Alsace et Lorraine. Mais, s'il s'en constituait, toutes mesures seraient prises pour les admettre au bénéfice des dispositions dont cette catégorie d'associations jouit dans la législation et la réglementation françaises.

**E. — *Enquêtes et informations. Commissions. Office
de statistique.***

Indications générales. — La Direction du Travail comporte également un service d'enquêtes, informations et études analogue à celui qui a été constitué et a fait ses preuves partout ailleurs en France sous le titre d'Office du travail. Ces enquêtes ou études ont à porter non seulement sur les mouvements ouvriers, grèves, syndicats, contrats collectifs, etc., mais encore sur les conditions du travail, salaires, durée du travail, coût de la vie, etc.

Il n'a pas paru opportun, jusqu'à présent, de constituer un organisme de consultation unique analogue, dans le cadre de l'Alsace, à ce qu'est, pour l'ensemble de la France, le Conseil supérieur du travail. Mais, sur les principales questions posées, on a toujours organisé des consultations des intéressés sous forme d'enquêtes ou de commissions; cet appel à la collaboration des représentants qualifiés des patrons et des ouvriers ou employés et de leurs organisations professionnelles, a, de façon générale, rencontré le meilleur accueil et constitué des relations de concours et de confiance entre ces intéressés et l'administration, et elle a abouti aux résultats les plus satisfaisants.

Citons notamment : en 1919, les commissions préparatoires pour l'application de la loi de huit heures dans les diverses industries; en 1919 et 1920, la commission de répartition des avances aux Sociétés coopératives de consommation; en 1920, la commission chargée d'étudier les conditions d'emploi du fonds de chômage; plus récemment encore, la commission régionale d'études relatives au coût de la vie.

Pour cette partie de la tâche de la Direction du Travail, il est fait largement appel au concours de l'Office de statistique, qui y est rattaché comme le service de Statistique générale l'est à Paris au Ministère du Travail, et dont il convient ici d'indiquer l'origine, le fonctionnement et le rôle.

Office de Statistique d'Alsace et de Lorraine. — L'Office de Statistique d'Alsace et de Lorraine a pour origine un bureau créé en 1871 par la nouvelle administration allemande à Strasbourg et rattaché, en 1879, à la section de l'Intérieur du Ministère. Il s'occupait alors principalement de questions historiques et, accessoirement, fit paraître deux annuaires statistiques. Il prit un caractère plus technique et un développement notable en 1906, année où fut mis à sa tête un statisticien de profession, venu de l'Office de statistique de Berlin.

Depuis cette date, l'Office avait été officiellement chargé de rassembler et de publier dans un annuaire périodique les renseignements statistiques concernant les diverses branches de l'administration d'Alsace et de Lorraine; plus spécialement, de dresser les statistiques du mouvement de la population, des élections, de l'agriculture, du bétail, et de procéder aux recensements démographiques et industriels. Toutes ces attributions lui ont été maintenues par la décision du 14 mars 1919 et l'arrêté du 18 août 1919, qui a également fixé les cadres de l'Office sous le nouveau régime.

L'Office a été dirigé, à partir du 19 février 1919 et jusqu'en avril 1920, par un statisticien de la Statistique générale de la France. Le personnel d'origine allemande a été remplacé, en mars, par un personnel recruté sur place. Les questionnaires utilisés jusqu'alors pour les enquêtes et statistiques ont été remaniés et mis en concordance avec les questionnaires correspondants utilisés dans les autres départements français. Le recensement du bétail et la statistique agricole, pour l'année 1919, ont été effectués : les résultats sont en cours de publication. La nouvelle direction a fait également paraître les statistiques qui n'avaient pas été publiées par suite des hostilités, pour les années 1913 à 1918 (mouvement de la population, agriculture et bétail, caisses d'épargne). Elle a entrepris une enquête permanente sur le mouvement des prix de gros et de détail. Elle s'efforce, enfin, de rassembler tous les renseignements nécessaires à la rédaction d'un annuaire statistique qui fournira, pour les années de guerre, les statistiques dans les diverses branches intéressant le gouvernement et le public.

Pour 1920, il a assuré la publication de comptes rendus statistiques périodiques, dont les fascicules successifs sont consacrés respectivement à l'une des matières ci-dessus indiquées, ou réunissent des renseignements de divers ordres dont la publication rapide apparaît intéressante et utile.

Le maintien de cet Office paraît être une nécessité tant que durera l'organisation administrative actuelle en Alsace et Lorraine. Mais, même lorsque ces territoires auront été entièrement réintégrés dans les cadres administratifs français, il serait vivement souhaitable que cet Office devînt le prototype d'offices de statistique régionaux dont le besoin a déjà été plusieurs fois signalé, offices qui seraient des correspondants, répartis sur tout le territoire français, de la Direction de la Statistique générale à Paris, actuellement démunie de tout service régional ou local d'informations ou de collection de données. Ces Offices régionaux auraient sans doute, ainsi qu'a commencé de le faire l'Office alsacien, à se consacrer surtout à la statistique économique dans ses diverses branches (agriculture, industrie, commerce, prix, conditions du travail, etc.).

Enfin, dès maintenant, a été amorcée une mise en liaison étroite de l'Office de statistique d'Alsace et de Lorraine avec l'Université de Strasbourg, pour les divers enseignements économiques ou autres auxquels il serait de première utilité de conserver cet Office comme cadre d'un séminaire de statistique dont la création a été demandée. Cette liaison ne pourrait que devenir plus étroite le jour où serait à nouveau établi à l'Université, ou créé dans l'Institut du travail (dont le projet est à l'étude), un enseignement propre de la statistique[1].

III. — RÉGLEMENTATION DU TRAVAIL

(Législation dite législation protectrice des travailleurs ou législation ouvrière.)

L'introduction en Alsace et Lorraine de la législation française de protection des travailleurs présentait de nombreuses difficultés, du triple fait : des différences de cadres et de caractère entre cette législation et la législation allemande correspondante encore en vigueur, de la complexité de la matière, enfin, des modifications en cours ou à prévoir.

Aux textes actuellement réunis dans le livre II du Code du travail et qui ont pour objets principaux l'âge d'admission, la durée du travail et les repos, l'hygiène et la sécurité des travailleurs, les moyens de contrôle, les sanctions pénales, c'est le titre VII du Code industriel ou *Gewerbeordnung* qui, dans l'ensemble, correspond le mieux. Mais, de même qu'aux textes français de caractère législatif s'ajoutent les textes réglementaires pris en vertu des dispositions de la loi, de même aussi, et davantage encore, aux textes de la *Gewerbeordnung* s'ajoutent une quantité considérable et complexe de prescriptions prises en vertu

1. Cette liaison avec l'Université vient de faire un nouveau pas, grâce à la délégation récente (décembre 1920) d'un professeur de sciences économiques à l'Université dans les fonctions de directeur de l'Office de statistique.

de ces articles et ayant le caractère, tantôt d'ordonnances d'Empire, tantôt de règlement régional ou spécial, tantôt de statut local, tantôt même d'arrêté individuel par établissement.

Le travail d'introduction des textes français comporte donc spécialement ici deux grandes branches qui pour la clarté de cet exposé peuvent être utilement distinguées : introduction des textes législatifs, introduction des textes réglementaires.

Il convient, en outre, de rappeler que cette législation ou réglementation se trouve, en plusieurs points, liée à d'autres parties du droit (droit public, droit administratif, civil, industriel, etc.) : l'introduction des textes spéciaux devait donc se régler sur celle des textes plus généraux.

Textes législatifs. — L'introduction de la législation a été essentiellement réglée par les considérations suivantes :

1° D'abord a paru s'imposer l'application sans retard en Alsace et Lorraine des textes de législation du travail nouvellement votés en France. C'est ainsi que la loi du 23 avril 1919 sur la journée de huit heures, la loi du 24 juin 1919 sur la durée du travail dans les mines ont été introduites aussitôt que possible, sous réserve des précautions et adaptations nécessaires.

2° Peu après, il a paru possible et opportun de déclarer applicables les dispositions du livre II du Code du travail qui pouvaient, ou bien modifier et améliorer utilement les dispositions correspondantes de la législation locale, ou bien s'y substituer sans inconvénient. C'est ainsi que, par arrêté du 1er octobre, et sous réserve seulement de diverses dispositions transitoires ou adaptations, a été introduite la majeure partie de ce livre II, savoir : du titre premier, les dispositions relatives au travail de nuit dans les boulangeries, au repos des femmes en couches, au travail des enfants et des femmes dans les travaux souterrains; — à peu près tout entier, le titre II relatif à l'hygiène et à la sécurité des travailleurs; — les dispositions essentielles du titre III qui concernent l'inspection du travail et les mesures de contrôle, ainsi que l'ensemble des dispositions concernant les délégués à la sécurité des ouvriers mineurs; — enfin, les dispositions essentielles du titre IV relatif aux pénalités.

3° Par contre, ont été provisoirement réservées les dispositions de législation du travail qui sont étroitement liées à des dispositions d'un autre ordre se trouvant différer dans la législation française et dans la législation locale (dispositions relatives à l'âge d'admission des enfants dans l'industrie, qui sont liées à celles de l'obligation scolaire, actuellement différente en législation française et en législation locale).

4° Ont été aussi réservées provisoirement les dispositions qui, dans la législation française, paraissent devoir être soumises à un réajustement prochain et se sont trouvées, dans la législation locale, dépasser à certains égards la législation française ou reposer sur des principes différents (ainsi, les dispositions relatives au travail de nuit, relatives au repos hebdomadaire, qui devront sans doute être remaniées prochainement en raison de la loi de huit heures).

5° Enfin, n'avaient pas non plus à être introduites, pour l'instant, les dispositions ne correspondant pas à l'organisation actuelle de l'Alsace et de la Lorraine.

L'ensemble des introductions législatives réalisées à ce jour dans ce domaine paraissent déjà avoir apporté de notables améliorations :

a) L'introduction immédiate des lois nouvelles votées par le Parlement français a apporté des règles générales en avance manifeste sur les prescriptions du droit local antérieur.

b) L'assujettissement aux règles protectrices essentielles de la législation française s'est trouvé étendu aux établissements commerciaux, alors que la législation locale comportait des dispositions et des mesures de contrôle distinctes pour le commerce et l'industrie; il s'est trouvé étendu également à d'autres catégories d'établissements qui étaient, jusqu'à présent, en dehors de la réglementation locale correspondante.

c) A l'ensemble compliqué, confus et souvent inefficace de la réglementation locale concernant l'hygiène et la sécurité, s'est trouvée substituée la réglementation française à la fois plus simple, mieux ordonnée, et plus opérante pour la protection effective des ouvriers et des employés, en même temps qu'elle présente plus de garanties pour les industriels (notamment procédure de la mise en demeure et droit de recours). Cette introduction n'a pas touché toutefois à la législation locale des établissements classés, dangereux ou insalubres, en attendant l'introduction de la loi française récente sur la matière, qui ne ressortit pas, du reste, à la Direction du Travail.

d) Les prescriptions françaises concernant l'inspection du travail qui ont été introduites, présentent l'avantage d'étendre la compétence de l'inspection à tous les établissements assujettis à la législation, en même temps que celui de régler de façon meilleure ses rapports de compétence avec la police.

e) L'introduction des dispositions concernant les délégués à la sécurité des ouvriers mineurs a correspondu à un vœu présenté à l'administration à la fois par les exploitants et par les ouvriers et s'est ajoutée avec avantage à l'institution maintenue des « délégations ouvrières aux conditions du travail » conforme à la loi locale des mines.

f) Enfin, le titre des pénalités a pu être introduit sans difficulté et même, au contraire, avec avantage.

Textes réglementaires. — L'introduction des textes législatifs entraîne celle des textes réglementaires. Celle-ci, toutefois, est encore actuellement en cours d'exécution, non seulement pour les règlements nouvellement établis ou encore en cours d'établissement dans le reste de la France, mais aussi pour des règlements antérieurs, en raison de la complexité de la matière et des nombreuses difficultés d'adaptation.

1° Règlements d'application de la loi sur la journée de huit heures.

Les travaux des commissions mixtes constituées en Alsace et Lorraine aussitôt après la promulgation de la nouvelle législation sur la durée du travail, en ont facilité la mise en application en Alsace et Lorraine et ils ont servi de préface à l'introduction des règlements pris pour l'ensemble de la France. L'adaptation de ceux-ci, au fur et à mesure qu'ils sont arrêtés à Paris, aux conditions locales ou régionales spéciales à l'Alsace et à la Lorraine, est aussitôt mise à l'étude en collaboration avec les représentants des organisations patronales et ouvrières. Dès maintenant, les règlements généraux promulgués pour diverses branches d'industrie au cours de l'année 1920, sont introduits ou sur le point de l'être avec les adaptations ou dispositions transitoires nécessaires.

2° Réglementation de la journée de huit heures et du repos hebdomadaire dans les établissements commerciaux.

L'extension aux établissements commerciaux de la réglementation sur la durée du travail, qui constitue une innovation aussi bien dans la législation locale que dans la législation française, se trouve poser indirectement la question connexe du régime de repos hebdomadaire dans le commerce.

Le Conseil supérieur, à ce sujet, a été saisi de requêtes des organisations intéressées tendant à l'unification et à la généralisation (sauf dérogations indispensables à admettre) du repos dominical intégral dans le commerce. Dans sa séance du 17 décembre 1919, le Conseil supérieur a émis le vœu que la solution de cette question fût liée à celle de la réglementation à intervenir pour l'application de la journée de huit heures dans le commerce, et qu'il fût prévu, pour cette double réglementation, des distinctions par catégories de villes, catégories définies par la population ou, éventuellement, par d'autres caractères (clientèle de campagne, de montagne, etc.), en même temps que l'extension de la réglementation adoptée pour une grande ville aux localités immédiatement voisines.

3° Règlements relatifs à l'hygiène et à la sécurité des travailleurs.

Il s'agit là d'une réglementation fort importante, qui comporte de nombreux textes et dont les conditions d'adaptation ont demandé une étude assez longue et aussi précise que possible.

Des arrêtés rendant applicables ceux de ces règlements dont l'introduction apparaissait des premières à réaliser, ont été soumis à des consultations des corporations intéressées et sont mis ou ne tarderont pas à être mis en vigueur.

L'introduction de la réglementation française relative à l'hygiène et à la sécurité des travailleurs devra, d'ailleurs, être suivie de celle de la réglementation des établissements classés, avec laquelle elle présente de nombreux points de contact. Toutefois, le fonctionnement de cette dernière réglementation repose sur divers organismes départementaux d'hygiène publique, qui devront être préalablement constitués ou réorganisés.

Inspection et contrôle. — La législation locale comportait, en nombre de cas, notamment en matière d'hygiène et de sécurité, une délégation du pouvoir réglementaire aux autorités administratives ordinaires ou aux autorités de police locale. Il est apparu que cette délégation n'était pas compatible avec l'organisation administrative nouvelle et les principes généraux de la législation et réglementation française du travail. D'autre part, l'organisation locale du contrôle d'application des lois ouvrières reposait à la fois sur la police et sur l'inspection du travail, et les attributions respectives et les rapports de ces deux services présentaient des différences essentielles avec l'organisation adoptée dans le reste de la France.

L'introduction ci-dessus déjà indiquée des textes principaux du titre III du livre II du Code du travail a fait disparaître ces différences et réalisé l'introduction du régime français en ce qui concerne l'application de la législation ou des règlements français.

Mais ces différences subsistaient encore en ce qui concerne l'application de la législation ou réglementation fondée sur la *Gewerbeordnung*. Un décret nouveau a pour objet de donner aux inspecteurs du travail, même pour l'application de la législation locale, les pouvoirs et attributions que la législation française leur confère et modifiera, en conséquence, ceux de la police, d'accord avec la Direction de l'Intérieur.

De l'organisation antérieure du service en Alsace et Lorraine, on a conservé, toutefois, l'adjonction d'assistants aux inspecteurs ordinaires du travail. Il a paru, en effet, nécessaire de maintenir aux inspecteurs qui, pour une part, viennent des autres départements, ces collaborateurs de recrutement alsacien, non seulement pour des considérations de langue et de relations avec le public ne parlant pas le français, mais encore en raison du travail plus grand impliqué par la coexistence des deux législations et l'adaptation à une réglementation nouvelle, et aussi par les attributions maintenues ici au service de l'inspection du travail, en plus de celles qu'il a normalement dans le reste du territoire français (notamment en matière d'établissements classés et en qualité de conseil technique du préfet pour les affaires industrielles).

On a conservé également de l'organisation antérieure l'adjonction d'un médecin-conseiller technique au service de l'inspection du travail.

De même que dans les autres départements, les fonctions d'inspecteur du travai' sont exercées, en ce qui concerne cette industrie, par les ingénieurs et contrôleurs des mines.

Il a été déjà signalé ci-dessus que la législation française sur les délégués à la sécurité des ouvriers mineurs était introduite et à ce jour entrée dans la pratique. Mais cette introduction n'a pas fait disparaître l'institution des délégations ouvrières prévues par la loi locale du 16 décembre 1873 sur les mines modifiée, ou « délégations aux conditions du travail », dont les attributions ne font pas double emploi avec celles des délégués à la sécurité prévus par la législation française.

IV. — ASSURANCE ET PRÉVOYANCE

Dans cette branche importante des attributions de la Direction du Travail sont comprises en premier lieu, et en raison de l'importance qu'elles ont dans l'organisation industrielle et les conditions ouvrières d'Alsace et Lorraine, les assurances sociales contre la maladie, contre l'invalidité, contre les accidents, et l'assurance des employés privés. Mais elle comprend aussi les assurances privées, notamment les assurances sur la vie et les réassurances, en ce qui concerne la législation et le contrôle entrant dans les attributions du Service de surveillance des opérations de réassurance et d'assurances directes qui fait partie du Ministère du Travail. Il y rentre encore la

législation et l'administration des diverses institutions de
prévoyance ou d'amélioration de la condition ouvrière
qui, antérieurement, dépendaient du Ministère du Travail
et de la Prévoyance sociale — et dépendent, maintenant,
du Ministère de l'Hygiène —, principalement les caisses
d'épargne et les habitations à bon marché. Enfin, l'organisation de rééducation et de patronage en faveur des
mutilés, réformés et veuves de guerre d'Alsace et de Lorraine, a été constituée auprès de la Direction du Travail,
de la même façon que l'Office national des mutilés et
réformés de la guerre l'était, à la date de cette organisation, auprès du Ministère du Travail et de la Prévoyance
sociale.

Quelle a été l'œuvre du service dans ces divers
domaines?

A. — *ASSURANCES SOCIALES EN ALSACE ET LORRAINE.*

Dès l'armistice, l'assurance contre la maladie, l'assurance des invalides et des survivants, l'assurance contre
les accidents et l'assurance des employés privés, qui étaient
en vigueur en Alsace et Lorraine au moment de l'armistice, en vertu du code du 19 juillet 1911 et de la loi du
20 décembre 1911, ont été maintenues en pratique.

Peu après son entrée en fonctions, M. Millerand, Commissaire général de la République, a confirmé ce maintien
et il en a donné notamment l'assurance formelle à la
première assemblée générale de l'Office général des assurances sociales du 6 mai 1919, par des déclarations qui ont
eu aussitôt, parmi les intéressés, le plus heureux reten-
tissement. Il terminait son allocution à cette assemblée
par les paroles suivantes : « Ce que j'ai voulu affirmer pour
l'ensemble des travailleurs d'Alsace et de Lorraine, c'est
qu'ils n'ont aucune inquiétude à concevoir sur l'avenir de
leurs assurances sociales. La France républicaine a mis
depuis longtemps au premier rang de ses préoccupations

la sécurité des travailleurs. Elle entend, en maintenant intégralement les avantages sociaux assurés aux ouvriers et employés d'Alsace et de Lorraine par la législation existante, y puiser les éléments susceptibles d'améliorer ses propres lois et procurer ainsi des avantages nouveaux à l'ensemble des travailleurs français. » Ces paroles tracent la ligne de conduite qui a été suivie depuis, par le Commissariat général de la République, en matière d'assurances sociales.

Les administrations spéciales aux assurances sociales, ainsi que les institutions d'assurance, qui avaient été désorganisées par la guerre ou qui manquaient en Alsace et Lorraine, ont été réorganisées ou créées de façon à obtenir un fonctionnement régulier de toutes les assurances légales dans le cadre d'Alsace et de Lorraine.

Office général des assurances sociales. — Jusqu'à l'armistice, les assurances ouvrières d'Alsace et de Lorraine relevaient directement de l'Office impérial de Berlin. Un arrêté interministériel du 15 mars 1919 avait créé à Strasbourg un service général chargé d'exercer toutes les attributions administratives et contentieuses qui appartenaient antérieurement à l'Office impérial de Berlin. Par un arrêté du 9 avril 1919, le Commissaire général de la République transforma ce service en *Office général des assurances sociales*, de façon à l'adapter exactement aux attributions d'administration, de contrôle et de contentieux qu'il était chargé d'exercer.

Un arrêté du 8 juillet 1919 a organisé spécialement cet Office général comme juridiction de dernière instance en matière de rentes d'invalidité, de rentes d'accidents du travail, et en matière d'assurance-maladie. L'Office fonctionne avec un conseil de contentieux administratif et avec des conseils de contentieux judiciaires.

Dans l'organisation de l'Office général, la participation

des employeurs et des assurés a été scrupuleusement maintenue dans toute la mesure où la prévoyait la législation locale : c'est, en effet, une des caractéristiques très intéressantes des lois sociales d'Alsace et de Lorraine que d'associer ainsi directement l'assuré aux institutions qui gèrent ses intérêts. L'Office général représente un établissement autonome, constitué pour la décentralisation administrative, technique et contentieuse des assurances sociales.

Les *Offices supérieurs* et les *Offices d'assurance* qui constituent des tribunaux arbitraux de seconde instance, ont été maintenus dans chaque département. Un arrêté du 11 décembre 1919 a réglé l'exercice de leurs attributions administratives et contentieuses.

Les *Offices d'assurance* qui existaient dans chaque cercle et dans les villes de Strasbourg, Metz, Mulhouse, Colmar et Guebwiller, ont été maintenus, après régularisation de leur fonctionnement par un arrêté du 9 octobre 1919, comme organes de contrôle de l'assurance-maladie et comme instance du premier degré au contentieux.

Assurance contre la maladie. — L'assurance contre la maladie, qui est la plus ancienne des branches d'assurances sociales et la mieux établie en Alsace et Lorraine, a été maintenue intégralement, conformément à la législation locale, mais élargie de façon à tenir compte de l'augmentation des salaires. Dès le 20 juin 1919, un arrêté élevait à titre provisoire de 3125 francs à 5000 francs le maximum de salaire assujettissant à l'assurance, et de 5000 à 6500 francs le maximum de rémunération pour l'assurance facultative.

Puis, les nombreuses dispositions légales adoptées pendant la guerre ont été révisées, modifiées ou abrogées pour rendre à l'assurance-maladie son fonctionnement d'avant la guerre, en tenant compte toutefois des besoins consécutifs à la guerre.

Toutes les caisses de malades ont repris leur fonctionnement normal. Les élections des comités-directeurs qui n'avaient pas eu lieu depuis 1913, sont actuellement effectuées.

Plus récemment, afin d'assurer, en tenant compte des conditions économiques nouvelles, l'application du code aux catégories de personnes visées par lui, un décret (qui comporte ratification du Parlement dans les conditions prévues par la loi sur le régime transitoire) a porté à 8000 francs la limite de l'assujettissement obligatoire et à 12000 francs celle de l'assujettissement facultatif, relevé à 16 francs le taux maximum obligatoire du salaire de base et à 20 francs le taux maximum facultatif. Le même décret a maintenu de façon durable aux intéressés, et même augmenté, les secours d'accouchement et les indemnités d'allaitement accordés à titre provisoire pendant la guerre.

Il a encore rétabli l'obligation de l'assurance pour les travailleurs à domicile, mais en y adaptant les règles locales d'application mises à l'épreuve pour l'assurance facultative du temps de guerre.

Un décret récent autorise la création de caisses libres agréées pour les employés qui, avant l'armistice, étaient affiliés à des caisses de cette catégorie ayant leur siège en Allemagne.

Enfin, la délicate question des contrats médicaux a été, en ces derniers temps, reprise entre les caisses de malades et les associations de médecins et a pu aboutir à des solutions satisfaisantes pour les deux parties.

Assurance des invalides et des survivants. — Cette assurance a aussi été maintenue intégralement après certaines mesures nécessaires à son adaptation au cadre d'Alsace et de Lorraine. Les organes de direction de l'Institut d'assurance-invalidité ont été renouvelés dans les conditions légales.

Le préjudice résultant de la guerre pour les assurés a été réparé dans une mesure équitable par un arrêté du 20 juin 1919, ainsi que par une disposition transitoire d'un décret plus récent, soit pour tenir compte aux assurés de leur période de service militaire, soit pour faciliter à ceux dont les droits étaient déchus, la reprise de leurs cotisations légales à titre rétroactif.

La liquidation des rentes se fait régulièrement. La rentrée des cotisations s'est sensiblement améliorée. Elle a atteint 6 940 832 francs en 1919, chiffre sensiblement égal à celui de 1914, et, pour les onze premiers mois de 1920, 8 648 049 francs.

L'insuffisance des rentes par suite de la vie chère a été compensée jusqu'à présent par une allocation supplémentaire de 10 francs par mois pour les assurés invalides et de 5 francs pour les veuves invalides. Cette allocation a été maintenue par décisions successives jusqu'au 1er novembre 1920. Mais il importe d'aviser à une solution d'un caractère plus durable et plus général. L'étude de cette solution a été activement poussée par les services administratifs en collaboration avec les représentations des intéressés. Elle a abouti à un texte de décret (comportant la ratification des Chambres) qui relève notablement le taux des cotisations, sans cependant dépasser la proportion antérieure entre ces cotisations et les salaires effectivement pratiqués. Moyennant ce relèvement, l'institution d'assurance-invalidité est en mesure de couvrir les excédents de charges survenus dans les dernières années et d'augmenter durablement tant les allocations supplémentaires des rentes déjà liquidées que les rentes ultérieures, et cela pour les invalides et les veuves, comme pour les vieillards et les orphelins, ainsi que de réaliser cette augmentation à un taux qui paraît correspondre aux conditions nouvelles de la vie et au vœu des intéressés.

Assurance contre les accidents. — L'assurance contre les accidents du travail pour les ouvriers de l'industrie avait besoin d'une réorganisation à peu près totale, étant donné qu'elle avait principalement pour organes en Alsace et en Lorraine des institutions ayant leur siège en Allemagne. Toutefois, en raison du désir formellement exprimé par les représentants des employeurs et des assurés et à la suite des avis émis les 5 et 30 mai 1919 par l'Office général des assurances sociales, le maintien de la législation locale avec ses institutions propres et sa procédure spéciale a été décidé. Un arrêté du 17 juillet 1919 a réparti en Alsace et en Lorraine toutes les branches industrielles soumises à l'assurance entre cinq corporations nouvelles : mines et usines métallurgiques, métaux et transports, textiles et industrie chimique, industries alimentaires, industries du bâtiment. Ces corporations dont les opérations remontent au 1er janvier 1919, ont toutes tenu leur assemblée plénière et fonctionnent désormais comme institutions légales. Les opérations antérieures au 1er janvier 1919 et intéressant les corporations allemandes, ont été gérées par deux administrateurs-séquestres.

L'assurance-accidents pour l'agriculture qui avait ses institutions propres en Alsace et en Lorraine, a été remise en application sans difficulté, avec son régime spécial.

Assurance des employés privés. — La loi du 20 décembre 1911 sur l'assurance en faveur des employés privés, était la plus délicate à appliquer. Sa mise en vigueur ne remonte qu'au 1er janvier 1913 et relevait d'un seul établissement d'Empire à Berlin. Elle était sans cadres locaux en Alsace et Lorraine. Pourtant, les associations

d'employés ont indiqué nettement qu'ils tenaient à conserver le bénéfice de cette loi. Un arrêté du 15 août 1919,
pris sur l'avis de l'Office général des assurances sociales,
a confié la gestion de cette assurance à un service administratif qui fonctionnera jusqu'à ce que le Parlement ait
déterminé si cette assurance doit faire, comme l'assurance
ouvrière des invalides et des survivants, l'objet d'un
établissement autonome ou si elle doit être rattachée à la
première comme branche spéciale. Le relèvement des
classes de salaires et des cotisations est également à
l'étude pour cette assurance.

Règlements avec l'Allemagne. — La préparation des
accords spéciaux concernant les assurances sociales
prévus par le traité de paix (art. 77) a fait l'objet
d'études longues et difficiles. Les négociations entre les
services techniques des deux parties ont duré plusieurs
mois sous les auspices de la Délégation pour l'application
du traité de paix en ce qui concerne l'Alsace et la Lorraine. Elles ont abouti à un projet de convention qui por-
tait sur les questions techniques et sur un certain nombre
de questions financières, mais réservait les autres questions financières pour un règlement ultérieur. Dans ces
conditions, il a été finalement décidé de porter l'ensemble
de la question devant une commission d'arbitrage constituée conformément au traité et qui, d'après les textes
qui en prévoient l'institution possible, doit statuer dans
des délais assez courts. Il est donc à penser que la matière
ne tardera pas à être réglée.

Relations avec la législation française générale. — En
présidant une seconde fois l'assemblée plénière de l'Office
général des assurances sociales, le 13 décembre 1919,
M. Millerand disait : « A votre première assemblée générale, il a été entendu que les assurances sociales telles

qu'elles existent en Alsace et en Lorraine subsisteraient et que la population ouvrière et laborieuse qui attache un si grand prix au maintien des dispositions dont elle a apprécié la valeur, pouvait sans inquiétude envisager l'avenir. Je n'ai pas aujourd'hui à réitérer ces assurances. Elles ont été confirmées par les faits ». Mais il ajoutait : « S'il ne saurait être question de toucher aux assurances sociales d'Alsace et de Lorraine, on ne peut davantage accepter qu'indéfiniment subsiste en Alsace et Lorraine une législation différente de celle de la France. Il faut arriver à une fusion des deux parties. » C'est donc au premier plan dans le programme des travaux restant à poursuivre qu'a été placée la coordination à rechercher et à réaliser entre la législation locale et la législation française générale. Le travail ainsi tracé est, dès maintenant, largement abordé, tant au Ministère du Travail à Paris que par les services du Commissariat général, pour les diverses branches d'assurances ou d'institutions correspondantes.

D'abord, des régimes provisoires ont été établis d'un commun accord entre le Ministère du Travail et le Commissariat général sur les points où il était particulièrement urgent d'assurer une liaison réciproque entre les institutions respectives correspondantes.

Plus récemment, le ministre du Travail a mis à l'étude une organisation d'assurance sociale générale contre la maladie, l'invalidité et la vieillesse pour l'ensemble de la France ; et, tant dans la préparation des avant-projets que dans la commission instituée pour les examiner et les mettre au point, il a fait une notable part aux représentants des services compétents du Commissariat général, ainsi qu'à des intéressés (patrons et ouvriers) alsaciens et lorrains.

Ainsi, il sera sans doute tiré large et bon profit de l'expérience alsacienne. Il est à espérer que, dans un avenir prochain, ces efforts aboutiront à une législation neuve d'assurances sociales pour l'ensemble de la France.

B. — ASSURANCES PRIVÉES.

Au moment de l'armistice, la matière des assurances privées était régie en Alsace et en Lorraine par deux lois fondamentales : la loi du 12 mai 1901 relative à la constitution et au fonctionnement des entreprises d'assurances privées et la loi du 20 mai 1908 sur le contrat d'assurance.

Cette dernière loi, en raison des garanties qu'elle donne aux assurés et de l'absence de législation équivalente dans le reste de la France, a été maintenue en vigueur et paraît devoir être conservée jusqu'au jour où la question sera réglementée pour toute la France par le Parlement.

Quant à la loi du 12 mai 1901, ses dispositions peuvent être classées en deux catégories : les unes correspondent à la législation française relative à la surveillance et au contrôle des sociétés d'assurance, les autres donnent un statut juridique aux associations analogues à nos sociétés de secours mutuels.

En ce qui concerne les questions de surveillance et de contrôle, un arrêté du 14 septembre 1919 a substitué aux dispositions de la loi de 1901 toute la législation française de surveillance et de contrôle des entreprises privées d'assurances sur la vie, de capitalisation et d'épargne, ainsi que des opérations d'assurances directes et de réassurances. Mais elle paraît devoir être maintenue pour tout le reste, tout au moins jusqu'à introduction de la loi de 1867 sur les sociétés et du décret de 1868 sur les assurances.

Quant aux dispositions concernant les associations mutuelles d'assurances, elles paraissent pouvoir être un jour remplacées, au moins facultativement, par les dispositions contenues dans les titres I et II de la loi française du 1er avril 1898 sur les sociétés de secours mutuels.

Mais, l'introduction de cette loi en coexistence avec une législation d'assurance obligatoire contre la maladie ne se présentant pas de façon simple, l'étude de cette adaptation à la législation française est encore en cours.

Il y avait également à régler la question des contrats d'assurance passés avec les sociétés allemandes, en exécution du traité de paix. Après examen, il a été décidé que, conformément à l'arrêté du 7 février 1919 interdisant aux compagnies d'assurances et de réassurances précédemment portées sur la liste noire toutes opérations en Alsace et en Lorraine, leurs contrats seraient résiliés, et notification en a été faite à l'Allemagne dans les délais voulus. Toutefois, les contrats d'assurance sur la vie en cours ou contrats de réassurance correspondants n'ont pas paru, dans l'intérêt des assurés alsaciens et lorrains, devoir être semblablement dénoncés; mais la gestion ultérieure de ces assurances, ne pouvant être opérée en Alsace et Lorraine par les compagnies allemandes elles-mêmes, devra sans doute être effectuée par un organisme spécial.

C. — CAISSES D'ÉPARGNE.

La question des Caisses d'épargne présentait en Alsace et en Lorraine redevenues françaises un intérêt tout particulier. Le régime des Caisses d'épargne y fut retrouvé, en effet, très différent de celui qui existe en France. Tandis que, dans le régime français, les Caisses d'épargne sont tenues de verser à la Caisse des dépôts et consignations toutes les sommes qu'elles reçoivent de leurs déposants, la loi locale du 23 avril 1912 distingue les Caisses d'épargne en deux catégories : les caisses sans garantie communale et les caisses avec garantie communale.

Les caisses sans garantie communale ont un régime analogue à celui des Caisses d'épargne françaises, tant au point de vue de l'obligation à laquelle elles sont soumises de placer leurs fonds à la Caisse des dépôts et consignations qu'au point de vue du taux de l'intérêt qu'elles servent à leurs déposants.

Les caisses avec garantie communale, au contraire, jouissent d'une grande liberté pour le choix de leurs placements et peuvent servir à leurs déposants un intérêt plus élevé. En raison de la faveur que le régime des caisses avec garantie communale a trouvée auprès des déposants, en raison aussi des facilités qui leur sont accordées pour placer leurs fonds, ces caisses ont demandé que le régime dont elles jouissaient leur fût maintenu. Il leur a été jusqu'ici donné satisfaction à titre transitoire. Mais la question est déjà posée d'une conciliation plus durable entre le régime actuel des Caisses d'épargne avec garantie communale et la législation française générale.

Au lendemain du vote par le Parlement de la loi du 18 octobre 1919 qui a relevé le maximum des dépôts pour les Caisses d'épargne en France, des mesures analogues ont été prises pour l'Alsace et la Lorraine par le décret du 23 novembre 1919.

Il convient de signaler également que des mesures ont été prises, depuis l'armistice, pour accorder aux déposants d'origine alsacienne ou lorraine le remboursement de leurs dépôts à 1 fr. 25. On envisage actuellement les mesures à prendre pour obvier à la situation qui résulte pour les Caisses d'épargne de la composition de leur portefeuille en valeurs allemandes.

Une loi récente vient de faire, dans la Commission supérieure des Caisses d'épargne, une place spéciale aux représentants des caisses d'Alsace et de Lorraine : cette participation aux travaux communs de la commission aidera sans doute grandement à l'unification ultérieure de législation, souhaitée par tous les intéressés.

D. — HABITATIONS A BON MARCHÉ.

Il existait en Alsace et Lorraine, au moment de l'armistice, quatorze Sociétés d'habitations à bon marché. Dix d'entre elles ont la forme de sociétés coopératives et sont régies par la loi locale du 1er mai 1889. Ces Sociétés ont contribué à procurer aux familles ouvrières un grand nombre de logements salubres et à bon marché.

Résultats obtenus et situation actuelle. — Les Sociétés de Strasbourg ont construit : 155 maisons collectives et 171 maisons individuelles; la Société de Colmar : 58 maisons collectives; les Sociétés de Mulhouse : 5 maisons collectives et 1 332 maisons individuelles; la Société de Metz : 32 maisons collectives; la Société de Sarreguemines : 11 maisons collectives.

Le développement des Sociétés d'habitations à bon marché se heurte en Alsace et en Lorraine, dans les circonstances actuelles, aux mêmes difficultés que dans les autres régions de la France : cherté des matières premières et de la main-d'œuvre. Dès le mois de décembre 1919, le Commissaire général a saisi le ministre du Travail de la question de savoir à quelles conditions il serait possible d'accorder aux sociétés d'habitations à bon marché d'Alsace et de Lorraine des avances au taux d'intérêt exceptionnel prévu par la législation française, et, d'une façon plus générale, à quelles conditions il serait possible de faire application en Alsace et Lorraine de cette législation.

L'introduction complète, immédiate et en un seul coup, de toute cette législation française sur les habitations à bon marché a paru présenter un certain nombre de difficultés et ne pas offrir des éléments suffisants de solution aux problèmes les plus pressants de l'heure. En tout cas, elle exigeait des délais pour l'adaptation des sociétés existantes à ce régime nouveau. On a donc cherché une solution aux besoins les plus urgents par une adaptation, dans le cadre des institutions d'Alsace et de Lorraine, des dispositions envisagées ou réalisées dans la législation générale.

D'autre part, une enquête a été ouverte auprès des sociétés, collectivités, autorités administratives les plus intéressées par la crise du logement et par les solutions temporaires ou durables à y apporter. Elle paraît déjà pouvoir fournir à l'administration les données les plus utiles en vue des réalisations possibles.

Il est à espérer que ces efforts associés aboutiront, à bref délai, à constituer une atténuation sensible aux difficultés si graves du problème du logement dans les agglomérations urbaines à l'heure présente.

E. — Institut des mutilés, réformés et veuves de guerre d'Alsace et de Lorraine.

Au moment de l'armistice, il existait en Alsace et Lorraine une *Œuvre de patronage et de rééducation des invalides de guerre*, qui avait été créée par arrêté du statthalter du 3 juin 1915 et reconstituée par arrêté du Haut-Commissaire de la République à Strasbourg du 23 janvier 1919. Cette œuvre a été transformée, par décret du 28 novembre 1919, en établissement public, sous le nom d'Institut des mutilés, réformés et veuves de guerre d'Alsace et de Lorraine.

Ce décret assure le bénéfice des dispositions de la loi française du 2 janvier 1918 (sous réserve des adaptations nécessaires aux conditions locales) aux mutilés et réformés de guerre alsaciens et lorrains, quelle que soit l'armée où ils ont servi, ainsi qu'à leurs veuves. Il a paru indispensable de constituer un établissement public distinct de l'Office national des mutilés, tant en raison de la présence de mutilés ayant servi dans l'armée allemande que de l'existence d'un patrimoine antérieur spécialement affecté aux Alsaciens-Lorrains, ou revendicable par eux.

Un arrêté du 9 décembre 1919 a confié à un comité provisoire le soin de pourvoir à l'administration de l'Institut, en attendant qu'il ait reçu son organisation définitive. Aussitôt constitué, ce comité s'est mis au travail et s'est occupé de faire transférer au nom de l'Institut les valeurs qui appartenaient à l'Œuvre de patronage. Il importait de consolider le patrimoine de l'Institut, dont l'actif se compose, en grande partie, de dépôts se trouvant en Allemagne; des mesures ont été prises pour obtenir la restitution de ces dépôts, ainsi que la valorisation des fonds que l'Institut possède dans les banques alsaciennes. En même temps, le comité provisoire assurait la continuation de l'Œuvre antérieure pour les services de rééducation, le placement des mutilés et l'application en Alsace et Lorraine des dispositions diverses prises à l'avantage des mutilés dans l'ensemble de la France. Enfin, le comité provisoire a préparé l'organisation définitive de l'Institut qui a été réalisée par arrêtés du Commissaire général de la République en date du 26 juin et du 29 juillet 1920.

L'Institut comprend, avec les adaptations nécessaires, les mêmes organes que l'Office national des mutilés : Comité d'administration, Commission de rééducation, Conseil de perfectionnement. Le service administratif est assuré par un secrétaire général et un agent-comptable. Les représentants des sociétés de mutilés et combattants d'Alsace et de Lorraine ont été appelés à faire partie de l'Institut et des divers comités ou commissions qui le composent.

Enfin, si les conditions propres à l'Alsace et à la Lorraine (notamment juxtaposition d'invalides ayant servi dans l'armée française et d'invalides ayant servi dans l'armée allemande, existence et importance d'un patrimoine destiné aux invalides alsaciens-lorrains) ont conduit à créer cette institution spéciale à l'Alsace et à la Lorraine, il a toujours été entendu que, pour être spéciale, elle n'était pas séparée, et qu'au contraire, il était dans son principe, — aussi bien que dans le dessein de tous ceux qui s'en sont occupés et de tous ceux qui sont appelés à en bénéficier, — de profiter de toute l'expérience acquise dans les institutions centrales, de se régler sur l'exemple et sur les conseils que ces dernières étaient toutes disposées à lui donner. Et dès maintenant, en effet, c'est avec l'appui et sous les auspices de l'Office national que l'Institut alsacien-lorrain des mutilés s'est organisé et a commencé à fonctionner. Ce sera de plus en plus avec cet appui et sous ces auspices qu'il se développera dans l'avenir, en attendant la fusion ultérieure dans l'organisation générale française.

CHAPITRE XIV

POSTES, TÉLÉGRAPHES ET TÉLÉPHONES

I. Le personnel. — II. Services électriques. — III. Service postal.

I. — LE PERSONNEL

MESURES *prises aussitôt après l'armistice.* — En prenant possession du service des Postes et Télégraphes d'Alsace et de Lorraine, l'administration française a eu à résoudre, avant tout autre, le problème suivant : remettre progressivement à la disposition de leur gouvernement les employés de nationalité allemande en fonctions en Alsace et en Lorraine et les remplacer : 1° par des agents d'origine alsacienne en fonctions en Allemagne et ayant demandé leur rapatriement; 2° par du personnel français, soit mobilisé et appartenant aux services de Trésor et Postes et de Télégraphie militaire, soit non mobilisé et en fonctions à l'intérieur de la France; 3° par des auxiliaires recrutés sur place.

Le programme élaboré à ce sujet a été exécuté en tous points. Le personnel d'origine allemande a été rapatrié d'office, lorsque l'administration française a jugé qu'il pouvait sans inconvénient cesser ses fonctions en Alsace et Lorraine. Le personnel d'origine alsacienne, ainsi que le personnel ayant contracté des alliances en Alsace et Lorraine (Allemand marié à une Alsacienne ou Lorraine) n'a été envoyé en Allemagne que sur sa demande formelle, ou sur décision des commissions de triage.

Le personnel des Postes et Télégraphes d'origine alsacienne et lorraine qui se trouvait en fonctions en Allemagne au moment de l'armistice (par mesure administrative ou par mesure de répression en raison de son attachement à la cause française) a été invité par le gouvernement allemand à faire connaître s'il désirait rentrer dans son pays natal. Un grand nombre d'agents se trouvant dans ce cas ont accepté, et il ne semble pas que le gouvernement allemand ait fait obstacle à la réalisation de leurs vœux. Le rapatriement des intéressés s'est d'ailleurs prolongé pendant toute l'année 1919 et même en 1920, certains agents ayant établi qu'il leur avait été matériellement impossible, dans les conditions où ils se trouvaient (prisonniers de guerre en Russie, hospitalisés dans un lazaret), de rejoindre plus tôt l'Alsace et la Lorraine.

Les premiers agents français venus en Alsace et Lorraine appartenaient tous à des formations militaires (Trésor et Postes, Télégraphie militaire), à l'exception de l'inspecteur général, chef du service, envoyé en mission de Paris. Ce n'est qu'à la fin du mois de février 1919 que des agents non mobilisés sont venus de l'intérieur, en nombre très restreint et choisis exclusivement parmi les fonctionnaires et agents des Directions départementales et parmi les spécialistes des appareils télégraphiques rapides. Alors que l'effectif total du personnel compte près de 6000 unités et que 1500 unités d'origine allemande, dont 65 fonctionnaires supérieurs, ont été rapatriés en Allemagne ou avaient déjà quitté l'Alsace et la Lorraine, il n'existe au total, dans les trois départements, que 21 fonctionnaires et 122 agents venus de l'intérieur.

Enfin, tant pour combler les vacances provenant du départ du personnel allemand que pour faciliter l'exécution du service, rendue difficile par les circonstances, il a été fait appel au concours d'auxiliaires recrutés parmi la population alsacienne et lorraine.

Reconstitution des cadres. — Attribution au personnel alsacien et lorrain d'une partie des emplois supérieurs tenus par le personnel d'origine allemande. — Tout ,en conservant les règles relatives à la hiérarchie du personnel, l'administration française a décidé de supprimer la barrière établie par l'administration allemande entre les différentes carrières, et, en vue de reconstituer les cadres, elle a admis que certains emplois de la carrière supérieure laissés vacants par le départ des Allemands pourraient être attribués aux agents de la carrière moyenne les plus anciens et présentant les garanties d'aptitude requises[1].

Les emplois de la carrière supérieure ont ainsi été confiés, les uns à quelques fonctionnaires français mobilisés ou venus de l'intérieur, les autres à des fonctionnaires de la carrière supérieure du régime précédent, mais d'origine alsacienne et lorraine, d'autres, enfin, à des agents de la carrière moyenne.

D'autre part, comme le nombre de secrétaires supérieurs et de secrétaires dont disposait l'administration française se trouvait dépassé par les besoins du moment, il a été admis que l'examen pour l'emploi de secrétaire

---

1. Étaient classés dans la carrière supérieure les emplois d'inspecteur, vice-directeur, directeur de bureau de poste, inspecteur supérieur, conseiller et directeur supérieur. Ne pouvaient y prétendre autrefois que les agents pourvus du baccalauréat (*Abiturium*) et qui, après quelques années de service, avaient subi avec succès un examen spécial, dit examen supérieur. Dans les dernières années, les fonctionnaires de la carrière supérieure étaient recrutés exclusivement parmi les candidats ayant fait des études universitaires et ayant accompli ensuite un stage de plusieurs années en qualité de référendaires et d'assesseurs.

serait exceptionnellement ouvert à des agents qui, en raison de leur âge, n'étaient plus en droit d'y prendre part. Un certain nombre d'agents alsaciens et lorrains méritants ont pu ainsi avoir accès à un emploi d'avancement.

En ce qui concerne les agents subalternes, leur situation n'a pas été modifiée. Toutefois, l'emploi d'agent principal de surveillance du service de la distribution et des transports postaux, emploi d'avancement qui n'existait pas dans l'organisation allemande, a été créé et attribué à six d'entre eux à la suite d'un concours.

Recrutement du personnel au titre français et fixation du régime transitoire des traitements et des salaires du personnel du cadre local. — Il a été décidé qu'en dehors des agents ayant au moment de l'armistice des droits à l'attribution d'un emploi du cadre local, tous seraient désormais recrutés au titre français selon des règles analogues à celles qui sont suivies par l'administration française et, le cas échéant, à la suite de concours spéciaux à l'Alsace et à la Lorraine, dont le programme se rapprocherait le plus possible de ceux de l'intérieur, mais qui comporteraient pour les postulants la faculté de répondre aux questions scientifiques en langue allemande. C'est ainsi qu'ont été ouverts successivement des concours pour l'emploi de dames dactylographes, de surnuméraires et de dames employées.

En même temps, des arrêtés fixaient les conditions de recrutement du personnel des services de distribution et des transports postaux, des ouvriers des lignes, des ouvriers mécaniciens, agents mécaniciens, chauffeurs, etc., ainsi que l'attribution des emplois aux mutilés de guerre. En définitive, à quelques exceptions près, on peut dire que le personnel recruté en Alsace et Lorraine depuis l'armistice l'a été exclusivement suivant les règles adoptées dans les autres départements français.

D'un autre côté, un statut a été donné au personnel auxiliaire en vue de stabiliser sa situation et de lui attribuer une rétribution en harmonie avec les besoins de la vie. Ce personnel est, d'ailleurs, appelé à disparaître au fur et à mesure qu'il sera possible de lui attribuer des emplois de titulaires.

Enfin, pour ce qui concerne le personnel du cadre local, un régime provisoire a été adopté, en attendant que par voie législative soit réglée son assimilation avec le personnel du reste de la France. Ce régime provisoire repose sur ce principe que, chaque mois, un agent du cadre local doit recevoir une somme égale à celle que touche un agent du cadre général du grade correspondant.

L'élaboration des arrêtés fixant le statut du personnel auxiliaire et le régime transitoire du personnel local ayant exigé quelque temps, des avances à valoir sur les relèvements prévus ont été accordées aux intéressés, par analogie avec ce qui a été fait à l'intérieur avant l'application des dispositions de la loi de finances du 3 octobre 1919.

Instruction professionnelle. — L'administration française s'est efforcée de développer l'instruction du personnel. Elle a créé successivement des cours de français, des cours de manipulation, des cours d'appareils télégraphiques rapides, des cours préparatoires aux examens de surnuméraires et de dames, des cours de monteurs, etc. Elle a envoyé au cours des mécaniciens de l'administration des Postes et des Télégraphes certains élèves mécaniciens recrutés sur place, en prenant à sa charge les frais qu'entraînait leur séjour à Paris. Enfin, elle a donné aux agents du cadre local la faculté de prendre part au concours de l'École professionnelle supérieure des Postes et des Télégraphes, dans des conditions particulières, en vue de tenir compte de la différence d'instruction entre eux et leurs collègues de l'intérieur.

Habillement. Distinctions honorifiques. Caisses d'assurances. — Aussitôt après l'armistice, tous les facteurs ont reçu des képis munis de cocardes tricolores. Dans le courant de l'année 1919, des effets d'uniforme du modèle de ceux de l'intérieur leur ont été fournis suivant les règles de l'administration française, c'est-à-dire à titre purement gratuit et après suppression de la quote-part que le personnel subalterne versait à l'État sous le régime allemand.

L'administration a étendu au personnel alsacien et lorrain les dispositions du règlement en vigueur dans les autres départements, concernant l'attribution de médailles d'honneur d'argent et de bronze des Postes et Télégraphes. En 1920, 48 facteurs supérieurs et facteurs ont reçu la médaille d'honneur des mains même de M. Deschamps, sous-secrétaire d'État des Postes et Télégraphes, au cours des visites que celui-ci a faites en Alsace et en Lorraine.

L'administration française a maintenu tous les avantages que trouvait antérieurement le personnel dans le fonctionnement des caisses d'assurances, et elle a décidé d'assumer toutes les charges supportées antérieurement par le gouvernement allemand de ce chef.

II. — SERVICE POSTAL

Situation d'ensemble. — A la signature de l'armistice, les services postaux, en Alsace-Lorraine, étaient à peu près désorganisés, du fait de la mobilisation de nombreux agents de l'administration allemande, du départ de tout le personnel et des documents de la Direction supérieure de Metz réfugiée à Carlsruhe, ainsi que de tous les évènements qui ont précédé l'entrée de nos troupes. Les profondes modifications apportées pour les besoins de l'armée allemande à la marche des trains, l'occupation de nombreux bureaux par l'autorité militaire, avaient jeté la plus grande perturbation dans tous les services.

En Lorraine et dans la Haute-Alsace, près d'un tiers des établissements postaux étaient fermés; dans de nombreuses communes rurales, la distribution à domicile n'était plus faite journellement; dans les villes importantes même, la distribution n'avait lieu qu'une fois par jour. La marche des trains-poste était aussi irrégulière que possible. La nécessité de soumettre la correspondance au contrôle militaire ajoutait encore aux retards dus à l'irrégularité des transports.

Sauf dans l'Alsace primitivement libérée, où le service postal était assuré par un personnel de payeurs aux armées, dont les bureaux étaient en communication par automobile, deux fois par jour, avec les bureaux ambulants français aboutissant à Belfort, aucune communication postale n'existait plus avec le reste de la France, les voies ferrées ayant été entièrement détruites sur une grande profondeur dans toute la zone de feu ou déviées à l'arrière du front pour des buts militaires.

Rétablissement des communications postales. — Il fallait, avant tout, rétablir les relations avec le reste de la France.

Une première mesure consista à relier Mulhouse à Belfort par une ligne de camions qui fut mise en service dès le 21 novembre 1918. Un service de transport de dépêches fut ensuite organisé entre Strasbourg et Metz, d'une part, Nancy, de l'autre.

Mais la circulation était extrêmement lente sur les lignes Paris-Strasbourg, Paris-Metz et Bâle-Luxembourg, en raison du trafic intense occasionné par les mouvements de troupes et par les nécessités du ravitaillement; les

retards étaient considérables; la marche des camions et
camionnettes circulant entre Belfort, Mulhouse et les
bureaux des territoires primitivement libérés, était fort
irrégulière, à cause des intempéries et de l'état des routes.
Malgré tous leurs efforts, les commissions de contrôle ne
pouvaient donner cours dans des délais normaux à la
masse considérable des correspondances qui leur étaient
soumises. Une décision, en date du 21 janvier 1919,
substituant au contrôle individuel le contrôle par épreuve
des correspondances échangées à l'intérieur de l'Alsace et
de la Lorraine et avec le reste de la France, améliora une
situation devenue très pénible. L'exercice du contrôle ne
s'appliqua plus par la suite qu'aux correspondances
échangées avec les pays étrangers; au mois d'août 1919,
il fut limité aux correspondances en provenance ou à destination de l'Allemagne, et, en mai 1920, les commissions
de contrôle furent supprimées.

L'emploi d'automobiles militaires, auquel il avait été
nécessaire de recourir pour assurer le transport des correspondances et des colis postaux par suite de la destruction des voies ferrées, se restreignit au fur et à mesure de
la remise en exploitation de celles-ci. Les transports par
chemin de fer entre Mulhouse et Belfort furent repris à
partir du 24 mars 1919; mais l'état de la voie s'opposa
pendant quelque temps encore à une marche normale
des trains.

En vue d'améliorer les conditions d'acheminement des
correspondances, un service de transport par avions militaires fut inauguré le 2 avril 1919 entre Paris et Strasbourg; une ligne postale aérienne Strasbourg-Colmar-
Mulhouse fut créée le 30 avril, et une ligne directe
Mulhouse-Paris fonctionna à partir du 2 mai. Cette organisation, qui avait donné de bons résultats, fut supprimée
à partir du 23 juin 1919. Un nouveau service aérien,
assuré par une société privée, fonctionne régulièrement,

depuis le 15 août 1920, entre Paris et Strasbourg, et doit être prolongé très prochainement jusqu'à Prague.

Les nouveaux trains mis en circulation furent immédiatement utilisés pour l'acheminement des correspondances, et les relations avec le reste de la France, avec la Suisse, le Luxembourg, la Belgique, les Pays-Bas et les pays rhénans s'améliorèrent en même temps que se développait le trafic des chemins de fer.

Aucun train régulier ne fonctionnant entre la rive gauche et la rive droite du Rhin, l'échange des correspondances avec l'Allemagne non occupée n'a pu tout d'abord être assuré que par une camionnette militaire et ensuite par un tramway électrique circulant entre le bureau de poste de Strasbourg-gare et Kehl. Le service par chemin de fer a été repris au mois de juin 1920.

Les ambulants français, dont le parcours était limité à Nancy et à Belfort, ont été prolongés dans les derniers mois de 1919 jusqu'à Metz, Strasbourg et Mulhouse. La création d'un service ambulant Strasbourg-Lyon est à l'étude; la réalisation de ce projet améliorera les relations postales avec la vallée du Rhône et tout le midi de la France.

Distribution. — L'augmentation du nombre des trains a permis, non seulement d'accélérer l'acheminement des correspondances, mais aussi d'augmenter le nombre des distributions. Dans les villes de Strasbourg, Metz, Colmar et Mulhouse, il n'y avait à la fin de novembre 1918 que deux distributions seulement, une, le matin, l'autre, l'après-midi. Il ne fallait pas songer à établir une relation de temps entre les distributions et les arrivées de courriers, à cause de l'irrégularité de ces dernières. Dès que cela a été possible, l'harmonie a été rétablie sur ce point. Une troisième distribution a été organisée au printemps de 1919; à Colmar et à Mulhouse, il a même été possible d'organiser une quatrième distribution.

Dans la zone du front, un service de distribution a été rétabli, au fur et à mesure de la rentrée des populations.

Dans les autres localités, le service était réduit et confié à des auxiliaires en remplacement des titulaires mobilisés. La rentrée des facteurs licenciés par l'armée allemande a permis de reprendre, dès la fin de décembre 1918, un service normal.

Réouverture des bureaux et agences. — Tous les bureaux et toutes les agences postales fermés pendant la guerre ont été réouverts dans des délais aussi courts que possible et souvent même avant la reprise des communications par voie ferrée. Dans les régions dévastées, des installations provisoires ont été réalisées en attendant la reconstruction des immeubles détruits ou endommagés. Il fallait, en effet, apporter sans retard aux populations courageuses qui regagnaient leurs villages en ruines le réconfort moral de se sentir reliées au reste du pays par la poste et le téléphone. Cette réinstallation des services n'a pas été sans présenter de sérieuses difficultés de toutes sortes et a nécessité un grand effort.

Échange des monnaies. — Au cours du mois de décembre 1918, les bureaux de poste ont été appelés à participer au retrait et à l'échange de la monnaie allemande ; ils ont prêté à cette vaste opération un concours extrêmement important, qui a exigé un effort très considérable de la part du personnel.

Timbres-poste. — Des timbres-poste français ont été mis en vente aux bureaux de Mulhouse et de Colmar immédiatement après l'entrée des troupes françaises dans ces villes. Le remplacement des figurines allemandes par des figurines françaises a été effectué, dans tous les bureaux, dès que la question monétaire a été résolue, c'est-à-dire à partir du 15 décembre 1918.

Timbres, cachets et formules. — Des timbres à date, cachets et griffes, portant les noms des bureaux en français, ont été substitués aux timbres allemands. Toutes les formules allemandes ont été remplacées par des formules identiques imprimées dans les deux langues et commandées sur place. Des formules du modèle français, également imprimées en deux langues, ont été mises par la suite à la disposition du public et du personnel.

Tarifs. — La nécessité de modifier les tarifs en vigueur en Alsace et Lorraine s'est imposée du jour où la monnaie française a seule eu cours légal.

Tout d'abord, il a été décidé que, dans le service intérieur de l'Alsace et de la Lorraine, les taxes allemandes seraient maintenues, mais qu'au lieu d'être calculées et perçues en marks et pfennigs, elles seraient calculées en francs et centimes et qu'il y aurait équivalence de l'unité monétaire française et de l'unité monétaire allemande. De cette mesure, nécessitée par des raisons d'ordre pratique, il est résulté une réduction générale de 20 %, sur le tarif allemand. Dans les relations avec le reste de la France, il a été fait application, naturellement, du tarif intérieur français.

Un tarif unique pour tout le territoire français, Alsace et Lorraine comprises, était éminemment souhaitable, et le tarif adopté le 15 décembre 1918 ne pouvait avoir et n'avait, dans la pensée de ses auteurs, qu'un caractère provisoire. La coexistence des deux tarifs donnait lieu à des confusions dont le public était la première victime et à des anomalies auxquelles il importait de mettre fin : certaines catégories de correspondances étaient soumises à un tarif plus élevé lorsqu'elles étaient adressées en Alsace et en Lorraine que lorsqu'elles étaient à destination du reste de la France. L'unification des tarifs fut réalisée par un arrêté du Commissaire général de la République en date du 29 juin 1919. Toutefois, les taxes applicables à certaines catégories d'objets ou d'opérations qui n'existent pas dans le régime français, furent maintenues ou élevées pour être mises en harmonie avec le tarif général.

Opérations postales et services annexes. — Les mesures suivantes ont été successivement prises en vue de rétablir dans toutes ses parties le trafic avec le reste de la France, trafic suspendu depuis le commencement des hostilités : le 1er janvier 1919, admission des envois postaux contre remboursement; à la même date, rétablissement du service des colis postaux ordinaires; le 10 janvier, reprise de l'échange des mandats-poste et des mandats télégraphiques; le 1er mars, rétablissement du service des recouvrements des effets de commerce; le 17 mars, rétablissement du service des lettres et boîtes de valeur déclarée; le 21 mars, rétablissement du service des colis postaux grevés de remboursement ou comportant une déclaration de valeur.

En outre, les bureaux ont été admis à participer de nouveau : à l'émission des mandats internationaux, à partir du 1er avril 1919; à l'échange des colis postaux avec le Luxembourg, le 16 avril 1919, avec les pays rhénans le 25 juin, et avec les autres pays étrangers (pays ennemis exceptés) le 1er octobre 1919; avec l'Autriche, la Bulgarie, la Tunisie, le 1er janvier 1920; avec l'Allemagne non occupée, le 19 avril.

Le service des lettres et boîtes de valeur déclarée, des envois contre remboursement, dans les relations avec les pays étrangers, a été rétabli au fur et à mesure de la reprise des relations entre la France et ces mêmes pays.

Le service des abonnements aux journaux a été organisé le 1er avril 1920 avec la Belgique, le Danemark, l'Italie, la Norvège, les Pays-Bas, le Portugal, la Suède, la Suisse et la Tunisie.

Le service des chèques postaux, qui était assuré par le bureau de chèques de Carlsruhe, a été suspendu à partir du 15 décembre 1918. Un bureau de chèques fonctionnant selon le système français, d'ailleurs assez peu différent du système allemand, a été installé à Strasbourg le 1er juillet 1919; il donne au public d'Alsace et de Lorraine des facilités analogues à celles que lui procurait le bureau de chèques de Carlsruhe. Il a pris rapidement un important développement et se place, avec ses 3 000 comptes-courants, au troisième rang des bureaux de chèques français, après Paris et Lyon.

Tous les services existant sous le régime allemand et qui, en France, n'existaient pas, ou n'étaient pas assurés par les administrations des postes, ou bien étaient soumis à un régime différent, ont été maintenus. On peut citer notamment : les colis postaux jusqu'à 50 kilogrammes; les colis urgents; le service des rentes d'invalidité, d'accidents, de veuves, etc.; le payement des pensions militaires et des pensions du personnel des postes; le service des abonnements aux journaux; les protêts postaux; la présentation des effets de commerce à l'acceptation; les lettres avec certificat de remise. Les bureaux continuent à participer, comme sous le régime précédent, à la vente des timbres mobiles pour effets de commerce. En outre, depuis le 15 août 1920, ils prêtent leur concours à la vente des timbres et papiers timbrés de dimension, ainsi que des timbres de quittance. De nouveaux services ont été introduits ou le seront prochainement.

Des bureaux de poste d'Alsace et de Lorraine participent, dans les mêmes conditions que les bureaux des autres départements, à l'émission et au payement des mandats-contributions, au payement des mandats-retraite, à certaines opérations du service de la Caisse nationale des retraites pour la vieillesse, à l'émission et au remboursement des bons de la Défense nationale, au payement des coupons de rente française. Ils prêtent leur concours aux émissions des emprunts nationaux.

La seule formule de mandat-poste en usage sous le régime allemand était le mandat-carte. Les formules françaises de mandat-poste et de bon de poste que l'expéditeur insère lui-même dans une lettre et qui répondent à des besoins particuliers, ont été mis à la disposition du public dans les bureaux de 1re classe. La mesure sera étendue aux autres bureaux dans un avenir prochain.

Les différences sensibles qui existent entre les législations civiles française et allemande et la nécessité de ne procéder que par étapes successives aux transformations de service et aux innovations, n'ont pas encore permis d'ouvrir les bureaux de poste d'Alsace et de Lorraine au service de la Caisse nationale d'épargne. Une instruction spéciale tenant compte des dispositions particulières du Code civil local est en préparation et sera distribuée au personnel aussitôt que possible. L'introduction du service de la Caisse nationale d'épargne en Alsace et Lorraine pourra ainsi être réalisée dans les premiers mois de 1921. Mais, dès avant cette date, les titulaires de livrets de caisse d'épargne résidant en Alsace et en Lorraine peuvent se faire rembourser par mandat-poste le montant de tout ou partie de leur avoir. Il faut ajouter que les bureaux gérés en Alsace libérée par des payeurs aux armées participaient depuis le 1er février 1917 à toutes les opérations de la Caisse nationale d'épargne dans les mêmes conditions que les bureaux de l'intérieur; après la remise de ces bureaux à l'administration civile, des dispositions spéciales ont été adoptées en vue de permettre aux titulaires de livrets de continuer leurs opérations.

Unification des services. — L'unification du service local et du service français se poursuit progressivement, sans précipitation. On ne pouvait songer à appliquer brusquement et entièrement nos méthodes. Il fallait tenir compte, en effet, des habitudes du public et du personnel, de la difficulté pour les agents — les uns peu familiarisés avec la langue française, les autres l'ignorant complètement — à s'assimiler en peu de temps de nombreuses instructions nouvelles. On s'est donc trouvé tout d'abord dans l'obligation de maintenir dans sa plus grande partie la réglementation allemande, de ne la modifier que dans la limite strictement indispensable à son adaptation à la réglementation française, adaptation qui n'a pu être réalisée le plus souvent qu'en empruntant certaines dispositions au régime international. Toutes ces mesures ont nécessité l'étude préalable des règlements allemands et l'élaboration en deux langues d'instructions d'autant plus complexes qu'elles sont, pour la plupart, en quelque sorte, un amalgame de trois régimes différents.

III. — SERVICES ÉLECTRIQUES

Bureaux rétablis. — Au cours des hostilités, un grand nombre de bureaux avaient été détruits ou fermés par ordre de l'autorité militaire, en raison de leur proximité de la zone des opérations. Ces bureaux étaient situés, en majeure partie, dans le sud du département du Haut-Rhin, le sud-ouest du territoire de Lorraine et les vallées supérieures des affluents de l'Ill.

Le premier soin du service a été de rétablir les bureaux télégraphiques et téléphoniques ayant cessé de fonctionner. Depuis l'armistice, la réouverture de 378 bureaux ou cabines publiques a été réalisée. Le rattachement des bureaux au réseau général s'est effectué en deux phases. Dès que les questions de locaux devant abriter ces bureaux ont été résolues, on a d'abord créé des communications provisoires, en empruntant, le cas échéant, les circuits et fils posés par l'autorité militaire. Ultérieurement, ces communications ont été rendues définitives lors de la réfection des artères.

Installations télégraphiques. — Le trafic alsacien-lorrain était, avant 1914, orienté presque uniquement vers l'Allemagne et les relations avec la France, très réduites (un seul appareil Baudot : Paris-Strasbourg-Francfort).

Du fait du rattachement à la France, les conditions économiques ont été renversées. Pour faire face aux besoins nouveaux et permettre d'écouler le trafic qui en est résulté, on a dû recourir aux moyens ci-après : 1° Substitution, dans les centraux télégraphiques, de l'appareil Hughes au Morse (mise en service de 18 Hughes nouveaux); — 2° Installation d'appareils multiples Baudot dans les centraux de Strasbourg, Metz, Colmar, Mulhouse, notamment de : un quadruple Strasbourg-Paris, un quadruple Metz-Paris, un quadruple Mulhouse-Paris, un quadruple Metz-Strasbourg-Mulhouse-Lyon, un quadruple Strasbourg-Metz-Nancy, deux quadruples avec retransmission Paris-Strasbourg-Prague et Paris-Strasbourg-Francfort; en outre, les centraux de Strasbourg-Metz-Colmar ont été pourvus d'installations doubles d'exercice; — 3° Appropriation au télégraphe de circuits téléphoniques construits depuis l'armistice.

Installations téléphoniques. — Dans les bureaux centraux téléphoniques, les tableaux avaient été emportés pour être utilisés par le service militaire allemand. Ces tableaux ont été remplacés par d'autres du modèle administratif français. D'autres standards ont été installés en remplacement de tableaux allemands en mauvais état ou devenus insuffisants (20 bureaux).

Le multiple téléphonique de Mulhouse, complètement détruit en 1914, n'avait pas été rétabli à l'armistice. Une installation provisoire a permis de relier, en un mois, 800 abonnés, pendant qu'un multiple urbain définitif à batterie centrale intégrale était commandé, puis installé pour recevoir 3 000 abonnés. L'installation d'un meuble interurbain pour 80 circuits a été poursuivie aussitôt après.

A Strasbourg, un multiple pour 10 000 abonnés et 270 circuits interurbains est actuellement en cours de montage pour remplacer l'installation extrêmement usagée et démodée que nous avons trouvée en service. Le transfert est prévu pour l'année 1921.

Établissement de nouveaux circuits interurbains. — Avant la guerre, Strasbourg était la seule ville d'Alsace-Lorraine reliée avec Paris. L'administration s'est efforcée de créer des communications directes entre les principaux centres industriels et commerciaux, d'une part, et le reste de la France, de l'autre.

Malgré les importants travaux de réfection des lignes qu'elle a dû effectuer dans la zone de l'ancien front, elle a pu, en septembre 1919, livrer au service général : 4 circuits Strasbourg-Paris, 5 circuits Metz-Paris, 2 circuits Mulhouse-Paris, puis, ultérieurement, 2 circuits Strasbourg-Nancy (3 autres sont achevés jusqu'à Avricourt), 1 circuit Metz-Longwy, 1 circuit Thionville-Longwy, 2 circuits Colmar-Épinal, 1 circuit Mulhouse-Dijon, 1 circuit Mulhouse-Nancy, 3 circuits Mulhouse-Belfort servant aux relations entre les deux villes et dont deux doivent servir d'amorce aux circuits Mulhouse-Lyon et Strasbourg-Lyon.

Parallèlement était poursuivi le développement du réseau départemental (24 circuits). Il a été construit 3 100 kilomètres de ligne représentant près de 200 tonnes de cuivre.

En même temps, on procédait à la remise en état des artères existantes. En mars 1918, l'administration des Postes de l'Empire avait été, dans une large zone représentant environ les trois cinquièmes de la superficie de l'Alsace-Lorraine, déchargée de l'entretien et de la construction des lignes, lesquelles avaient passé sous la direction du service télégraphique de l'armée allemande. Un très grand nombre de circuits avaient été déviés, et beaucoup de communications sans intérêt pour l'autorité militaire, laissées à l'abandon; quelques-unes mêmes, dans certaines sections, avaient complètement disparu.

La remise en état provisoire a été terminée fin 1919. En raison de l'état d'usure des artères et de l'énorme dépense à engager, la réfection complète ne pourra avoir lieu que progressivement.

Reconstitution des réseaux locaux. — Dès le début des hostilités, la téléphonie interurbaine avait été supprimée et la téléphonie urbaine très restreinte. Les postes installés chez les abonnés et dans les cabines publiques avaient été enlevés et utilisés ailleurs pour les besoins du service militaire.

10 260 postes d'abonnés (principaux et supplémentaires) ont été réinstallés. La reconstitution des lignes d'abonnés dans ces réseaux locaux a exigé plus de 90 tonnes de cuivre et de bronze.

Relations internationales. — La reprise des relations internationales a eu lieu progressivement.

Au régime de l'autorisation préalable après enquête a pu être substitué le rétablissement de la liberté des communications téléphoniques : 1° avec les pays rhénans, la Sarre et le Grand-Duché de Luxembourg, le 5 juillet 1919, dès la signature du traité de paix; 2° avec la Suisse, le 1er novembre 1919; 3° avec l'Italie, le 3 novembre 1919.

La reprise des relations avec la Belgique, subordonnée au rétablissement des circuits Nancy-Lille et Nancy-Mézières entièrement détruits dans la zone dévastée, a eu lieu le 24 février 1920, mais ces relations restent précaires et un projet de circuits directs est à l'étude.

Câble à grande capacité. — L'établissement d'un câble téléphonique à grand nombre de conducteurs entre Paris et l'Alsace, avec prolongement éventuel sur les pays rhénans, a été étudié d'abord par le commandement inter-allié, puis par l'administration des Postes et Télégraphes. Ce câble permettrait de réaliser de nombreuses communications. En raison de la hausse considérable de la matière première et de la main-d'œuvre, comme aussi de la tension des changes, le coût serait très élevé. On peut espérer que l'examen de cette question sera repris, lorsque la situation financière le permettra.

CHAPITRE XV

AFFAIRES MILITAIRES[1]

I. Liquidation de la situation antérieure des Alsaciens-Lorrains. — II. Règlementation de leur situation future. — III. Organisation territoriale de l'Alsace et de la Lorraine; divers services s'y rattachant. — IV. Organismes connexes divers.

L A Direction des Affaires militaires a été créée par une décision du Commissaire général de la République en date du 16 avril 1919. L'objet de la Direction était : 1° de renseigner le Commissaire général sur les dispositions à prendre dans les départements recouvrés : *a)* pour y régler, au point de vue militaire, toutes les situations particulières créées du fait de la guerre; *b)* pour y introduire nos lois et règlements militaires; — 2° de relier les deux gouvernements militaires de Strasbourg et de Metz, entre eux, d'abord, avec les administrations civiles, ensuite; — 3° d'assurer les relations du Commissariat général avec les Armées, le G. Q. G., le Commandement des troupes alliées et le Ministère de la Guerre.

1. Quoique cette Direction, par son essence même, ne puisse être considérée comme faisant partie intégrante des services administratifs, il convient néanmoins de la faire figurer parmi les organes touchant au fonctionnement de l'Administration générale, à cause des importantes questions qu'elle a à traiter, en liaison avec les autorités civiles, pour l'introduction progressive de notre législation militaire dans les départements recouvrés.

I. — LIQUIDATION DE LA SITUATION ANTÉRIEURE
DES ALSACIENS-LORRAINS

Depuis le 11 novembre 1918, des efforts incessants ont été faits auprès des gouvernements alliés et des autorités allemandes (en liaison avec la Commission d'armistice et la Mission militaire française de Berlin) pour rechercher et faire rapatrier en Alsace et en Lorraine les Alsaciens-Lorrains prisonniers des alliés, non seulement en Europe, mais dans le monde entier, ainsi que les Alsaciens-Lorrains démobilisés de l'armée allemande. La préparation de ces rapatriements a nécessité des enquêtes en quantité considérable, pour vérifier dans leurs localités d'origine les identités des intéressés.

Au mois d'août 1919, le service provoqua le règlement, à la libération générale des prisonniers de guerre, de la situation de ceux d'entre eux qui, Allemands d'origine, avaient leurs foyers en Alsace-Lorraine avant la guerre.

20 000 Alsaciens-Lorrains furent rapatriés de France et des pays alliés, et, en outre, 1 150 rapatriés d'Allemagne (d'où ils n'avaient pu revenir immédiatement, étant, au moment de l'armistice, en traitement dans les hôpitaux militaires).

Beaucoup de ces rapatriés étaient des mutilés de guerre, en instance de pension ou de réforme. On leur attribua des secours d'attente, et, actuellement, plus de 8000 de ces Alsaciens-Lorrains sont secourus, non compris les pensionnés.

Pour les Alsaciens-Lorrains mutilés de guerre qui sollicitent des emplois dans les administrations publiques d'Alsace et de Lorraine, la Direction des Affaires militaires a organisé un service d'offres et demandes. Ils ont, d'ailleurs, fait l'objet d'un arrêté pris sur la proposition

do la Direction de l'Intérieur, arrêté du 26 août 1919, qui
étend aux Alsaciens-Lorrains la législation française en
vigueur relativement aux emplois réservés aux militaires
retraités ou réformés pour blessures de guerre [1].

II. — RÉGLEMENTATION DE LA SITUATION FUTURE

Il ne suffisait pas de régler le passé. Les Alsaciens-
Lorrains cessant d'être « sujets allemands », ils reprendraient bientôt leur belle tradition de soldats français,
dont tant d'exemples individuels avaient, même depuis
1870, interrompu la prescription.

La Direction prit toutes les mesures propres à favoriser
le courant des engagements volontaires en Alsace et en
Lorraine, en faisant décider : 1° que les Alsaciens et
Lorrains pourraient s'engager à partir de dix-huit ans;
2° que ceux qui s'engageraient dans les corps de l'intérieur,
ne seraient pas envoyés aux corps actuellement en campagne avant quatre mois de service; 3° que les Alsaciens
et Lorrains engagés dans les corps de troupe de l'armée
d'occupation, pourraient rentrer dans un corps en Alsace
et en Lorraine, s'ils le désiraient.

D'autre part, en ce qui concerne la libération des Alsaciens-Lorrains engagés volontaires pour la durée de la
guerre, la Direction a fait décider que les engagés soit
avant, soit après l'armistice, appartenant à la classe 1919,
et ayant accompli six mois de service, seraient considérés
comme ayant satisfait à leurs obligations militaires.

La situation normale, c'est-à-dire en dehors des engagements volontaires, provoque une grande quantité de

1. La Direction prépare actuellement l'application dans les départements recouvrés de la législation relative aux emplois réservés aux
militaires ayant servi au delà de la durée légale du service actif.

dispositions nouvelles ou de modifications aux dispositions en usage : par exemple, le recensement de tous les Alsaciens-Lorrains appartenant par leur âge aux classes mobilisables (vingt-huit classes), le recensement des animaux et du matériel susceptibles d'être réquisitionnés pour la mobilisation, la création des neuf bureaux de recrutement d'Alsace et de Lorraine. On a dû, en outre, étudier avec un soin particulier la question du temps de service des classes 1918 et 1919, quels sont les Alsaciens et Lorrains sur qui la loi peut porter, et les modalités des incorporations, ainsi que le cas particulier des anciens gradés et officiers de l'armée allemande : toutes questions qui ont été successivement réglées après de minutieux travaux préparatoires. En novembre et décembre 1919, des instructions ont été données pour l'application de la loi de recrutement à tous les Alsaciens et Lorrains appartenant aux réserves.

III. — ORGANISATION TERRITORIALE

Dès le mois de mai 1919, des projets ont été établis en vue de l'organisation territoriale de l'Alsace et de la Lorraine. La loi du 17 octobre 1919 sur le régime transitoire des pays désannexés en a adopté les lignes essentielles : maintien des gouverneurs militaires de Strasbourg et de Metz, en leur conférant des pouvoirs territoriaux analogues à ceux qui sont dévolus par la loi de 1875 aux gouverneurs militaires de Paris et de Lyon [1].

On peut rattacher à cette organisation territoriale :

1° L'organisation de la *Légion de gendarmerie d'Alsace et de Lorraine* : remaniement des circonscriptions et revi-

---

1. Partie de ces pouvoirs étant exercés sous l'autorité du Commissaire général (article 3 de la loi).

sion des effectifs des brigades; proportion des éléments originaires du pays portée à 75 %; œuvre post-scolaire de l'École préparatoire de gendarmerie étendue aux agents de certains autres services; coopération des services de la gendarmerie au placement des sans-travail, en accord avec la Direction des Affaires militaires, celle du Travail et celle de l'Intérieur.

2° Les règlements relatifs à la circulation : mise au point et adaptation à l'Alsace et à la Lorraine de toutes les instructions relatives à la circulation, émanant soit du Ministère de l'Intérieur, soit du Grand Quartier Général; organisation des bureaux militaires de circulation de Metz et de Strasbourg; liaison avec les autorités allemandes pour le visa des passeports; élaboration de l'instruction du 10 décembre 1919, réglementant le régime de circulation qui est pratiqué depuis la mise en vigueur du traité de paix; réglementation de la circulation à la frontière suisse et à la frontière du Palatinat.

3° La préparation du statut actuel de la tête de pont de Kehl, à laquelle a contribué également la Direction des Affaires militaires, en particulier pour ce qui concerne les attributions respectives de la Haute-Commission chargée du contrôle des territoires occupés et du général commandant supérieur du territoire d'Alsace, ainsi que l'adaptation des ordonnances de la Haute-Commission à la tête de pont.

IV. — ORGANISMES CONNEXES DIVERS

La Direction des Affaires militaires s'est préoccupée d'établir le contact entre les Sociétés d'éducation physique anciennes ou nouvelles d'Alsace et de Lorraine et les Fédérations françaises correspondantes. Sur la demande du même service, l'enseignement officiel de la gymnastique par des instructeurs et moniteurs de l'école de Joinville a été introduit en Alsace et en Lorraine dans les centres régionaux de Strasbourg et de Metz dès le mois d'août 1919; un stade modèle est en voie de création à Strasbourg.

Les 26 et 28 janvier 1920, le bénéfice de l'instruction du 5 décembre 1917 a été étendu aux départements désannexés, c'est-à-dire qu'on a pu dès maintenant faire passer aux Alsaciens et Lorrains des classes 1919 et suivantes les examens du certificat de préparation au service militaire et des brevets de spécialité d'après un programme adapté à l'enseignement qu'ils avaient reçu. Peu après ont été organisées des Directions régionales d'instruction physique.

L'incorporation de nouvelles classes alsaciennes et lorraines dans les unités françaises exigeait, naturellement, certaines précautions pour l'acclimatement de ces jeunes recrues. Des dispositions ont été prises pour que les Alsaciens et Lorrains engagés dans l'armée française reçoivent dans les corps de troupe le meilleur accueil, et que des cours de français soient régulièrement organisés pour eux. Des *Foyers du soldat alsacien* ont été créés dans toutes les garnisons qui devaient recevoir des recrues de cette origine.

Dans un autre ordre de faits, l'attention de la Direction des Affaires militaires a été attirée sur la situation des habitants des régions dévastées d'Alsace ou de Lorraine, qui réintégraient leurs foyers, et le service a demandé que ces familles bénéficient, comme les habitants des régions dévastées du Nord et du Nord-Est, de la prolongation de l'assistance aux réfugiés qui rentrent dans leur commune d'origine et de l'attribution des secours temporaires aux habitants privés de ressources des régions libérées.

A la Direction des Affaires militaires ressortissent aussi les multiples questions se rapportant à la destina tion à donner aux bâtiments et terrains du domaine militaire (aliénation d'immeubles, logement de la gendarmerie, déclassement des fortifications de Strasbourg), à la liquidation du matériel de toute nature laissé par les Allemands dans les trois départements recouvrés, à la création des cimetières militaires, etc..

Enfin, il a fallu examiner des quantités d'affaires si différentes qu'il serait difficile d'en présenter un tableau suffisamment clair et complet, depuis les mille questions de détail par où s'achevait la liquidation de cette guerre-ci (primes de démobilisation, soldes, pécules dus aux Alsaciens rentrés dans leurs foyers, interventions auprès des corps de troupes pour les secours, pensions, distinctions honorifiques, etc.), jusqu'à de lointains retours vers l'autre guerre (interventions pour l'obtention du brevet de la médaille de 1870 aux anciens combattants, pour le paiement des arrérages en retard aux légionnaires ou médaillés militaires alsaciens et lorrains, pour le rappel des masses individuelles non perçues après le retour dans leurs foyers des anciens combattants de 1870, etc.).

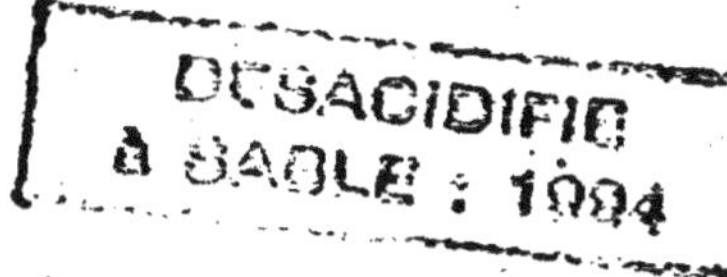
DÉSACIDIFIÉ
à SABLE : 1994

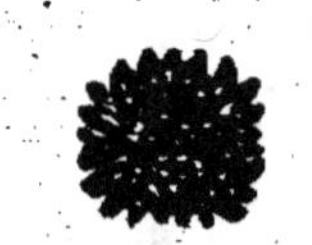

TABLE DES MATIÈRES

IMPRIMERIE
PAUL BRODARD
COULOMMIERS

www.ingramcontent.com/pod-product-compliance
Lightning Source LLC
LaVergne TN
LVHW021228170726
843501LV00003B/704